Biblische Gestalten

Die Menschen der Bibel als Zeugen Gottes

Eine Konkordanz
von
Friedrich Hauss

Hänssler-Verlag
Neuhausen-Stuttgart

ISBN 3 7751 0152-7

2. Auflage als
TELOS-Taschenbuch Nr. 92
Hänssler-Verlag, Neuhausen-Stuttgart
Alle Rechte,
insbesondere das der Übersetzung, vorbehalten
© FURCHE-VERLAG H. Rennebach KG, Hamburg 1959
Taschenbuch-Lizenzauflage
mit Genehmigung des Original-Verlages
Umschlaggestaltung: Daniel Dolmetsch
Herstellung: St.-Johannis-Druckerei C. Schweickhardt
7630 Lahr-Dinglingen
Printed in Germany   15519/1977

Diese biblischen Gestalten des Alten und Neuen Testaments möchten vor uns Deutsche hintreten und uns, eine jede mit ihrer eigenen Stimme, das Wort Gottes sagen. Es ist dasselbe Wort, von dessen Licht sie alle getroffen sind, das Wort des Gottes, dem es gefallen hat, vor Zeiten zu den Vätern zu reden durch die Propheten und zuletzt zu uns durch den Sohn.

Biblische Gestalten werden hier gezeichnet, nicht Helden eines bestimmten Volkstums, die den Ruhm ihres Volkes durch ihre Leistungen und Fähigkeiten verkünden. Die Menschen der Bibel sind vom Worte Gottes angesprochen und durch dieses Angesprochenwerden gestaltet, und darum künden sie Gottes Ruhm. Entweder haben sie das Wort Gottes angenommen und sind dadurch zurechtgebracht und verklärt worden, oder sie haben es abgelehnt und haben durch den Widerstand gegen die umgestaltende Macht des göttlichen Worts ihr Leben selbst verdorben. Daß das Licht des Wortes Gottes als gestaltende Macht im Leben der biblischen Menschen gesehen werde, daran lag mir in dieser Arbeit. Es ging mir weder um Herausarbeitung eines historischen, geschichtswissenschaftlichen Befunds, wenn auch die geschichtlichen Erkenntnisse genau beachtet worden sind, noch um die Auseinanderlegung verschiedener Schichten literarischer Arbeit, die in der Bibel ihren Niederschlag finden. Ich habe versucht, die schlichten Linien der biblischen Zeichnung wiederzugeben. So ist die Form der Darstellung die Konkordanz.

Die Reihenfolge der Gestalten entspricht im großen

und ganzen der Reihenfolge der biblischen Bücher. Die Apokryphen sind nicht behandelt, weil hier das Angesprochensein von Gott nicht eindeutig vorliegt.

Die Arbeit möchte Lust machen, auf die Wolke von Zeugen zu schauen, die uns umgibt. Sie möchte ein Hilfsmittel zur Bibelarbeit sein und hofft vor allem, der evangelischen Jugend, die sich um die Bibel sammelt, dienen und die Liebe zu Gottes Wort stärken zu können. Denn die Herrlichkeit der Menschen ist wie des Grases Blume. Das Gras verdorrt und die Blume fällt ab, aber des Herrn Wort bleibet in Ewigkeit!

Friedrich Hauß

INHALTSVERZEICHNIS

I. Teil: Die Gestalten des Alten Testaments

II. Teil: Die Gestalten des Neuen Testaments

VERZEICHNIS
DER ABKÜRZUNGEN DER BIBLISCHEN BÜCHER

1 M	=	1. Mose	Hag	=	Haggai
2 M	=	2. Mose	Sach	=	Sacharja
3 M	=	3. Mose	Mal	=	Maleachi
4 M	=	4. Mose	Jud	=	Judith
5 M	=	5. Mose	Ws	=	Weisheit Salomos
Jos	=	Josua	Tob	=	Tobias
Ri	=	Richter	Sir	=	Sirach
Ru	=	Ruth	1 Mk	=	1. Makkabäer
1 Sa	=	1. Buch Samuel	2 Mk	=	2. Makkabäer
2 Sa	=	2. Buch Samuel	Mt	=	Matthäus
1 Kö	=	1. Könige	Mk	=	Markus
2 Kö	=	2. Könige	Lk	=	Lukas
1 Ch	=	1. Chronika	Joh	=	Johannes
2 Ch	=	2. Chronika	Ap	=	Apostelgeschichte
Esr	=	Esra	Rö	=	Römer
Ne	=	Nehemia	1 Kr	=	1. Korinther
Est	=	Esther	2 Kr	=	2. Korinther
Hi	=	Hiob	Ga	=	Galater
Ps	=	Psalter	Eph	=	Epheser
Spr	=	Sprüche Salomos	Phi	=	Philipper
Pr	=	Prediger Salomo	Kol	=	Kolosser
Hoh	=	Hohelied Salomos	1 Th	=	1. Thessalonicher
Jes	=	Jesaja	2 Th	=	2. Thessalonicher
Jer	=	Jeremia	1 Ti	=	1. Timotheus
Klg	=	Klagelieder Jeremias	2 Ti	=	2. Timotheus
Hes	=	Hesekiel	Tit	=	Titus
Da	=	Daniel	Phil	=	Philemon
Hos	=	Hosea	1 Pe	=	1. Petrus
Jo	=	Joel	2 Pe	=	2. Petrus
Am	=	Amos	1 Joh	=	1. Johannes
Ob	=	Obadja	2 Joh	=	2. Johannes
Jon	=	Jona	3 Joh	=	3. Johannes
Mi	=	Micha	Heb	=	Hebräer
Na	=	Nahum	Jak	=	Jakobus
Hab	=	Habakuk	Judas		
Ze	=	Zephanja	Off	=	Offenbarung

I. TEIL:

DIE GESTALTEN DES ALTEN TESTAMENTS

ADAM ist das Urbild des Menschen. Er ist geschaffen aus Erde und göttlichem Lebensodem zum Bilde Gottes. Er übertritt den Bund Gottes und kommt unter den Fluch. Gott schenkt ihm eine Verheißung.

1. Adam (Mensch) ist geschaffen zum Bilde Gottes,

1 M 1, 27 Gott schuf den Menschen sich zum Bilde.
2, 7 Gott machte den Menschen aus einem Erdenkloß, und er blies ihm ein den lebendigen Odem.

zum Mann seines Weibes,

1 M 2, 18 es ist nicht gut, daß der Mensch allein sei. Ich will ihm eine Gehilfin machen . . .
2, 23 Fleisch von meinem Fleisch . . ., darum wird ein Mann seinen Vater und Mutter verlassen und an seinem Weib hangen, und werden die zwei ein Fleisch sein.
(Die Sehnsucht nach Einheit ist schöpfungsgemäß.)

zum Vater des Menschengeschlechts,

1 M 1, 28 seid fruchtbar und mehret euch und füllet die Erde.

zum Herrn über die Kreatur,

1 M 1, 28 macht sie euch untertan und herrschet über Fische und alles Tier.

zum Gehorsam gegen Gott,

2, 16 du sollst essen von allerlei Bäumen, von dem Baum der Erkenntnis des Guten und Bösen sollst du nicht essen.

zur Einfalt (nur das Gute, nicht das Böse soll er kennen).

1 M 2, 25 sie waren beide nackt und schämten sich nicht.

So ist er der Sohn Gottes.

Lk 3, 38 Adam, der war Gottes.

2. Er übertritt den Bund,

Hos 6, 7 sie übertreten den Bund wie Adam.

verführt durch sein Weib,

1 M　3, 6 sie gab ihrem Mann auch davon, und er aß.

er fällt aus der Einfalt;

1 M　3, 7 da wurden ihrer beiden Augen aufgetan, und sie wurden
gewahr, daß sie nackt waren.
3, 22 er weiß, was gut und böse ist.

er sucht sich zu decken und zu verstecken vor Gott
(der Versuch der Selbsterlösung, die Wurzel aller
Religion als einer menschlichen Angelegenheit),

1 M　3, 7 sie flochten Feigenblätter zusammen und machten sich
Schürzen.
3, 8 Adam versteckt sich mit seinem Weibe unter die Bäume
im Garten.

zu entschuldigen.

1 M　3, 12 das Weib, das du mir zugesellt hast, gab mir von dem
Baum, und ich aß.

3. Der gefallene Mensch ist unter dem Fluch.

1 M　3, 17 verflucht sei der Acker um deinetwillen, mit Kummer
sollst du dich drauf nähren . . ., Dornen und Disteln soll er
dir tragen. (Fluch über alle Kulturarbeit, die noch keinen An-
teil hat an der Erlösung.)
3, 19 du bist Erde und sollst zur Erde werden. (Durch den
Tod wird der Mensch in seine Schranken gewiesen.)

Rö　5, 14 der Tod herrschte von Adam an . . .
5, 12 durch einen Menschen ist die Sünde in die Welt gekommen und der Tod durch die Sünde.

1 Kr　15, 22 in Adam sterben sie alle . . .

1 M　3, 24 Vertreibung aus dem Paradies. (Alle Bemühungen des
Menschen, mit eigener Kraft das Paradies zu schaffen, schei-
tern. Die Dornen und Disteln wachsen immer wieder.)

4. Er bekommt eine Verheißung.

1 M　3, 15 derselbe soll dir den Kopf zertreten . . .
3, 21 Gott machte Adam und seinem Weib Röcke von Fellen
und kleidete sie. (Das Tier stirbt stellvertretend für den Menschen, um ihn zu decken, ein Hinweis auf das Tieropfer.)

Rö　und 1 Kr 15, 22 Gegenüberstellung von Adam und Christus.
Christus ist der zweite Adam.

Eva ist vom Manne genommen, daß sie als seine Gehilfin um ihn sei. Sie ist das Urbild des Weibes, dessen Leben
erst durch den Mann seinen vollen Inhalt bekommt. Viel
empfänglicher für neue Eindrücke als Adam, unterliegt
sie der Verführung durch den Versucher und verführt
ihrerseits wieder den Mann. Sie versteckt sich mit ihm
vor Gott, sucht sich wie er vor Gott zu decken und ent-
schuldigt sich wie er. Sie kommt unter den Fluch, Weh
und Angst bei der Geburt des Kindes tragen zu müssen.
Doch kommt ihr Sehnen vom Manne nicht los, und sie
muß ihm untertan sein. Aber ihr wird auch die Verheißung, daß durch ihr Kindergebären einmal der Sieger
über den Versucher der Menschheit geschenkt werden
wird. Allerdings wird er nur durch sein eigenes Sterben
hindurch siegen. Ihr Mann gibt ihr den stolzen Namen
Lebensspenderin. Sie selbst nennt voll Hochgefühl eigener Kraft ihren ersten Sohn Kain, d. h. ich habe einen
Mann gewonnen mit Gott, während sie ihren zweiten
Sohn Habel, d. h. Hauch, Nichtigkeit nennt, da sie ein
Bangen um das liebe Kindesleben überkommt. So offenbart sich bei ihr Trotz und Verzagtheit des gefallenen
Menschen. Durch das tiefe Weh, das ihr Kain antat,
lernt Eva von ihrer Kraft absehen und auf Gott ver-
trauen, daß er einen neuen entwicklungsfähigen Anfang
(Samen) setzt.

1 M   2, 22 Gott der Herr baute ein Weib aus der Rippe, die er
      von dem Menschen nahm.
      3, 1 Versuchung des Weibes durch die Schlange und Verfüh-
      rung des Mannes zur Sünde. 2 Kr 11, 3 wie die Schlange
      Eva verführte.

1 Ti   2, 14 das Weib ward verführt und hat die Übertretung ein-
      geführt.

1 M   3, 8 Adam versteckte sich mit seinem Weibe.
      3, 15 ich will Feindschaft setzen zwischen dir und dem Weibe.

1 M 3, 16 mit Schmerzen sollst du Kinder gebären; und dein Sehnen soll nach deinem Manne sein, und er soll dein Herr sein.

1 Ti 2, 13 Adam ist am ersten gemacht, danach Eva. (Begründung der Unterordnung des Weibes unter den Mann und des Lehrverbots für das Weib innerhalb der Gemeinde.)

1 M 3, 15 derselbe soll dir den Kopf zertreten, und du wirst ihn in die Ferse stechen. 1 Ti 2, 15 sie wird selig werden durch Kindergebären.

3, 20 Adam hieß sein Weib Eva (Lebensspenderin).

4, 1 Eva gebar den Kain und sprach: ich habe einen Mann gewonnen mit dem Herrn.

4, 2 sie gebar Habel.

4, 25 sie gebar Seth (Stütze); denn Gott hat mir, sprach sie, einen anderen Samen gesetzt für Habel, den Kain erwürgt hat.

KAIN, der Erstgeborene des ersten Menschenpaares, ist das Urbild des Menschen, der die Abkehr von Gott bewußt vollzieht. Er ist der Mensch der Selbstbehauptung, der mit Gott auch seinen Bruder verliert. Er sucht in Kulturarbeit für das Verlorene Ersatz, ohne ihn zu finden. (Kain = Besitz, Erwerb.)

1. Kain bringt als Erstgeborener für die Familie das Huldigungsopfer für Gott. Sein Gottesdienst ist nur äußerlich, sein Herz opfert er nicht. Darum hat Gott an seinem Opfer kein Wohlgefallen.

1 M 4, 3 es begab sich, daß Kain dem Herrn Opfer brachte von den Früchten des Feldes.

4, 5 Kain und sein Opfer sah Gott nicht gnädiglich an.

2. Die Antwort Gottes an Kain warnt ihn und zeigt ihm die Ursache des göttlichen Mißfallens. Kain wird vom Sinnlichen, Sichtbaren beherrscht, statt darüber zu herrschen.

1 M 4, 7 wenn du fromm bist, so bist du angenehm, bist du aber nicht fromm, so ruht die Sünde (ursprünglich das Sinnliche, Sichtbare) vor deiner Tür, und nach dir hat sie Verlangen, du aber herrsche über sie.

1 Joh 3, 12 nicht wie Kain, der von dem Argen war.

Heb 11, 4 durch den Glauben brachte Abel ein größeres Opfer als Kain. (Bei Kain fehlte der Glaube, die Herzensübergabe an Gott.)

3. Kains Empörung und Niedergeschlagenheit. Er fühlt sich von Gott durchschaut und vor seinem Bruder gedemütigt.

1 M 4, 5 da ergrimmte Kain sehr, und seine Gebärde verstellte sich. (Wörtlich: er senkte den Blick.)

4. Statt sich unter Gottes Urteil zu beugen, schlägt er, um sich selbst zu behaupten, seinen Bruder tot. Äußerliche Frömmigkeit vernichtet lieber den Vertreter innerlicher Frömmigkeit, als daß sie sich beugt. (Ein typischer Vorgang der Weltgeschichte.)

1 M 4, 8 da redete Kain mit seinem Bruder Abel. Es erhub sich Kain wider seinen Bruder Abel und schlug ihn tot.

1 Joh 3, 12 warum erwürgte er ihn? Daß seine Werke böse waren und die seines Bruders gerecht.

5. Weder Gott noch der Bruder kann durch einen Gewaltakt zum Schweigen gebracht werden. Gott fragt Kain nach seinem Bruder. Kains fadenscheinige Entschuldigung gilt nicht vor Gott.

1 M 4, 9 da sprach der Herr zu Kain: Wo ist dein Bruder Habel?
4, 10 was hast du getan? Die Stimme des Bluts deines Bruders schreit zu mir von der Erde.
4, 9 er sprach: Ich weiß nicht; soll ich meines Bruders Hüter sein?

6. Über Kain wird der Fluch ausgesprochen, daß ihn das Sichtbare, das er Gott vorgezogen hat, enttäuschen und unbefriedigt lassen soll. Der Gewalttätige bekommt Angst vor der Menschen Gewalttätigkeit. Gott schützt sein Leben, damit er Raum habe zur Buße. So ist im Gericht Gnade.

1 M 4, 11 verflucht seist du auf der Erde. Wenn du deinen Acker bauen wirst, soll er dir hinfort sein Vermögen nicht geben. Unstet und flüchtig sollst du sein auf Erden.
4, 15 wer Kain totschlägt, soll siebenfältig gerochen werden.

Der Herr machte ein Zeichen an Kain, daß ihn niemand erschlüge, der ihn fände.

7. Kain bereut nicht seine Schuld, sondern fürchtet nur ihre Folgen. Er wendet sich noch weiter ab von Gott, um nicht mehr an seine Sünden erinnert zu werden. Aus seiner Angst und seinem unbefriedigten Sehnen heraus schafft er die Kultur der Stadt, die ihn umschirmen und befriedigen soll. Aber die rein diesseitige Kultur ist kein Ersatz für Gott, sondern sie versklavt.

1 M 4, 16 Kain ging von dem Angesichte des Herrn. Und er baute eine Stadt.

Judas 11 weh ihnen, sie gehen den Weg Kains. (Es gibt Kainsmenschen und Kainsgesinnung.)

ABEL, der zweite Sohn der ersten Eltern, erhält von seiner Mutter in Vorahnung seines Endes den Namen »Hauch, Nichtigkeit«.

1. Abel ist eine zarte, innerliche Natur, wie sie zu dem beschaulichen Geschäft des Schäfers sich eignet. Als Kain, der Erstgeborene, für die Familie Gott ein Opfer darbringt, fühlt sich auch Abel getrieben, Gott durch ein Opfer der Erstgeburt seiner Herde seine Hingabe zu erweisen. Sein Opfer findet Gottes Wohlgefallen, weil sein Herz dabei ist.

1 M 4, 2 sie gebar Abel. Und Abel ward ein Schäfer.
        4, 4 der Herr sah gnädig an Abel und sein Opfer.

Heb 11, 4 durch den Glauben hat Abel Gott ein größer Opfer getan denn Kain.

2. Abel wird von seinem Bruder erschlagen, weil Kain seine Gerechtigkeit als Anklage empfindet. Abel ist der erste, der um Gerechtigkeit willen verfolgt ward.

Mt 23, 35 von dem Blut des gerechten Abel an.
1 M 4, 8 es erhub sich Kain wider seinen Bruder Abel und schlug ihn tot.

1 Joh 3, 12 weil seine Werke böse waren und seines Bruders waren gerecht.

3. Abel läßt sich töten, aber nicht zum Schweigen bringen. Sein Blut schreit zu Gott und fordert das Gericht heraus. Gott zieht Kain zur Rechenschaft. Abel läßt sich nicht beseitigen. Er wird von Gott ersetzt durch den frommen Seth. So schreit auch Jesu Blut zu Gott, aber nicht nach dem Gericht, sondern nach Barmherzigkeit, weil Jesus das Gericht trug für uns.

1 M   4, 10 Die Stimme des Bluts deines Bruders schreit zu mir von der Erde.

4, 9 da sprach der Herr zu Kain: Wo ist dein Bruder Abel?

Heb   12, 24 das Blut, das besser redet denn Abels.

1 M   4, 25 sie gebar einen Sohn, den hieß sie Seth; denn Gott hat mir, sprach sie, einen anderen Samen gesetzt für Abel.

LAMECH UND DAS KAINSGESCHLECHT. Die Vorfahren Lamechs waren Chanoch (Rüsten, Üben), der Sohn Kains, Irad (Flüchtiger, Ungebundener), Mahujael (einer, in dem das Göttliche erloschen ist). Die Namen der Kainslinie kennzeichnen das Wesen der kainitischen Kulturentwicklung aus eigener Kraft, der sich Gott entziehenden Ungebundenheit und der bewußt atheistischen Einstellung. So sind auch die Namen der Söhne Lamechs bezeichnend für das Streben des kainitischen Menschen, sich das Leben ohne Gott erträglich zu machen. Jabal ist der Werte Schaffende, der Ahnherr der Verdiener, Jubal ist der Erfinder der Musik, er bietet dem im Kampf ums Dasein stehenden Menschen die Entspannung durch die Kunst und damit einen Ersatz für den Verlust Gottes. Thubal-Kain ist der Erfinder von allerlei Erz- und Eisenwerkzeug, der Vater der Industrie. Er produziert die Werkzeuge, die für den Ertrag

des Ackers sich austauschen lassen und so das Leben in
der Stadt ermöglichen. Naema (das sinnlich Schöne) ist
seine Schwester. Man verstand Anmut und Schönheit
in das Leben fern vom Paradies hineinzutragen und so
ohne Gott sich selbst zu genügen. Doch konnte diese
mannigfaltige Kultur die Gewissen nicht beruhigen,
wenn anders das Lamechlied der Aufschrei eines im Gewissen erwachten Menschen ist, der das Gericht über
sich kommen sieht. Lamech ist der Mann der rücksichts-
losen Selbstsucht. Er sieht im Mord ein Mittel zur
Selbstbehauptung. Ob mit dem Mann, den er erschlug,
Kain, und mit dem Kind der eigene Sohn gemeint ist,
kann nicht bestimmt gesagt werden. Jedenfalls vergilt
Lamech eine kleine Verletzung mit dem Mord. Es könnte das Lamechlied auch aus wildem Trotz heraus gesungen sein. Ein Despot rühmt sich seiner Bluttaten,
droht mit seiner Rücksichtslosigkeit und spottet des
göttlichen Gerichts.

1 M 4, 18 Henoch zeugte Irad, Irad zeugte Mahujael, Mahujael
zeugte Methusael, Methusael zeugte Lamech.
4, 19 Lamech nahm zwei Weiber. Die eine hieß Ada, die andere Zilla. Und Ada gebar Jabal; von dem sind hergekom-
men, die in Hütten wohnten und Vieh zogen.
4, 21 Und sein Bruder hieß Jubal; von dem sind hergekom-
men die Geiger und Pfeifer.
4, 22 Die Zilla gebar auch, nämlich den Thubal-Kain, den
Meister in allerlei Erz- und Eisenwerk. Und die Schwester
des Thubal-Kain war Naema.
4, 23 Und Lamech sprach zu seinen Weibern: Ihr Weiber Lamechs, höret meine Rede und merkt, was ich euch sage: Ich
habe einen Mann erschlagen für meine Wunde und einen
Jüngling für meine Beule.
4, 24 Kain soll siebenmal gerochen werden, Lamech aber sie-
benundsiebenzigmal.

HENOCH (Rüsten, Üben, vgl. auch Weihe). Sein Ahne ist
Seth, der Sohn Adams. Seth ist die große Hoffnung sei-

ner Mutter, der Ersatz für Abel. Er ist, wie ausdrücklich
hervorgehoben wird, seines Vaters Ebenbild, der seiner-
seits nach dem Bild Gottes geschaffen ist. Es ist in ihm
der Zug zu Gott hin, doch läßt sich der durch den Sün-
denfall in die Menschheit hineingekommene Zug zum
Sichtbaren nicht verleugnen. Darum ist eine Erlösung
aus eigener Kraft auch in der Sethlinie unmöglich. So
weist die Sethlinie ein merkwürdiges Schwanken der
Gesinnung in den Namen ihrer Glieder auf. Enos, der
Sohn Seths, ist der Krankmachende, in den Todeszu-
stand Hineinziehende. Vielleicht leuchtet hinter diesen
Namen die Erkenntnis auf, daß der Mensch aus eigener
Kraft nicht die Genesung der Welt erringen kann, daß
die Erlösung von Gott her kommen muß. Im inneren
Zusammenhang mit dieser Erkenntnis steht der Beginn
der Jahveverkündigung. Der Sohn Enos' ist Kenan,
einer, der dem Besitz hingegeben ist, dessen Sohn ist
Mahalaleel (Gottespreis). In seinen Tagen findet ein
Erwachen für den Geber aller guten Gaben statt, das
zum Lob Gottes bewegt. Aber schon der Name seines
Sohnes Jared (Niedergang) weist darauf hin, daß der
Niedergang der Menschheit nicht aufzuhalten ist. So
wird Henoch geboren, der nach seines Sohnes Methu-
salahs (Schwertgewaltiger) Geburt eine Wende erlebt
und fortan den Sinn des Lebens nicht in der Selbstbehauptung und im Kulturfortschritt, sondern im Umgang
mit Gott sieht. Henoch bleibt in der Gemeinschaft mit
Gott und hat den Mut, in seiner Zeit ein Einsamer zu
sein. Er hält Schritt mit Gott und wird deshalb, weil er
an dem Unsichtbaren unwandelbar festhält (glaubt),
dem herannahenden Gericht entnommen, ohne daß
seine Zeitgenossen viel Notiz davon nehmen.

1 M   5, 3 Adam zeugte einen Sohn, der seinem Bilde ähnlich war, und hieß ihn Seth.

5, 6 Seth zeugte Enos; V. 9 Enos zeugte Kenan; V. 12 Kenan zeugte Mahalaleel; V. 15 Mahalaleel zeugte Jared; V. 18 Jared zeugte Henoch; V. 21 Henoch zeugte Methusalah.

4, 25 Gott, sprach sie, hat mir einen anderen Samen gesetzt für Abel. V. 26 Seth zeugte auch einen Sohn und hieß ihn Enos. Zu der Zeit fing man an, zu predigen von des Herrn Namen.

5, 22 nachdem er Methusalah gezeugt hatte, wandelte er mit Gott dreihundert Jahre und zeugte Söhne und Töchter. V. 24 Und, weil er mit Gott wandelte, nahm ihn Gott hinweg, und er ward nicht mehr gesehen (wörtlich: er war nicht mehr, denn Gott hatte ihn weggenommen).

Heb   11, 5 durch den Glauben ward Henoch weggenommen, daß er den Tod nicht sähe, und ward nicht gefunden, darum, daß ihn Gott wegnahm; denn vor seinem Wegnehmen hat er Zeugnis gehabt, daß er Gott gefallen habe. Aber ohne Glauben ist's unmöglich, Gott zu gefallen.

NOAH UND DAS GESCHLECHT DER FLUT. NOAHS SÖHNE.

Noah (der zur Ruhe bringt, Tröstung), der Sohn Lamechs aus der Sethlinie. Lamech hat einen klaren Blick für die Not der Erde, die unter dem Fluch steht. Das beweist der Name, den er seinem Sohn gibt. Er hält sich mit allen, die so dachten, fern von den Kindern Kains, um nicht in ihr Wesen hineingezogen zu werden.

1. Noahs Vater

1 M   5, 29 Lamech hieß ihn Noah und sprach: Der wird uns trösten in unserer Mühe und Arbeit auf der Erde, die der Herr verflucht hat.

2. Das Geschlecht der Flut.

Es kommt zu dämonischen Verbindungen; hieraus gehen große Männer hervor, die, je mehr sie durch Steigerung ihrer Fähigkeiten eine glänzende Kultur schaffen, um so hartnäckiger sich dem Geiste Gottes widersetzen. Sie werden geschildert als verderbt (in sittlicher Beziehung), gewalttätig (in sozialer Beziehung) und immerdar zum Bösen hingezogen. Gott entschließt sich mit Bekümmernis, diese Menschen zu vertilgen, um die Gesamtheit der Menschen zu retten.

1 M   6, 2 es sahen die Kinder Gottes nach den Töchtern der Menschen, wie sie schön waren, und nahmen zu Weibern, welche sie wollten.
6, 4 wurden daraus Gewaltige in der Welt und berühmte Männer.
6, 3 da sprach der Herr: Die Menschen wollen sich von meinem Geist nicht mehr strafen lassen, denn sie sind Fleisch (genau: Mein Geist wird nicht immer Richter bleiben).
6, 5 da er sah, daß der Menschen Bosheit groß war und alles Dichten und Trachten ihres Herzens nur böse war immerdar, reute es ihn, daß er die Menschen gemacht hatte, und es bekümmerte ihn.
6, 11 die Erde war verderbt vor Gott und voll Gewalttaten.

3. *Noahs Gerechtigkeit*. Noah geht in den Bahnen seines Vaters und findet nach ernstem Suchen das Wohlwollen Gottes, das ihn zur Gemeinschaft mit Gott befähigt. Er findet die richtige Einstellung zu Gott, sein Gericht und die Verheißung seiner Rettung ernst zu nehmen und zu glauben. Darum ist er auch in seinem Verhältnis zu den Menschen tadellos. So werden ihm die Augen erleuchtet, die kommende Katastrophe durch den Glanz der Kultur hindurch zu schauen.

1 M   6, 8 Noah fand Gnade vor dem Herrn.
6, 9 er war ein frommer Mann und ohne Tadel und führte ein göttliches Leben (wandelte mit Gott).
7, 1 der Herr sprach zu Noah: Ich habe dich gerecht ersehen vor mir zu dieser Zeit.

4. *Noahs Gehorsam*. Weil Noah die richtige Stellung zu Gott hat, kann Gott zu ihm reden. Noah gehorcht in allem und hört nicht auf die Menschen, die sein Tun verlachen, sondern vertraut dem Herrn. Er baut auf Gottes Befehl die Arche, die die Möglichkeit der Rettung bietet, und bekommt von

Gott die gewisse Zusage der Erhaltung seiner Familie. Er geht mit den Tieren auf des Herrn Wort in die Arche, die Gott verschließt. Noah kann warten, bis das Gericht vorüber ist, und verläßt erst auf Gottes Geheiß die Arche. Seine erste Tat ist das Brandopfer zum Ausdruck seiner dankbaren Hingabe an den Erhalter seines Lebens. So wird es ihm möglich, Gottes Gedanken vom künftigen, unaufhörlichen Wechsel der Tages- und Jahreszeiten zu erlauschen. Durch diesen Wechsel der Tages- und Jahreszeiten und das von Gott angeordnete Strafrecht, das zum Strafamt der Obrigkeit führt, wird die Bosheit der Menschen so eingedämmt, daß eine Gesamtvernichtung nicht mehr nötig ist. Der Gehorsame erhält den Segen Gottes und die Verheißung der Erhaltung des Menschengeschlechts. Gott schließt einen Bund mit ihm und gibt im Regenbogen das Zeichen des Bundes.

1 M   6, 14 da sprach Gott zu Noah: Mache dir einen Kasten.
7, 1 der Herr sprach zu Noah: Gehe in den Kasten.
8, 15 da redete Gott mit Noah: Gehe aus dem Kasten.

1 M   6, 22 Noah tat alles, was ihm Gott gebot.
7, 5 Noah tat alles, was ihm der Herr gebot.
8, 20 Noah aber baute dem Herrn einen Altar und opferte Brandopfer.
8, 21 der Herr sprach in seinem Herzen: Ich will hinfort nicht mehr die Erde verfluchen um der Menschen willen. Solange die Erde steht, soll nicht aufhören Samen und Ernte, Frost und Hitze, Sommer und Winter, Tag und Nacht (wörtlich: soll nie feiern, vor der Flut andere einheitlichere klimatische Verhältnisse).
9, 1 Gott segnete Noah und seine Söhne und sprach: Seid fruchtbar und mehret euch.
9, 6 wer Menschenblut vergießt, des Blut soll wieder durch Menschen vergossen werden.
9, 11 ich richte meinen Bund also mit euch auf, daß hinfort nicht mehr alles Fleisch verderbt werden soll.

5. Noahs Söhne und Noahs Fall. Der eben vom Gericht Gerettete unterliegt der Versuchung und berauscht sich am Wein, der Gabe der aus dem Gericht hervorgegangenen Erde, zu seinem tiefen Leidwesen. Sein Sohn Ham (Ham = die aufgeregte sinnliche Bewegung) hat Freude an seines Vaters Fall und sagt seinen Brüdern davon, die die Schmach ihres Vaters nicht ansehen wollen und ihn decken. Sem (Name), einer, der den Dingen den rechten Namen gibt, den rechten Begriff von ihnen hat, Japhet (offenstehen), der Empfängliche, und Ham, sind die Stammväter großer Völker geworden. Die Semiten gewannen die geistigste Gottesauffassung. Hams Sohn Kanaan kommt unter den Fluch Noahs. Seine Nachkommen entarten und verlieren dadurch ihre Selbständigkeit. Die Japhetiten sind aufgeschlossen für das Schöne und fähig zur Eroberung der Welt, weil sie andere beeinflussen können. Noah, der, von seiner Sünde ernüchtert, einen bewunderungswürdig klaren prophetischen Blick hat, weissagt das Geschick seiner Söhne und ihrer Nachkommen.

1 M   9, 20 Noah fing an und ward ein Ackermann und pflanzte Weinberge, und da er von dem Wein trank, ward er trunken und lag in der Hütte aufgedeckt.

9, 22 da nun Ham sah seines Vaters Blöße, sagte er's seinen Brüdern draußen.

9, 23 sie gingen rücklings zu und deckten ihres Vaters Blöße zu.

9, 25 Verflucht sei Kanaan und sei ein Knecht.

9, 26 Gelobt sei der Herr, der Gott Sems, und Kanaan sei sein Knecht.

9, 27 Gott breite Japhet aus und lasse ihn wohnen in den Hütten Sems, und Kanaan sei sein Knecht (wörtlich: Gott gebe Japhet weiten Raum).

NIMROD (Widerstreiter, Empörer) und die Turmbauer zu Babel.

I. Nimrod, aus dem Geschlechte Hams, ist ein Gewaltiger, ein Held mit Hinterlist, um andere damit zu fangen. Er benützt seine Gaben, um seine Mitmenschen sich mit List zu unterwerfen. Das gelingt ihm um so besser, als er den frommen Schein zu wahren versteht, er tue, was er tut, vor dem Herrn. Er ist der erste, der Religion als Mittel zum politischen Zweck benützt.

1 M 10, 8 Ehus (aus dem Geschlechte Hams) zeugte den Nimrod. Der fing an, ein gewaltiger Herr zu sein auf Erden, und war ein gewaltiger Jäger (einer, der mit List fängt, in diesem listigen Fangen bestand sein Heldentum) vor dem Herrn. Daher spricht man, das ist ein gewaltiger Jäger vor dem Herrn wie Nimrod.

II. Nimrod und die Turmbauer zu Babel. Nimrod wird wie die Kainiten ein Städtebauer (1 M 10, 10. 11) und inspiriert das Volk zum Bau Babels. Die Gedanken, wodurch die Nimrodsgewaltigen die Massen sich dienstbar machen, sind:

1. Einheit;

1 M 11, 4 Laßt uns eine Stadt und einen Turm bauen, wir werden sonst zerstreut in alle Länder.

2. Selbsterlösung;

1 M 11, 4 laßt uns einen Turm bauen, dessen Spitze bis an den Himmel reiche (zur Rettung vor einer kommenden Flut, ohne die sündigen Grundsätze, die das Gericht verursachen, abzulegen).

3. Selbstverherrlichung.

1 M 11, 4 daß wir uns einen Namen machen.

III. Das Gericht Gottes über diesen Versuch. Die Menschen wollen hinan, und Gott fährt hernieder, um den Hochmut des Turmbauers, der dem Gericht

Gottes durch die zusammengeschlossene Macht der
Massen zu trotzen gedenkt, zu richten. Der Zweck
der Selbstverherrlichung eines einzelnen vermag
die Massen nicht auf die Dauer in seinen Dienst zu
zwingen. Die Einheit zerbricht, weil jeder sich selber leben will. Die Menge versteht sich nicht mehr
und wird zerstreut. Gott schwächt durch seine Gerichte das Böse, um dadurch die Menschen zu retten.

1 M   11, 5 ff. Da fuhr der Herr hernieder, und der Herr sprach:
Siehe, es ist einerlei Volk und einerlei Sprache unter ihnen
allen, und haben das angefangen zu tun; sie werden nicht
ablassen von allem, was sie sich vorgenommen haben, zu
tun. Wohlauf, lasset uns herniederfahren und ihre Sprache
daselbst verwirren, daß einer des anderen Sprache nicht verstehe! Also zerstreute sie der Herr von dort in alle Länder.

2. DIE ERZVÄTER

ABRAHAM wird von Gott erwählt und berufen zum Vater des Volkes Israel und zum Vater der Glaubenden durch die Verheißungen einer gesegneten Zukunft. Er lernt in jahrelanger Erziehung nach allerlei Irrungen, den Glauben an Gottes Zusage festzuhalten und von aller Selbsthilfe abzusehen. Er bewahrt seinen Glauben, als er auf die Probe gestellt wird.

So ist er in der richtigen Stellung zu Gott, in der ihm Erleuchtung über Gottes Wesen und Rat zuteil wird, und in der rechten Stellung zu den Menschen. (Abrahams Name siehe 1 e.)

1. Gott erzieht Abraham zum Glauben.

a) Gott erwählt ihn, löst ihn heraus aus seinen natürlichen verwandtschaftlichen Zusammenhängen und aus seinem Heimatboden zur alleinigen Abhängigkeit von ihm.

1 M 11, 31 Da nahm Tharah seinen Sohn Abraham . . . und führte sie aus Ur in Chaldäa, daß er ins Land Kanaan zöge, und sie kamen gen Haran und wohnten daselbst. (Schon sein Vater verläßt die Nähe des hamitischen Kulturzentrums wohl im Bewußtsein seines Abstands.)
12, 1 der Herr sprach zu Abraham: Gehe aus deinem Vaterland und von deiner Freundschaft und aus deines Vaters Hause in ein Land, das ich dir zeigen will.

b) Gott gibt ihm die Verheißung, Vater eines gesegneten Volkes zu werden. Diese Verheißung wird nach jedem Schritt im Glaubensgehorsam, den Abraham tut, erneuert und bekräftigt.

1 M 12, 2 ich will dich zu einem großen Volk machen und will dich segnen und dir einen großen Namen machen, und sollst

ein Segen sein . . . in dir sollen gesegnet werden alle Geschlechter auf Erden.

12, 7 da (nach gehorsamem Auszug) erschien der Herr dem
Abraham und sprach: Deinem Samen will ich dies Land geben.

13, 16 ich will deinen Samen machen wie den Staub auf
Erden (nach Trennung von Lot).

14, 19 Melchisedek segnete ihn und sprach: Gesegnet seist du,
Abraham (nach Verzicht auf die Beute und nach der Befreiung
Lots).

15, 5 Siehe gen Himmel und zähle die Sterne, kannst du sie
zählen? Also soll dein Same werden.

15, 18 an dem Tage machte der Herr einen Bund mit Abraham und sprach: Deinem Samen will ich dies Land geben,
vom Wasser Ägyptens an bis an das große Wasser Euphrat.

c) Abraham glaubt Gottes Verheißungen und bewährt diesen Glauben durch seinen Gehorsam. Da
ihm die Erfüllung der Verheißung noch nicht gegeben ist, ja, seine Kinderlosigkeit ihr geradezu wi-
derspricht, ist er ganz auf Gottes Tun angewiesen,
von dem er alles zu erwarten hat.

1 M 12, 4 Abraham zog aus.
     15, 6 Abraham glaubte dem Herrn.

d) Abraham hält den Glauben nicht fest und sucht
sich selbst zu helfen. Aus dieser Selbsthilfe ergeben
sich Schwierigkeiten. Gott zieht sich zurück und
schweigt 13 Jahre.

1 M 12, 11—13 Sarai gibt sich in Ägypten als seine Schwester aus.
     (Diese Selbsthilfe hätte ihn beinahe um die Verheißung ge-
     bracht, wenn Gott nicht seinen Fehler korrigiert hätte.)

     16, 2 Sarai sprach zu Abraham: Siehe, der Herr hat mich
     verschlossen. Gehe doch zu meiner Magd, ob ich vielleicht
     aus ihr mich aufbauen möge. Da nahm Sarai, Abrahams
     Weib, ihre ägyptische Magd, Hagar, und gab sie Abraham,
     ihrem Manne, zum Weibe. (Abraham läßt sich vom Unglau-
     ben seiner Frau anstecken.)

     16, 4 Hagar achtete ihre Frau gering gegen sich.

     17, 1 Als Abraham neunundneunzig Jahre alt war, erschien
     ihm der Herr.

     17, 25 Ismael aber, sein Sohn, war 13 Jahre alt.

e) Gottes Treue knüpft aufs neue die abgerissene Verbindung an durch neue Verheißung und neue Forderung. Abraham und Sarai bekommen neue Namen.

1 M   17, 1 Ich bin der allmächtige Gott, wandle vor mir und sei fromm. Ich will einen Bund zwischen dir und mir machen und will dich gar sehr mehren.

17, 5 Darum sollst du nicht mehr Abram (erhabener Vater) heißen, sondern Abraham soll dein Name sein, denn ich habe dich gemacht zum Vater vieler Völker. Ich will aufrichten meinen Bund zwischen mir und dir und deinem Samen nach dir, bei ihren Nachkommen, daß es ein ewiger Bund sei, also, daß ich dein Gott sei und deines Samens nach dir, und ich will dir und deinem Samen nach dir geben das Land, darin du ein Fremdling bist, das ganze Land Kanaan, zu ewiger Besitzung.

17, 15 Und Gott sprach abermals zu Abraham: Du sollst dein Weib Sarai nicht mehr Sarai (Fürstin, ältere Sprachform) heißen, sondern Sara (Fürstin) soll ihr Name sein. Denn ich will sie segnen, und auch von ihr will ich dir einen Sohn geben.

17, 11 Ihr sollt aber die Vorhaut an eurem Fleisch beschneiden. Das soll ein Zeichen sein des Bundes zwischen mir und euch. Ein jegliches Knäblein, wenn's acht Tage alt ist . . .

f) Gott überwindet den Unglauben Abrahams und Sarais und erfüllt die Verheißung.

1 M   17, 23 Da nahm Abraham seinen Sohn Ismael . . . und beschnitt sie ebendesselbigen Tages, wie ihm Gott gesagt hatte. (Abraham gehorcht sofort, ist also zum Glauben durchgedrungen.)

1 M   17, 17 Da fiel Abraham auf sein Angesicht und lachte und sprach in seinem Herzen: Soll mir, hundert Jahre alt, ein Kind geboren werden?

18, 2 Gott erscheint Abraham und hat Tischgemeinschaft mit ihm.

18, 12 Darum lachte sie bei sich selbst und sprach: Nun ich alt bin, soll ich noch der Liebe pflegen, und mein Herr ist auch alt.

1 M   18, 13 Da sprach der Herr zu Abraham: Warum lacht Sara und spricht: Meinst du, daß es wahr sei, daß ich noch ge-

bären werde, so ich doch alt bin? Sollte dem Herrn etwas
unmöglich sein? Über ein Jahr soll Sara einen Sohn haben.
18, 15 da leugnete Sara und sprach: Ich habe nicht gelacht,
denn sie fürchtete sich. Aber er sprach: Es ist nicht also, du
hast gelacht.

1 M   21, 1 und der Herr suchte heim Sara, wie er geredet hatte,
und tat mit ihr, wie er geredet hatte; und Sara ward schwanger und gebar Abraham einen Sohn in seinem Alter um die
Zeit, von der ihm Gott geredet hatte.

g) Gott stellt Abrahams Glauben auf die Probe. Abraham verschont seines einzigen Sohnes nicht, um Gott gehorsam zu sein.

1 M   22, 1 Nach diesen Geschichten versuchte Gott Abraham und
sprach zu ihm: Abraham! Und er antwortete: Hier bin ich.
Und er sprach: Nimm Isaak, deinen einzigen Sohn, den du
liebhast, und gehe hin in das Land Morija und opfere ihn
daselbst zum Brandopfer. Da stand Abraham des Morgens
früh auf und nahm mit sich seinen Sohn Isaak.
22, 9 und band seinen Sohn Isaak, legte ihn auf den Altar
oben auf das Holz und reckte seine Hand aus und faßte das
Messer, daß er seinen Sohn schlachtete.
22, 11 da rief ihm der Engel des Herrn vom Himmel und
sprach: Abraham! Abraham! Er anwortete: Hier bin ich.
22, 12 nun weiß ich, daß du Gott fürchtest und hast deines
einzigen Sohnes nicht verschont um meinetwillen. (Ein wun-
derbarer Hinweis auf die Liebe Gottes, der seines eigenen
Sohnes nicht verschont hat, um ihn sogar für seine Feinde
in den Tod zu geben. Röm. 8, 32.)
22, 16 Ich habe bei mir selbst geschworen, weil du deines
einzigen Sohnes nicht verschont hast, daß ich deinen Samen
segnen will, und durch deinen Samen sollen alle Völker auf
Erden gesegnet werden.

2. Abraham kommt durch den Glauben in die richtige Stellung zu Gott.

1 M   15, 6 Abraham glaubte dem Herrn, und das rechnete er ihm
zur Gerechtigkeit.

a) So kann ihm Gott sein Wesen mehr und mehr offenbaren.

1 M   12, 1 er ist der Gott, der den Weg zeigt.
12, 2 der segnen will und segnen kann.

14, 22 der höchste Gott, der Himmel und Erde geschaffen hat.

15, 1 dein Schild und sehr großer Lohn (als Schutz erfuhr ihn Abraham im Krieg mit den Königen, als Lohn glaubte Abraham an ihn, als er auf die Beute verzichtete und Melchisedek den Zehnten gab).

17, 1 Ich bin der allmächtige Gott, wandle vor mir und sei fromm.

18, 2 Gott besucht Abraham und hält Gemeinschaft mit ihm.

18, 14 sollte dem Herrn etwas unmöglich sein?

18, 19 des Herrn Weg halten, heißt, tun, was recht und gut ist, damit der Herr auf Abraham kommen lasse, was er ihm verheißen hat.

15, 13 Gott offenbart ihm die Zeit der Knechtschaft Israels in Ägypten.

18, 20 Gott offenbart ihm sein Vorhaben mit Sodom.

18, 25 der du aller Welt Richter bist, von dir sei ferne, daß du tötest den Gerechten mit dem Gottlosen!

21, 33 er predigte den Namen des Herrn, des ewigen Gottes.

22, 14 die Stätte auf dem Berg Morija hieß Abraham: Der Herr siehet (weil er erlebte, daß Gott alles weiß und sieht auch dann, wenn wir meinen, er habe uns verlassen).

b) Abraham antwortet auf Gottes Offenbarung mit Gebet, Opfer und Verkündigung seines Namens.

1 M 12, 7 er baute daselbst einen Altar dem Herrn, der ihm erschienen war.

13, 18 baute daselbst dem Herrn einen Altar.

18, 22 Abraham blieb stehen vor dem Herrn (betet anhaltend).

18, 27 ach, siehe, ich habe mich unterwunden zu reden mit dem Herrn, wiewohl ich Staub und Asche bin (betet in Demut).

15, 9 Abraham opfert.

1 M 22, 13 nahm den Widder und opferte ihn zum Brandopfer an seines Sohnes Statt.

12, 8 baute daselbst dem Herrn einen Altar und predige von dem Namen des Herrn.

13, 4 und er predige allda den Namen des Herrn.

21, 33 predigte daselbst von dem Namen des Herrn.

3. Abraham kommt durch den Glauben in die richtige Stellung zu den Menschen.

1 M 13, 9 Willst du zur Linken, so gehe ich zur Rechten. (Abraham kann um des Friedens willen verzichten, weil er auf die Verheißung, den Lohn Gottes, traut.)

14, 14 Abraham wagt im Vertrauen auf Gottes Schutz seinen Neffen Lot zu befreien.

14, 20 demselben (Melchisedek) gab Abraham den Zehnten von allem (er erkennt Autorität an).

14, 23 von allem, was dein ist, nicht einen Faden, daß du nicht sagest, du habest Abraham reich gemacht (er verzichtet großmütig auf die Beute, weil er auf den Lohn Gottes traut).

18, 22 Abraham blieb stehen vor dem Herrn (tut Fürbitte für Sodom um Lots willen).

21, 34 er war ein Fremdling in der Philister Land.

23, 4 ich bin ein Fremder und Einwohner bei euch (er hielt den Abstand zwischen sich und den benachbarten Heiden aufrecht).

24, 3 schwöre mir, daß du meinem Sohn kein Weib nehmest von den Töchtern der Kanaaniter, unter welchen ich wohne (Abraham zu Elieser).

21, 33 Abraham pflanzte Bäume zu Beer-Seba und predigte (er treibt echte Kulturarbeit zu Gottes und nicht zur eigenen Ehre).

4. Was die Heilige Schrift von Abraham sagt:

1 M   20, 7 er ist ein Prophet, laß ihn für dich bitten, so wirst du lebendig bleiben (Gott zu Abimelech).

23, 6 du bist ein Fürst Gottes unter uns (die Kinder Heth).

Jes   41, 8 Abraham, meines geliebten.

51, 2 Abraham euer Vater.

Mt   3, 9 wir haben Abraham zum Vater. Gott vermag dem Abraham aus diesen Steinen Kinder zu erwecken (Johannes der Täufer).

8, 11 mit Abraham im Himmelreich sitzen.

Lk   16, 22 er ward getragen von den Engeln in Abrahams Schoß.

Joh   8, 56 Abraham ward froh, daß er meinen Tag sehen sollte, und er sah ihn und freute sich.

8, 58 ehe denn Abraham ward, bin ich.

Rö   4, 11 Abraham ein Vater aller, die da glauben (Paulus über Abraham).

Heb   11, 8 durch den Glauben ward gehorsam Abraham, da er berufen ward.

11, 9 durch den Glauben ist er ein Fremdling gewesen in dem verheißenen Land.

11, 17 durch den Glauben opferte Abraham den Isaak, da er versucht ward, und gab hin den Eingeborenen.

11, 19 und dachte, Gott kann auch wohl von den Toten erwecken, daher er auch zum Vorbild ihn wiederbekam.

Jak 2, 23 Abraham ist ein Freund Gottes geheißen (2. Chr. 20,
     7; Jes. 41, 8).

SARA (Sarai ist die alte Sprachform, auf deutsch Fürstin)
ist die Halbschwester Abrahams und wird sein Weib,
das ihm untertan ist. Statt an die Verheißung Gottes zu
glauben, nimmt sie in scheinbarer Frömmigkeit ihre
Kinderlosigkeit als unabwendbares Schicksal hin und
sucht sich selbst zu helfen. Dieser eigene Weg bringt ihr
viel Herzeleid. Gott überwindet ihren Unglauben, so
daß sie im Glauben an Gottes Kraft Mutter Isaaks wird.
Abraham beklagt sie, als sie stirbt, und begräbt sie in
Ehren.

1. Sara war ihrem Manne gehorsam und hieß ihn
Herr. 1 Pe 3, 6.

1 M 12, 5 also nahm Abraham sein Weib Sara (sie zog mit aus).
     18, 12 mein Herr ist alt.
     12, 13 sage doch, du seiest meine Schwester. (Sie gehorcht
     auch, als Abraham Unrechtes von ihr verlangt. In den Schwie-
     rigkeiten, die sich aus dieser Verheimlichung ergeben, schützt
     sie Gott, damit die Verheißung erfüllt würde.)

2. Sara war schön, aber unfruchtbar. Sie sucht sich
selber zu helfen, statt auf die Verheißung Gottes
zu vertrauen, und macht sich selbst dadurch viel
Schmerzen.

1 M 16, 2 sie sprach zu Abraham: Siehe, der Herr hat mich ver-
     schlossen, daß ich nicht gebären kann. Gehe doch zu meiner
     Magd, ob ich vielleicht aus ihr mich aufbauen möge. Und
     Abraham gehorchte ihrer Stimme.
     16, 4 Hagar achtete ihre Frau gering gegen sich.
     16, 5 Sara sprach zu Abraham: Du tust Unrecht an mir (die
     Eifersucht erwacht, sie schiebt das Unrecht, dessen Ursache
     doch sie selbst ist, auf Abraham).
     16, 12 Ismael wird ein wilder Mensch sein, seine Hand wider
     jedermann und jedermanns Hand wider ihn.
     21, 9 und Sara sah den Sohn Hagars, der Ägyptischen, daß
     er ein Spötter war.

21, 10 Sara sprach zu Abraham: Treibe diese Magd aus mit ihrem Sohn.

3. Ihr Unglaube wird von Gott überwunden.

1 M 17, 15 Gott sprach: Du sollst dein Weib nicht mehr Sarai, sondern Sara heißen.
18, 12 sie hört Gottes Verheißung. Darum lachte sie bei sich selbst.
18, 13 da sprach der Herr: Warum lacht Sara?
18, 15 da leugnete Sara und sprach: Ich habe nicht gelacht; denn sie fürchtete sich. Aber er sprach: Es ist also, du hast gelacht (sie wird von Gott überführt und läßt ihm das letzte Wort).

Heb 11, 11 Durch den Glauben empfing Sara Kraft, daß sie schwanger ward.

4. Sara stirbt, wird von Abraham beklagt und in Ehren begraben.

1 M 23, 1 Sara ward 127 Jahre alt und starb. Da kam Abraham, daß er sie beklagte und beweinte.
23, 4 Abraham sprach zu den Kindern Heth: Gebt mir ein Erbbegräbnis unter euch, daß ich meinen Toten begrabe.

HAGAR (die Flüchtige) ist die ägyptische Leibmagd Sarais, die sie dem Abraham zur Frau gibt, damit sie den Sohn der Verheißung gebäre. Als sie Mutter Ismaels wird, erhebt sie sich über ihre Frau, entzieht sich der Demütigung durch die Flucht und wird von Gott, den sie als den Lebendigen und Sehenden erlebt, zurechtgewiesen. Als Isaak geboren wird, wird sie vertrieben und weint halb verschmachtet in der Wüste zu Gott, der ihr hilft und um Abrahams willen eine Verheißung für ihren Sohn gibt.

1. Hagars Erhöhung, Demütigung und Gotteserlebnis.

1 M 16, 2 Gehe doch zu meiner Magd, ob ich vielleicht aus ihr mich aufbauen möge.
16, 4 sie achtete ihre Frau gering gegen sich.
16, 6 da sie nun Sarai wollte demütigen, floh sie vor ihr.

16, 9 der Engel des Herrn sprach zu ihr: Kehre wieder um und demütige dich unter ihre Hand.

16, 13 Und sie hieß den Namen des Herrn, der mit ihr redete: Du, Gott, siehest mich.

16, 14 der Brunnen des Lebendigen, der mich ansieht.

2. Hagar wird verstoßen und doch gesegnet.

1 M 20, 10 Sara sprach zu Abraham: Treibe diese Magd aus mit ihrem Sohn; denn dieser Magd Sohn soll nicht erben mit meinem Sohn Isaak.

21, 16 ich kann nicht sehen des Knaben Sterben (ihre Mutterliebe).

21, 17 da erhörte Gott die Stimme des Knaben. Und der Engel Gottes rief der Hagar und sprach: Was ist dir, Hagar? Fürchte dich nicht! Steh auf, nimm den Knaben und führe ihn an deiner Hand; denn ich will ihn zum großen Volk machen. Und Gott tat ihr die Augen auf, daß sie einen Wasserbrunnen sah.

21, 13 ich will der Magd Sohn zum Volk machen, darum, daß er deines Samens ist (Gott zu Abraham).

Ga 4, 23 der von der Magd ist nach dem Fleisch geboren.

4, 24 das Testament, das zur Knechtschaft gebiert, ist die Hagar (Paulus vergleicht Hagar mit dem Gesetz, Sara mit dem Evangelium).

ISMAEL (Gott hat erhört, 1 M 16, 11), der Sohn Abrahams und der Magd Hagar, zu dem er sich auf Sarais Aufforderung selbst verhalf, um den Sohn der Verheißung zu bekommen. Ismael kann so nur enttäuschen, da er die Erwartungen, die in ihn gesetzt sind, nicht erfüllt. Als Sohn der Selbsthilfe ist er ein wilder, ungezügelter Mensch. Er empfängt zwar das Bundeszeichen der Beschneidung, wird vom Verschmachten in der Wüste errettet und bekommt die Verheißung, Vater eines großen Volkes zu werden, weil er Abrahams Sohn ist. Aber er wird vertrieben, und sein Stamm wird geschieden vom Volk der Verheißung.

1 M 16, 2 Sarai sprach zu Abraham: Gehe doch zu meiner Magd, und Abraham gehorchte.

16, 11 du wirst einen Sohn gebären, des Namen sollst du Ismael heißen, darum daß der Herr dein Elend erhört hat. Er wird ein wilder Mensch sein, seine Hand wider jedermann und jedermanns Hand wider ihn, — und wird gegen alle seine Brüder wohnen.

1 M 17, 25 Ismael, sein Sohn, war dreizehn Jahre alt, da er beschnitten ward.

21, 9 Sara sah den Sohn Hagars, der Ägyptischen, daß er ein Spötter war (ausgelassener Mensch, andere: daß er mit Isaak scherzte, spielte), und sprach zu Abraham: Treibe diese Magd aus mit ihrem Sohn; denn dieser Magd Sohn soll nicht erben mit meinem Sohn Isaak.

21, 17 da erhörte Gott die Stimme des Knaben.

21, 18 ich will ihn zum großen Volk machen.

21, 20 und Gott war mit dem Knaben; der wuchs und wohnte in der Wüste und ward ein guter Schütze, und seine Mutter nahm ihm ein Weib aus Ägyptenland.

LOT UND SEIN WEIB. Lot ist Abrahams Neffe, seines Bruders Haran Sohn. Er zieht mit Abraham aus, angetan von dessen Frömmigkeit, siedelt sich aber, vom Eigennutz getrieben, bei dem gottlosen Sodom an und kommt dadurch in die Gerichte, die Sodom treffen, hinein. Abrahams Tatkraft und Fürbitte retten ihn. (Lot = Schleier.)

1. Der gerechte Lot (welchem die schändlichen Leute alles Leid antaten mit ihrem unzüchtigen Wandel, sie quälten die gerechte Seele von Tag zu Tag mit ihren ungerechten Werken, 2 Pe 2, 7).

1 M 12, 4 zieht aus mit Abraham auf Gottes Geheiß.

19, 2 übt Gastfreundschaft.

19, 7 schützt seine Gäste.

19, 14 glaubt an die Gerichtsankündigung und warnt seine Schwiegersöhne.

2. Lot ist eigennützig und begibt sich dadurch in Gefahr.

1 M 13, 7 seine Hirten zanken mit den Hirten Abrahams.

13, 10 er wählt die fruchtbare, wasserreiche Gegend von So-

dom zum Wohnsitz, obwohl er von der bösen Art der Sodo-
miten wußte.

1 M 13, 13 aber die Leute zu Sodom waren böse und sündigten
wider den Herrn.

19, 1 er sitzt zu Sodom unter dem Tor.

19, 16 er verzieht mit der Rettung und muß zur Flucht aus
Sodom genötigt werden.

19, 19 er kann sich nicht von der wasserreichen Gegend trennen und will nicht auf den Berg fliehen.

3. Sein Weib und seine Kinder haben Sodoms Art angenommen, auch seine Schwiegersöhne sind nicht besser.

1 M 19, 26 Lots Weib kommt um, weil sie nicht gehorchte und
sich umsieht nach dem brennenden Sodom.

19, 31 seine Töchter sündigen.

4. So kommt er unter das Gericht mit den Sodomiten.

1 M 14, 12 Sodom wird geschlagen und geplündert, Lot gefangen
weggeführt.

18, 20 Sodoms Sünden sind gar schwer.

19, 13 wir werden diese Stätte verderben, darum, daß ihr
Geschrei groß ist vor dem Herrn (trotz der Warnung durch
den Krieg blieb Lot zu Sodom wohnen).

5. Lot wird gerettet durch Abrahams Tatkraft und Fürbitte.

1 M 14, 14 da nun Abraham hörte, daß sein Bruder gefangen war,
wappnete er seine Knechte und jagte ihnen nach bis Dan.

18, 22 Abraham blieb stehen vor dem Herrn und trat zu ihm
und sprach: Willst du den Gerechten mit dem Gottlosen umbringen?

ELIESER (Gotthilf) von Damaskus ist Abrahams ältester
Knecht und Haushalter. Er schwört Abraham einen Eid,
eine Tochter aus der mesopotamischen Verwandtschaft
als Weib für Isaak zu nehmen. Elieser reist zur Stadt Nahors, erbittet sich zu seiner Aufgabe Weisheit von Gott
und läßt sich von ihm führen. Sein Charakter ist ein
Spiegelbild Abrahams, seines Herrn.

1. Eliesers Demut.

1 M 24, 12 er erbittet sich Weisheit von Gott und läßt sich führen: er schwieg stille, bis daß er erkennete, ob der Herr zu
seiner Reise Gnade gegeben hätte oder nicht.

2. Seine Weisheit.

1 M 24, 14 er prüft das Mädchen, ob es gern dient und fleißig ist.
24, 23 ob es aus guter Familie ist.
24, 35 er lobt den Reichtum seines Herrn.
24, 42 er berichtet von seinem Brunnenerlebnis, das ihm
Gottes Führung offenbarte, um die Angehörigen des Mäd-
chens willig zu machen, sie herzugeben.

3. Seine Treue.

1 M 24, 33 er ißt nicht, ehe er seinen Auftrag ausgerichtet hat.
24, 56 er läßt sich nicht aufhalten: Haltet mich nicht auf,
denn der Herr hat Gnade zu meiner Reise gegeben. Laßt
mich, daß ich zu meinem Herrn ziehe!

4. Seine Ehrfurcht und Dankbarkeit gegen Gott.

1 M 24, 26 da neigte sich der Mann und betete den Herrn an (als
sich Rebekka zu erkennen gibt).
24, 35 der Herr hat meinen Herrn reichlich gesegnet.
24, 52 da diese Worte (Zusage Bethuels, Rebekka mitzuge-
ben) hörte Abrahams Knecht, bückte er sich vor Gott dem
Herrn zur Erde.
24, 56 der Herr hat Gnade zu meiner Reise gegeben.

MELCHISEDEK (König der Gerechtigkeit), König von
Salem, Priester des höchsten Gottes, dankt Abraham für
die Befreiung des Landes von seinen Feinden, indem er
ihm den Segen des höchsten Gottes gibt. Als Priesterkönig von Salem (wohl Jerusalem) pflegt er uralte mono-
theistische Tradition. Er erkennt Gott an als den Lenker
der Geschichte und gibt ihm die Ehre des Siegs. So hat er
ein feines Gemerke für die Sonderstellung Abrahams zu
Gott und hält mit ihm gottesdienstliche Gemeinschaft.
Abraham erkennt diesen ehrwürdigen Priesterkönig an,
indem er sich von ihm segnen läßt und ihm freiwillig

den Zehnten von seiner Beute gibt. Die Gestalt Melchisedeks regt die Weissagung mächtig an. Melchisedek wird im 110. Psalm ein Vorbild des messianischen Priesterkönigs, und der Hebräerbrief macht die Einzigartigkeit des Priesterkönigstums Jesu an Melchisedek deutlich.

1. Priesterkönig Melchisedek hat ein Gemerke für die Bedeutung Abrahams als Segensträger Gottes und gewährt ihm gottesdienstliche Gemeinschaft und Segen.

1 M 14, 18 Melchisedek, der König von Salem, trug Brot und Wein hervor. Und er war ein Priester Gottes des Höchsten. Und segnete ihn.

2. Melchisedek wird von Abraham als Priesterkönig erkannt.

1 M 14, 20 Demselben gab Abraham den Zehnten von allem.

3. Diese Gestalt regt die Weissagung an und verdeutlicht das hohepriesterliche Amt Jesu.

Ps 110, 4 Der Herr hat geschworen . . .: du bist ein Priester ewiglich, nach der Weise Melchisedeks.

Heb 5, 6 ⎫ Christus ist ein ewiger Hoherpriester ohne priester-
5, 10 ⎪ lichen Stammbaum, sein Priestertum ist höherer Ord-
6, 20 ⎬ nung als das Aarons, weil sich Abraham, der Stamm-
7, 1 ⎭ vater Aarons, vor dem Vorläufer dieses königlichen Priestertums, Melchisedek, gebeugt hat.

ISAAK (Lachsohn) ist als Sohn der Verheißung geliebt von seinen Eltern, bevorzugt vor Ismael und wird dennoch Gott zum Opfer gebracht. So lernt er von Jugend auf Gott ernst nehmen, ihn fürchten und ihm vertrauen.

1. Isaaks Stellung zu seinen Eltern:

a) geliebt, bevorzugt und dennoch Gott zum Opfer gebracht.

1 M   21, 10 Sara sprach: Dieser Magd Sohn soll nicht erben mit
meinem Sohn Isaak.
24, 67 Also ward Isaak getröstet über seine Mutter (die Mutterliebe der Sara umfängt diesen Einzigen mit ganzer Innig-
keit).

b) Isaak begräbt seinen Vater mit Ismael zusammen in brüderlicher Eintracht.

1 M   25, 9 es begruben ihn seine Söhne Isaak und Ismael.

2. Isaaks Stellung zu Gott.

a) Seine Opferung muß den gewaltigsten Eindruck auf den Knaben gemacht haben. 1 M 22.

22, 16 du hast deines einzigen Sohnes nicht verschont. (Isaak
fragt nach dem Brandopfer, fügt sich in widerspruchslosem
Gehorsam, als er hört, daß Gott ihn zum Opfer ersehen hat.)

b) Isaak ist ein Beter, der auf Gott vertraut.

1 M   24, 63 war ausgegangen zu beten auf dem Felde (so begegnet
er Rebekka).
25, 21 Isaak bat den Herrn für sein Weib.
26, 12 er schreibt seinen Reichtum Gott zu: er erntete desselbigen Jahres hundertfältig, denn der Herr segnete ihn.
26, 22 friedliebend überläßt er zwei Brunnen zankenden Hirten und gräbt einen dritten. Seine Friedensliebe überwindet
seine Feinde. Abimelech schwört ihm Freundschaft bei Beer-
seba (1 M 26, 28).

1 M   31, 42 die Furcht Isaaks (mit diesem Ausdruck wird der Gott
Isaaks benannt).

c) So kann sich ihm Gott offenbaren und die Verheißung erneuern.

1 M   26, 24 der Herr erschien ihm in derselben Nacht und sprach:
Ich bin deines Vaters Abraham Gott. Fürchte dich nicht, denn
ich bin mit dir und will dich segnen.
26, 25 da baute er einen Altar daselbst und predigte den
Namen des Herrn.

d) Die Sünde Abrahams wiederholt sich.

26, 6 u. 7 Die Sünde Abrahams wiederholt sich.
1 M   26, 6 also wohnte Isaak zu Gerar. Und wenn die Leute fragten nach seinem Weibe, so sprach er: Sie ist meine Schwester.

3. Isaak und seine Söhne.

1 M   25, 28 Isaak hatte Esau lieb und aß gern von seinem Weid-
werk, Rebekka aber hatte Jakob lieb.

27, 4 Isaak will Esau segnen (er beachtet nicht das Wort des
Herrn bei der Geburt seiner Söhne).

27, 29 er gibt seinem vermeintlichen Lieblingssohn alles in
seinem Segen, so daß für Esau nichts mehr übrigbleibt.

27, 41 Esau: Dann will ich meinen Bruder Jakob erwürgen.

27, 46 Isaak wird enttäuscht durch Esaus Unversöhnlichkeit
und Heirat. Rebekka: Mich verdrießt zu leben vor den Töchtern Heth.

26, 35 die machten beide Isaak und Rebekka eitel Herzeleid.

28, 1 so segnet er mit freiem Willen Jakob zum zweiten
Male und fertigt ihn ab nach Mesopotamien, daß er von dort
ein Weib nehme.

35, 29 Isaak ward 180 Jahre alt und nahm ab und starb und
ward versammelt zu seinem Volk, alt und lebenssatt. Und
seine Söhne Esau und Jakob begruben ihn.

REBEKKA, die Tochter Bethuels, durch Elieser für Isaak
gefreit, ist schön, demütig, dienstbereit und der göttlichen Führung gehorsam. Sie wird Mutter Esaus und
Jakobs und sucht im festen Glauben an die Verheißung
durch List trotz dem Unglauben Isaaks den heiligen
Zweck zu erreichen, erlebt Leid dadurch, stirbt und wird
in der Höhle zu Mamre begraben, ohne die Erfüllung
der Verheißung gesehen zu haben. 1 M 49, 31. (Rebekka = männerfesselnd.)

1. Rebekka ist schön. Ihre Schönheit aber macht sie
nicht stolz, so ist sie dem alten Elieser gegenüber
dienstbereit. Darum gewinnt sie auch bald das
Herz ihres Mannes.

1 M   24, 18 sie schöpft Elieser Wasser.
24, 67 er gewann sie lieb.

2. Rebekka erkennt Gottes Führung in Eliesers
Werbung und gehorcht ohne Zögern. Sie erfragt

Gottes Willen und vertraut auf seine Verheißungen.

1 M   24, 58 Willst du mit diesem Manne ziehen? Sie antwortete: Ja, ich will mit ihm.
      25, 22 sie ging hin, den Herrn zu fragen.
      25, 28 sie liebt Jakob, weil er der Sohn der Verheißung ist, während Isaak nach dem äußeren Erstgeburtsrecht sich richtet.
      25, 27 Jakob blieb in den Hütten (wird von Rebekka erzogen).

3. Um das Ziel der Verheißung zu erreichen, hilft sie mit einer List nach, muß aber ihren Betrug infolge der Feindschaft Esaus gegen Jakob und der Trennung von ihrem Lieblingssohn bitter büßen. Ihr Alter ist einsam, um so mehr, als Esaus Weiber ihr lauter Herzeleid bereiten.

1 M   27, 9 Rebekka betrügt Isaak.
      27, 42 dein Bruder Esau droht dir, daß er dich erwürgen will.
      26, 35 die machten beide Isaak und Rebekka eitel Herzeleid (Esaus Weiber).

Esau (Edom, der Rötliche) ist ein robuster, sinnlicher Kraftmensch (Vorfahre des Herodes). Er hat Freude an der Jagd, verkauft seine Erstgeburt um ein Linsengericht und verliert auch tatsächlich den Erstgeburtssegen. Er zürnt seinem Bruder und wird durch Geschenke wieder versöhnt. Er heiratet wider den Willen der Eltern einheimische Weiber.

1. Esau ist ein auf das Sinnliche eingestellter Mensch.

1 M   25, 32 Esau antwortete: Siehe, ich muß doch sterben, was soll mir die Erstgeburt?
      26, 34 heiratet wider den Willen seiner Eltern.
Heb   12, 16 daß nicht jemand sei ein Hurer oder ein Gottloser wie Esau, der um einer Speise willen seine Erstgeburt verkaufte.

2. Er gibt seinen Segen, den er als Erstgeborener

erben sollte, preis und kann ihn nachher nicht mehr finden.

1 M 27, 38 hast du denn nur einen Segen, mein Vater? Segne mich auch, mein Vater! und hob auf seine Stimme und weinte.

Heb 12, 17 wisset aber, daß er hernach, als er den Segen erben wollte, verworfen ward, denn er fand keinen Raum zur Buße, wiewohl er sie mit Tränen suchte.

3. Statt sich selbst zu zürnen, zürnt er seinem Bruder.

1 M 27, 41 ich will meinen Bruder erwürgen.

32, 7 Esau zieht ihm entgegen mit vierhundert Mann.

33, 11 Esau wird durch Geschenke versöhnt.

JAKOB (Gott lohnt), der zweite Sohn Isaaks, der durch einen Gottesspruch vor seiner Geburt als Segenserbe bestimmt wird. Die Mutter glaubt der Verheißung, während der Vater sich durch seine Vorliebe für Esau fehlleiten läßt. Jakob wird durch sein Ringen um den Segen schuldig und durch das Leid geläutert, so daß sein Ringen um Gott ihm den neuen Namen Israel (Gottesstreiter) einträgt. Gott kommt trotz menschlicher Sünde dennoch zum Ziel.

1. Jakob ringt um den Segen. Er sucht ihn durch sündige Mittel zu ergreifen und bringt dadurch Gericht und Leid in sein Leben.

1 M 25, 31 Jakob sprach: Verkaufe mir heute deine Erstgeburt (will den Segen erhandeln).

27, 19 Jakob sprach zu seinem Vater: Ich bin Esau (er betrügt).

27, 43 muß vor dem Zorn seines Bruders fliehen.

29, 25 er sprach zu Laban: Warum hast du mir das getan? Habe ich dir nicht um Rahel gedient, warum hast du mich betrogen? (der Betrüger wird wieder betrogen).

31, 7 er hat mich getäuscht und zehnmal meinen Lohn verändert.

32, 7 Esau zieht dir entgegen mit vierhundert Mann. Da fürchtete sich Jakob sehr und ihm ward bange.

34, 30 Jakob sprach zu Simeon und Levi: Ihr habt mir Unglück zugerichtet und mich stinkend gemacht vor den Ein-
wohnern des Landes (Gewalttat seiner Söhne).

37, 4 da nun seine Brüder sahen, daß ihn (Joseph) ihr Vater
lieber hatte als alle seine Brüder, waren sie ihm feind (der
Bruderzwist wiederholt sich).

37, 34 Jakobs Leid um Joseph.

2. In diesen Gerichten wird Jakob zur Buße geführt, so kann Gott ihn dennoch segnen.

1 M   28, 1 Da rief Isaak seinen Sohn Jakob und segnete ihn,
und gebot ihm: Nimm nicht ein Weib von den Töchtern
Kanaans, sondern mache dich auf und ziehe nach Mesopotamien (als er bereit ist, nach Mesopotamien zu ziehen, segnet
ihn sein Vater mit Wissen und bestätigt so den ersten Segen).

28, 13 der Herr stand oben darauf und sprach: Ich bin der
Herr, Abrahams, deines Vaters, Gott, und Isaaks Gott; das
Land, darauf du liegst, will ich dir und deinem Samen geben . . . durch dich und deinem Samen sollen alle Geschlechter
auf Erden gesegnet werden (Gott erneuert den Segen Abrahams und Isaaks an dem einsamen Wanderer).

32, 11 ich bin zu gering aller Barmherzigkeit und Treue, die
du an deinem Knechte getan hast, errette mich von der Hand
meines Bruders!

32, 27 er antwortete: Ich lasse dich nicht, du segnest mich
denn! Er sprach: Du sollst nicht mehr Jakob heißen, sondern
Israel, denn du hast mit Gott und Menschen gekämpft und
bist obgelegen. Und er segnete ihn daselbst (in der Furcht
vor Esau sieht Jakob ein, daß er mit menschlichen Mitteln der
List den Segen nicht erringen kann, sondern daß der Segen
erbeten sein muß. Darum bekommt er nun den neuen Namen
Gottesstreiter).

3. Jakob ringt darum, den Segen weiterzugeben an seine Söhne.

1 M   35, 2 da sprach Jakob zu seinem Hause: Tut von euch die
fremden Götter, die unter euch sind, reinigt euch und ändert
eure Kleider (Bußwort an seine Söhne).

49, 8 Juda, du bist's, dich werden deine Brüder loben. Es
wird das Zepter von Juda nicht entwendet werden, noch der
Stab des Herrschers von seinen Füßen, bis daß der Held komme, und demselben werden die Völker anhangen.

49, 22 Joseph wird wachsen . . . von deines Vaters Gott ist
dir geholfen und von dem Allmächtigen bist du gesegnet

(Jakob segnet nicht nach der natürlichen Reihenfolge der Geburt, sondern nach sittlichem Urteil; (siehe Juda).

4. Die Gotteserkenntnis Jakobs.

1 M 32, 31 Ich habe Gott von Angesicht gesehen und meine Seele ist genesen.

48, 15 der Gott, der mein Hirte gewesen ist mein Leben lang.

48, 16 der Engel, der mich erlöset hat von allem Übel.

49, 18 Herr, ich warte auf dein Heil! (Der nach Segen verlangende Jakob merkt, daß das volle Heil, die Erlösung von der Sünde, in der Zukunft von Gott hergestellt werden wird, und wartet darauf. So bricht bei ihm die messianische Erwartung, deren Vorhandensein die Namengebungen der Urväter schon erkennen lassen, gewaltig durch.)

LABAN (der Weiße), Sohn Bethuels, Enkel Nahors, Bruder Rebekkas, hat eine fromme Überlieferung in äußerlicher Liebenswürdigkeit und frommen Redensarten aufbewahrt, ist aber ein Götzendiener, der seinen Vorteil mit List, Lüge und Wortbruch sucht.

1. Laban ist ein Götzendiener.

1 M 31, 30 Warum hast du mir meine Götter gestohlen?

2. Er ist eigennützig und daher wortbrüchig.

1 M 29, 23 Er betrügt Jakob um Rahel und gibt ihm Lea.

31, 7 Er hat mich getäuscht und nun zehnmal meinen Lohn verändert.

31, 15 Da antworteten Rahel und Lea: Wir haben doch kein Teil und Erbe mehr in unseres Vaters Hause. Hat er uns doch gehalten wie die Fremden; denn er hat uns verkauft und unseren Lohn verzehrt.

3. Er ist äußerlich liebenswürdig und gebraucht gern fromme Redensarten.

1 M 24, 31 Er sprach: Komm herein, du Gesegneter des Herrn! Warum stehst du draußen? Ich habe das Haus geräumt und für die Kamele auch Raum gemacht.

1 M 29, 13 Da Laban hörte von Jakob, lief er ihm entgegen, und herzte und küßte ihn . . .

30, 27 Laban: Laß mich Gnade vor deinen Augen finden. Ich spüre, daß mich der Herr segnet um deinetwillen.

LEA, die weniger hübsche Tochter Labans, wird durch
seinen Betrug dem Jakob statt Rahel zur Frau gegeben.
Weil Jakob sie zurücksetzt, nimmt sie in ihrer Not ihre
Zuflucht zu Gott. Die bei Menschen Unwerte ist bei Gott
wert geachtet. Gott gibt ihr Kindersegen. Sie wird die
Stammutter des Heilands.

1 M   29, 31 Da aber der Herr sah, daß Lea unwert war, machte
       er sie fruchtbar, Rahel aber war unfruchtbar.
       29, 32 Lea sprach (bei der Geburt ihres ersten Sohnes): Der
       Herr hat angesehen mein Elend.

RAHEL (Mutterschaf) ist zärtlich geliebt von Jakob, der
ihr am Brunnen begegnet und sieben Jahre um sie dient,
sonnt sich in seiner Gunst und verachtet ihre Schwester.
Sie wird von Gott gedemütigt und bekommt lange Jahre
keine Kinder. Sie sucht sich trotzig selbst zu helfen, indem sie ihrem Mann zuerst Vorwürfe macht und dann
ihre Magd Bilha zur Frau gibt (ähnlich wie Sara), betet
dann endlich zu Gott um Kindersegen und wird nach
langer Zeit erhört. Trotzdem setzt sie auf die Götzen
ihres Vaters ihr Vertrauen, stiehlt sie und schleppt sie
ein nach Kanaan. Sie stirbt bei der Geburt ihres zweiten
Sohnes Benjamin und wird in Bethlehem begraben.

1 M   29, 20 Jakob diente um Rahel sieben Jahre, und sie deuchten
       ihn, als wären es einzelne Tage, so lieb hatte er sie.
       30, 1 Da Rahel sah, daß sie dem Jakob kein Kind gebar,
       beneidete sie ihre Schwester und sprach zu Jakob: Schaffe mir
       Kinder, wo nicht, so sterbe ich. Jakob aber ward sehr zornig
       auf Rahel und sprach: Bin ich doch nicht Gott, der dir deines
       Leibes Frucht nicht geben will.
       30, 4 Sie gab ihm Bilha, ihre Magd, zum Weibe.
       30, 22 Gott gedachte an Rahel und erhörte sie und machte sie
       fruchtbar. Sie gebar einen Sohn und sprach: Gott hat meine
       Schmach von mir genommen.
       31, 19 Und Rahel stahl ihres Vaters Götzen.
       35, 19 Also starb Rahel und ward begraben an dem Weg gen

Ephrath, das nun heißt Bethlehem. Und Jakob richtete ein Mal auf über ihrem Grabe.

JOSEPH (Gott mehrt), der Sohn Jakobs von der Rahel, von seinem Vater vorgezogen, hat ehrgeizige Träume, wird von seinen Brüdern beneidet und nach Ägypten verkauft. In dieser Demütigung stellt er sich unter Gott und bleibt Gott gehorsam. So wird er aus dem Staub der Erniedrigung erhoben, zum Herrn in Ägypten eingesetzt und das Werkzeug der Rettung für seine Familie. Manche Züge im Leben Josephs weisen auf Christus hin.

1. Joseph vorgezogen und ehrgeizig.

1 M 37, 3 Israel hatte Joseph lieber denn alle seine Kinder . . . und machte ihm einen bunten Rock.

1 M 37, 7 mich deuchte, wir banden Garben auf dem Felde, und meine Garbe richtete sich auf und stund, und eure Garben umher neigten sich vor meiner Garbe.

37, 9 mich deuchte, die Sonne und der Mond und elf Sterne neigten sich vor mir.

37, 11 und seine Brüder beneideten ihn.

2. Gedemütigt und unter Gott gestellt.

1 M 37, 19 sehet, da kommt der Träumer her.

37, 23 sie zogen ihm seinen bunten Rock aus, den er anhatte.

37, 24 warfen ihn in die Grube.

37, 28 verkauften ihn den Ismaeliten um zwanzig Silberlinge; die brachten ihn nach Ägypten.

37, 31 tauchten den Rock ins Blut und schickten den bunten Rock hin und ließen ihn ihrem Vater bringen.

39, 1 Potiphar, ein ägyptischer Mann und des Pharao Kämmerer, kaufte ihn.

39, 20 da nahm ihn sein Herr und legte ihn ins Gefängnis (er leidet um seiner Gerechtigkeit willen).

50, 19 ich bin unter Gott.

39, 9 wie sollte ich ein so groß Übel tun und wider Gott sündigen? (er gehorcht, auch, als er dafür leiden muß).

3. So wird er gesegnet und zum Segen.

1 M 39, 2 und der Herr war mit ihm, daß er ein glücklicher Mann ward.

39, 3 und sein Herr sah, daß der Herr mit ihm war; denn alles, was er tat, dazu gab der Herr Glück durch ihn, also, daß er Gnade fand vor seinem Herrn. Und alles, was er hatte, tat er unter seine Hände.

39, 5 von der Zeit an segnete der Herr des Ägypters Haus um Josephs willen.

39, 21 aber der Herr war mit ihm und neigte seine Huld zu ihm und ließ ihn Gnade finden vor dem Amtmann über das Gefängnis, daß er ihm unter seine Hand befahl alle Gefangenen, denn der Herr war mit Joseph.

1 M   41, 40 (nach der Traumdeutung Pharao zu Joseph): Du sollst über mein Haus sein und deinem Wort soll all mein Volk gehorsam sein; allein um den königlichen Stuhl will ich höher sein als du.

42, 24 Joseph erzieht seine Brüder zur Buße über ihren Frevel. Er behält Simeon zum Bürgen, erprobt ihre Ehrlichkeit (Geld oben in den Sack. V. 25), verlangt, daß sie Benjamin bringen, 42, 34, und bewegt Juda, sich freiwillig zum Bürgen für Benjamin zu stellen, dann gibt er sich zu erkennen, 45, 1. Er läßt seinen Vater nach Ägypten kommen, der ihn und seine Söhne segnet, 48, 14; 49, 22.

1 M   50, 20 ihr gedachtet es böse mit mir zu machen, aber Gott gedachte es gut zu machen, zu erhalten viel Volks. Und er tröstete sie.

50, 26 Joseph stirbt, nachdem er vorher noch den Wunsch geäußert hat, im Lande seiner Väter begraben zu werden.

JUDA, der Stammvater Davids und Jesu, wird mit der unbestechlichen Wahrhaftigkeit der Bibel geschildert. Er versagt seiner Schwiegertochter Thamar die nach Sitte und Gesetz nötige Heirat mit seinem Sohne Sela aus Angst um das Leben seines Sohnes. Er selber aber läßt sich mit ihr, die als Dirne verkleidet unbekannt am Wege sitzt, ein und will sie in doppelter Moral als Ehebrecherin verbrennen lassen, als er von ihrer Unzucht hört, während er selbst frei ausgeht. Als er die Zusammenhänge durchschaut, bekennt er sein Unrecht. Er mildert das Verbrechen, das seine Brüder gegen das Leben Josephs planen, in Verkauf zur Sklaverei, wird Bürge für Benjamin und stellt sich freiwillig zum Knecht in Ägyp-

ten an Benjamins Statt. So kann sein Vater ihm einen
Segen geben, der den Vorblick auf den Messias enthält.
(Juda = Gepriesener.)

1 M 38, 26 Juda erkannte es und sprach: Sie ist gerechter als ich.
37, 26 da sprach Juda zu seinen Brüdern: Was hilft's uns,
daß wir unseren Bruder erwürgen und sein Blut verbergen?
Kommt, laßt uns ihn den Ismaeliten verkaufen!
43, 8 Juda sprach zu seinem Vater: Laß den Knaben mit mir
ziehen, ich will Bürge für ihn sein. Wenn ich dir ihn nicht
wiederbringe, so will ich mein Leben lang die Schuld tragen.
44, 32 ich, dein Knecht, bin Bürge worden für den Knaben.
49, 10 es wird das Zepter von Juda nicht entwendet werden,
noch der Stab des Herrschers von seinen Füßen, bis daß der
Held komme, demselben werden die Völker anhangen! (wörtlich: bis der kommt, dem es gehört).

3. MOSE UND SEIN KREIS

MOSE (aus dem Wasser gezogen), einer der ganz Großen des Alten Bundes, Prophet, Führer und Gesetzgeber zugleich, gibt das, was die Patriarchen an Gotteserkenntnis, Erwählungsgewißheit und Verpflichtung zu Gehorsam und Vertrauen hatten, dem Volke Israel weiter. Durch Mose wird Israel von Gott her zum Volk aufgerufen und durch Verheißung zum Vertrauen, durch Gebot und Gericht zum Gehorsam geleitet. Mose lebt um 1350.

1. *Mose, der große Führer seines Volkes.*

a) Seine Vorbereitung zum Führertum:

Erziehung und Entscheidung.

2 M 6, 20 Jochebed gebar dem Amram Mose und Aaron.
Heb 11, 23 Durch den Glauben ward Mose verborgen von seinen Eltern, darum, daß sie sahen wie er ein schön Kind war, und sie fürchteten sich nicht vor des Königs Gebot (seine Eltern leben im Gottvertrauen und in der Gottesfurcht der Erzväter).
2 M 2, 5 seine wunderbare Rettung ist die Antwort Gottes auf ihren Glauben.
    2, 10 in zarter Kindheit legen diese Eltern den Grund zu Gottvertrauen, Gottesfurcht und heißer Liebe zu seinem Volk.
Ap 7, 22 Mose ward gelehrt in aller Weisheit der Ägypter.
2 M 2, 11 er ging aus zu seinen Brüdern und sah ihre Last.
Heb 11, 25 er wählte es lieber, mit dem Volke Gottes Ungemach zu leiden, denn die zeitliche Ergötzung der Sünde zu haben, und achtete die Schmach Christi für größeren Reichtum denn die Schätze Ägyptens (Erziehung in der Kindheit und Entscheidung im Jünglingsalter bereiten sein Führertum vor).

Der Versuch, in eigener Kraft zu helfen, scheitert. Gott zerbricht den, welchen er als Werkzeug benützen will, um ihn ganz in die Hand zu bekommen.

2 M 2, 11 in seinem Kraftbewußtsein greift er zur Selbsthilfe, versucht mit Gewalt einen Ägypter niederzuschlagen und durch sein Wort seine Brüder zu einen. Er wird zuschanden und muß fliehen. Mit fleischlichen Machtmitteln läßt sich keine Erlösung schaffen.

3, 1 Mose aber hütete die Schafe Jethros, seines Schwähers, des Priesters in Midian. (Bei der bescheidenen Arbeit des Schafehütens wird der vulkanische Geist Moses zur Ruhe gebracht. Er läßt ab vom eigenen Planen und wartet auf Gottes Stunde. Bei seiner Arbeit lernt er Treue im Kleinen, Geduld und das Lauschen auf Gottes Stimme.)

Mose wird von Gott durch die Verheißung der göttlichen Errettung, die er als Botschaft seinem Volk zu bringen hat, zum Führer berufen.

2 M 3, 7 der Herr sprach: Ich habe gesehen das Elend meines Volks in Ägypten, ich bin herniedergefahren, daß ich sie rette und sie ausführe aus diesem Land in ein gutes, weites Land, in ein Land, darinnen Milch und Honig fließt, so gehe nun hin, ich will dich zu Pharao senden, daß du mein Volk aus Ägypten führest.

Mose widerstrebt dem Auftrag, weil er an seiner eigenen Kraft verzagt. Gott überwindet seine Verzagtheit durch die Offenbarung seines Namens, durch die Vollmacht, die er ihm gibt, und dadurch, daß er Aaron ihm zur Seite stellt.

2 M 3, 14 Gott sprach zu Mose: Ich werde sein, der ich sein will (Gott ist souveräner Herr der Zukunft).

4, 3 Stab wird zur Schlange.

4, 27 der Herr sprach zu Aaron: Gehe Mose entgegen in die Wüste.

b) Moses Festigkeit (in Gott verankert, ist er Menschen gegenüber fest).

2 M 7, 1 der Herr sprach zu Mose (2 M 7, 14; 7, 26; 8, 1 usw.).

7, 16 Mose ist fest gegenüber Pharao.

5, 21 Mose ist fest seinem Volk gegenüber.

14, 13 Mose sprach zum Volk: Fürchtet euch nicht, stehet fest und sehet zu, was für ein Heil der Herr heute an euch tun wird.

15, 24 das Murren des Volks beim Bitterwasser; 16, 2 vor

Hunger; 17, 2 vor Durst; 4 M 11, 4 vor Lüsternheit nach
Fleisch; 4 M 14, 1 vor Angst vor den Riesen Kanaans; 4 M
21, 4 vor Überdruß.

14, 15 der Herr sprach zu Mose (Mose hört nicht auf das
Geschrei des Volks, sondern er lauscht auf Gottes Stimme).

17, 4 da schrie Mose zum Herrn (er schreit nicht das Volk an,
sondern schreit zu Gott).

4 M 16 Korah, Dathan und Abiram empören sich gegen Mose
(siehe Korah). V. 4 Mose stellt seine Rechtfertigung Gott
anheim (fiel auf sein Angesicht). Gott legitimiert ihn durch
das Gericht über Korah.

2 M 32, 4 Aaron macht das Goldene Kalb.

4 M 12, 1 Aaron und Mirjam empören sich wider ihn. Mose ist
fest gegenüber seinen Freunden.

12, 3 Mose war ein sehr geplagter Mensch über alle Menschen
auf Erden.

c) Mose läßt sich sagen.

2 M 18, 24 Mose nimmt Jethros Rat, Älteste einzusetzen, an.

3 M 10, 20 da ließ er sich's gefallen (Aarons Entschuldigung)).

d) Mose opfert sich auf für sein Volk.

2 M 32, 32 nun vergib ihnen ihre Sünde, wo nicht, so tilge mich
aus deinem Buch (nach dem Tanz ums Goldene Kalb).

4 M 14, 12 als Gott das Volk vertilgen und Mose zum großen
Volk machen will, geht Mose um der Ehre Gottes willen nicht
darauf ein.

2. *Mose, der Beter und Glaubensmann*, im Umgang mit Gott. Seine Führerschaft besteht darin, daß er durch Gebet und Lauschen sich von Gott führen läßt.

2 M 14, 15 der Herr sprach zu Mose: Was schreist du zu mir?

15, 24 da murrte das Volk wider Mose. Er schrie zu dem
Herrn.

17, 2 sie zankten mit Mose. Mose schrie zum Herrn und
sprach: Wie soll ich mit dem Volk tun?

2 M 17, 11 dieweil Mose seine Hand emporhielt, siegte Israel.

18, 19 pflege du des Volks vor Gott und bringe die Geschäfte
vor Gott.

32, 11 Mose aber flehte vor dem Herrn, seinem Gott.

33, 15 er aber sprach zu ihm: Wo nicht dein Angesicht voran-
geht, so führe uns nicht von dannen hinauf.

4 M 14, 13 Mose sprach zu dem Herrn (Mose betet das Ja aber

doch und wendet durch den Appell an Gottes Ehre und Barmherzigkeit das Vertilgungsgericht von seinem Volk ab).

Sein Umgang mit Gott.

2 M 19, 3 Mose stieg hinauf zu Gott.
24, 18 Mose ging mitten in die Wolke und stieg auf den Berg und blieb auf dem Berg 40 Tage und Nächte.

4 M 12, 7 Er ist mit meinem ganzen Hause vertraut (durch den dauernden Umgang mit Gott).
12, 8 Mündlich rede ich mit ihm, und er sieht den Herrn in seiner Gestalt (im Zank seiner Geschwister tritt Gott rechtfertigend für ihn ein).

2 M 19, 3 Der Herr rief ihm vom Berge und sprach.
19, 21 da sprach der Herr zu ihm. 3 M 1, 1; 3 M 4, 1 usw.
19, 24 Und der Herr sprach zu ihm: Du und Aaron mit dir sollt heraufsteigen; aber die Priester und das Volk sollen nicht durchbrechen.
33, 11 Der Herr redete mit Mose von Angesicht zu Angesicht, wie ein Mann mit seinem Freunde redet.
34, 29 Mose wußte nicht, daß die Haut seines Angesichts glänzte, davon, daß er mit ihm geredet hatte (34, 30 u. 35 das Volk kann seinen Anblick nicht ertragen, darum bedeckt er sein Angesicht 2 Kr 3, 7).

3. Moses neue Gotteserkenntnis.

2 M 3, 14 Gott sprach zu Mose: Ich werde sein, der ich sein werde.
33, 18 Laß mich deine Herrlichkeit sehen! Wem ich gnädig bin, dem bin ich gnädig und wes ich mich erbarme, des erbarme ich mich. Kein Mensch wird leben, der mich siehet. Du wirst mir hintennach sehen. (Gott ist souveräner Herr des Geschehens, er ist heilig und unendlich erhaben über den sündigen Menschen, es besteht eine unendliche Distanz zwischen Gott und Mensch.)
34, 6 Herr, Herr, Gott, barmherzig und gnädig, geduldig und von großer Gnade und Treue, der da bewahrt Gnade in tausend Glieder und vergibt Missetat, Übertretung und Sünde, und vor welchem niemand unschuldig ist; der die Missetat der Väter heimsucht auf Kinder und Kindeskinder und vor welchem niemand unschuldig ist.

3 M 10, 3 Da sprach Mose: Das ist's, was der Herr gesagt hat: Ich erweise mich heilig an denen, die mir nahe sind, und vor allem Volk erweise ich mich herrlich.

4 M 14, 21 so wahr, als ich lebe, soll alle Welt der Herrlichkeit des Herrn voll werden.

15, 35 Blutgericht über den Gesetzübertreter. (Die Heiligkeit Gottes offenbart sich in Gerichten über die Sünder und wird durch die Strafen der Obrigkeit bezeugt.)

20, 12 der Herr sprach zu Mose und Aaron: Darum, daß ihr nicht an mich geglaubt habt, mich zu heiligen vor den Kindern Israel, sollt ihr diese Gemeinde nicht in das Land bringen, das ich ihnen geben werde.

2 M   25, 11 Strafgericht durch Pinehas vollzogen, wird von Mose gelobt um des Eifers um Gottes Ehre willen. (Gott widersteht der Sünde durch strenge Gerichte ohne Ansehen der Person.)

2 M   19, 4   ihr habt gesehen, wie ich euch getragen habe auf Adlersflügeln, und habe euch zu mir gebracht. Werdet ihr nun meiner Stimme gehorchen und meinen Bund halten, so sollt ihr mein Eigentum sein vor allen Völkern, denn die ganze Erde ist mein. Und ihr sollt mir ein priesterlich Königreich und ein heiliges Volk sein.

5 M   33, 29 Wohl dir, Israel, wer ist dir gleich? O Volk, das du durch den Herrn selig wirst, der deiner Hilfe Schild und das Schwert deines Siegs ist!

2 M   15, 2   der Herr ist meine Stärke und Lobgesang und ist mein Heil; der rechte Kriegsmann, Herr ist sein Name.
       15, 26 ich bin der Herr, dein Arzt.

5 M   33, 27 Zuflucht ist bei dem alten Gott und unter den ewigen Armen.

Ps   90 Gebet Moses: Herr Gott, du bist unsere Zuflucht für und für. (Gott waltet in der Geschichte, Israel ist sein Werk [5 M 32, 6 ist er nicht dein Vater und dein Herr?]. Er richtet nicht nur, sondern er erbarmt sich und vergibt, 2 M 34, 6 [siehe oben], er segnet und rettet die, die ihm gehorchen.)

4. Mose, der Gesetzgeber. Mose hört und gehorcht, darum gibt er Gottes Wort als Gesetz und Gehorsam an das Volk weiter.

Das Gesetz ist von Gott:

2 M   20, 1   Und Gott redete alle die Worte.

3 M   4, 1   Und der Herr redete mit Mose und sprach: 6, 1; 8, 1; 11, 1 usw.

2 M   18, 20 stelle ihnen Rechte und Gesetze, daß du sie lehrest den Weg, darin sie wandeln (Jethros Rat).
       20 das Zehntgebot verlangt in gleicher Weise ganze Gottes- und ganze Nächstenliebe.

a) ganze Gottesliebe: darum Monotheismus, Anerkennung der Schöpfungsordnung und Verbot der Zauberei;

2 M 20, 3 du sollst keine anderen Götter neben mir haben.
22, 17 die Zauberinnen sollst du nicht leben lassen.

2 M 18, 20 Verbot widernatürlicher geschlechtlicher Sünden.
22, 30; 3 M 11 Speise- und Reinigungsgesetze nicht hygienisch, sondern durch die Heiligkeit Gottes begründet.

3 M 9, 2 Sündopfer.
16 großer Versöhnungstag. (Aus dem sittlichen Charakter Gottes und dem sündigen Wesen der Menschen ergibt sich die Notwendigkeit der Versöhnung, um Strafe abzuwenden. Die Versöhnung geschieht durch den von Gott angeordneten Opferkult, bei dem das Tier stellvertretend stirbt für den Menschen. Dieses Sterben hat versöhnende Bedeutung nur dadurch, daß es Gott anerkennt und anordnet.)

b) ganze Nächstenliebe (Gott hat das Recht auf unsere Hingabe, wie der Nächste das Recht auf unsere Liebe hat. Gott will durch den Nächsten hindurch geliebt werden).

3 M 19, 18 du sollst deinen Nächsten lieben wie dich selbst, denn ich bin der Herr.

2 M 22, 20 Gesetze, die den Fremden, die Witwen und Waisen und den Armen schützen. Verbot des Zinsnehmens 22, 24.

3 M 25, 4 das siebente Jahr ein Feierjahr.
25, 23 ihr sollt das Land nicht verkaufen für immer, denn das Land ist mein (Halljahr im 50. Jahr).

5. *Mose, der Organisator*, Bauherr und Geschichtsschreiber.

2 M 18, 25 Mose erwählte redliche Leute aus ganz Israel und machte sie zu Häuptern über das Volk, etliche über tausend, über hundert, über zehn, daß sie das Volk allezeit richteten.
28 die Ordnung des Priestertums.

2 M 35 der Baubeschrieb der Stiftshütte.
17, 14 der Herr sprach zu Mose: Schreibe das zum Gedächtnis in ein Buch.
24, 4 da schrieb Mose alle Worte des Herrn.
24, 7 Buch des Bundes.

4 M 33, 2 Mose beschrieb ihren Auszug, wie sie zogen.

6. Mose, der Prophet.

2 M   19, 5 so sollt ihr mein Eigentum sein vor allen Völkern, denn die ganze Erde ist mein. Ihr sollt mir ein priesterlich Königreich und ein heiliges Volk sein. (Israel hat die weltgeschichtliche Aufgabe, allen Völkern den heiligen Gott zu verkünden und vorzuleben.)

5 M   33, 5 Mose sieht in seinem letzten Lied Abfall, Gericht Israels und die Treue Gottes voraus.

4 M   14, 21 so wahr, als ich lebe, soll alle Welt der Herrlichkeit des Herrn voll werden.

5 M   18, 15 einen Propheten wie mich wird der Herr, dein Gott, dir erwecken aus dir und aus deinen Brüdern, dem sollt ihr gehorchen.

7. Moses Tod.

5 M   32, 50 stirbt auf dem Berg, darum, daß ihr euch an mir versündigt habt. (Der Tod wird als Gericht gewertet.)

34, 1   der Herr zeigte ihm das ganze Land (es ist Gnade im Gericht).

34, 6   Gott begrub ihn und hat niemand sein Grab erfahren. (Wie Mose im Leben Gott ganz die Ehre gab, so sollte auch nach seinem Tode kein Kultus mit seiner Person getrieben werden. Sein Sterben ist wie das des Henoch und des Elia geheimnisvoll. Er wird auf dem Verklärungsberg mit Elia von den Jüngern gesehen, Mt 17, 3.)

34, 7   Mose war 120 Jahre alt, da er starb. Seine Augen waren nicht dunkel geworden, und seine Kraft war nicht verfallen.

34, 10 es stund hinfort kein Prophet in Israel auf wie Mose, den der Herr erkannt hätte von Angesicht zu Angesicht.

PHARAO verhärtet sich dem mit göttlicher Vollmacht vorgetragenen Wort. Seine Verstockung ist seine Schuld und dennoch Gottes Werk, das zur Ehre Gottes dienen muß. Seine Verstockung führt zu seinem Untergang.

1. Pharao kämpft wider Gott, weil er niemand über sich anerkennen will.

2 M   7, 13 Also ward das Herz Pharaos verstockt, und er hörte sie nicht, wie denn der Herr geredet hatte (als die Zauberer dasselbe tun wie Mose).

2 M   7, 14 das Herz Pharaos ist hart.

8, 15 die Zauberer sprachen, das ist Gottes Finger. Aber das Herz Pharaos ward verstockt.

2. Im Gericht verspricht er, das Volk ziehen zu lassen, wenn die Plage von ihm genommen werde. Sobald das Gericht aufhört, ist er der alte.

2 M 8, 4 da forderte Pharao Mose und Aaron und sprach: Bittet den Herrn für mich, daß er die Frösche von mir und meinem Volk nehme, so will ich das Volk lassen, daß es dem Herrn opfere.

8, 11 da aber Pharao sah, daß er Luft gekriegt hatte, verhärtete er sein Herz.

9, 20 wer unter den Knechten Pharaos den Herrn fürchtete, ließ seine Knechte in die Häuser fliehen (bei der Ankündigung des Hagels).

9, 27 Pharao: ich habe diesmal mich versündigt; der Herr ist gerecht, ich aber und mein Volk sind Gottlose.

9, 34 da aber Pharao sah, daß der Regen und Hagel aufhörte, versündigte er sich weiter und verhärtete sein Herz; 10, 16 u. 20.

10, 28 Pharao bedroht Mose mit dem Tode.

2 M 12, 31 da sprach Pharao: Macht euch auf und ziehet aus von meinem Volk (als die Erstgeburt erschlagen war).

14, 5 da es ihm ward angesagt, daß das Volk entflohen war, ward sein Herz verwandelt und sie sprachen: Warum haben wir das getan, daß wir Israel haben gelassen? Und er spannte seinen Wagen an.

3. Pharao meint, wider Gott zu kämpfen und damit zum Ziele zu kommen. Aber in Wirklichkeit kämpft Gott wider ihn und verstockt ihn, um durch das Gericht an ihm Ehre einzulegen.

2 M 10, 20 der Herr verstockte Pharaos Herz, daß er die Kinder Israel nicht ließ.

14, 8 der Herr verstockte das Herz Pharaos, daß er den Kindern Israel nachjagte.

14, 17 ich will das Herz der Ägypter verstocken, daß sie euch nachfolgen. So will ich Ehre einlegen an Pharao.

14, 25 da sprachen die Ägypter: Der Herr streitet für sie wider die Ägypter (zu späte Erkenntnis).

14, 30 sie sahen die Ägypter tot am Ufer und die große Hand, die der Herr an den Ägyptern erzeigt hatte. Und das Volk

fürchtete den Herrn, und sie glaubten ihm und seinem Knecht
Mose.

Rö 9, 17. 18 So erbarmt er sich nun, welches er will, und verstockt, welchen er will (dieser Satz wird an Pharao bewiesen).

AARON, der Sohn Amrams und Jochebeds, genießt dieselben Kindheitseindrücke von gläubigen Eltern wie Mose. Gott vermag zu ihm zu reden und ihn zu senden. Er wird der Mund Moses und steht zu ihm in allen Anfechtungen. Er kann sich unter Gottes Gerichte und unter die Führung seines Bruders beugen. Doch ist er weicher und unzuverlässiger als Mose. Er gibt dem Volk nach und gießt das Goldene Kalb. Er läßt sich durch seine Schwester Mirjam zur Eifersucht auf Mose hinreißen. Dennoch macht ihn Gott zum Hohenpriester, der, nachdem er selber versöhnt ist, die Versöhnung des Volkes ausrichten darf.

1. Aaron, der treue Helfer Moses.

a) Von Gott angeredet und gesandt, daß er Mose
beistehe.

Heb 5, 4 berufen von Gott gleichwie Aaron.

2 M 4, 27 der Herr sprach zu Aaron: Gehe hin Mose entgegen in die Wüste, und er ging hin.

6, 13 also redete der Herr mit Mose und Aaron.

7, 1 Aaron, dein Bruder, soll dein Prophet sein.

7, 9 der Herr sprach zu Aaron: Nimm deinen Stab und wirf ihn vor Pharao, und Aaron warf seinen Stab.

8, 1 der Herr sprach zu Mose: Sage Aaron: Recke deine Hand aus mit deinem Stab über die Bäche und Ströme.

b) Aaron unterstützt als Hoherpriester Mose im
Umgang mit Gott und im Verkehr mit dem Volk.

2 M 17, 12 Aaron und Hur stützten Moses Hände.

28, 29 also soll Aaron die Namen der Kinder Israel tragen in dem Amtsschildlein auf seinem Herzen, wenn er in das Heilige gehet, zum Gedächtnis vor dem Herrn allewege.

28, 36 Stirnblatt: Heilig dem Herrn!

3 M 8, 12 von Mose zum Hohenpriester gesalbt.

8, 14 ließ herzuführen einen Farren zum Sündopfer. Und Aaron und seine Söhne legten die Hände auf sein Haupt (V. 23 Aarons Priesterweihe durch Versöhnung).

9, 7 Mose sprach zu Aaron: Versöhne dich und das Volk.

9, 22 Aaron hob seine Hand auf zum Volk und segnete sie.

4 M 14, 2 Israel murrte wider Mose und Aaron.

17, 12 Aaron lief mitten unter die Gemeinde und versöhnte das Volk und stund zwischen den Lebendigen und den Toten (Aaron bietet durch diese Versöhnung einem göttlichen Strafgericht Halt).

16, 2 Aarons Hohepriestertum gegenüber der geistlichen Revolution Korahs (siehe Korah) von Gott legitimiert durch das Grünen seines Stabes (17, 23).

2. Aaron beugt sich unter Gottes Gerichte.

3 M 10, 3 Da sprach Mose zu Aaron: Das ist's, was der Herr gesagt hat, ich erzeige mich heilig an denen, die mir nahe sind. Und Aaron schwieg stille (als seine Söhne Nadab und Abihu, die fremdes Feuer vor Gott brachten, wegen ihrer Frivolität erschlagen werden).

10, 9 Aaron und seinen Nachkommen wird der Alkoholgenuß verboten, daß sie das Heilige vom Unheiligen unterscheiden können.

3. Aarons Schwäche und Beeinflußbarkeit zum Bösen.

2 M 32, 4 Aaron gibt dem Verlangen des Volkes nach Sichtbarkeit seines Gottes nach und macht das Goldene Kalb.

32, 24 Aarons Entschuldigung: das böse Volk. Ich warf das Gold ins Feuer, daraus ist das Kalb geworden.

32, 25 Aaron hatte sie zuchtlos gemacht (durch seine falsche Nachgiebigkeit).

4 M 12, 1 Mirjam und Aaron redeten wider Mose um seines Weibes willen, der Mohrin (Kuschitin), und sprachen: Redet denn der Herr allein durch Mose, redet er nicht auch durch uns? Und der Herr hörte es (Aaron wird von seiner Schwester zur Eifersucht auf Mose hingerissen).

5 M 9, 20 der Herr war sehr zornig über Aaron, aber ich bat auch für Aaron (Mose).

4. Aarons Tod.

4 M 20, 28 Aaron stirbt auf dem Berge Hor. Sein Sohn Eleasar wird Priester an seiner Statt. Mose begräbt ihn. Er war 83 Jahre alt, als er vor Pharao trat, 123 Jahre bei seinem Tode.

MIRJAM, die Prophetin, ist die Schwester Moses. Sie ist für Gott offen wie ihre Geschwister, so daß Gott durch sie reden kann. Sie fällt in die Sünde der Eifersucht und reißt Aaron mit hinein. Durch schweres Gericht hindurch kommt sie zur Buße und Begnadigung. (Mirjam = Bitterkeit, Betrübnis.)

1. Mirjam, die Prophetin, deutet dem Volk seine Rettung am Roten Meere als Gottes Tat und reißt es durch ihr Lied zum Lobgesang Gottes fort.

2 M 15, 20 Mirjam, die Prophetin, Aarons Schwester, nahm eine Pauke, und alle Weiber folgten ihr nach hinaus mit Pauken im Reigen. Und Mirjam sang ihnen vor: Laßt uns dem Herrn singen, denn er hat eine herrliche Tat getan; Roß und Mann hat er ins Meer gestürzt.

2. Sie wird eifersüchtig auf Mose, weil ihn das Volk mehr ehrt als sie. Sie wendet den Buchstaben, der die Heirat fremder Weiber verbot, an, um das geistige Übergewicht Moses dadurch in Frage zu stellen, und reißt Aaron in ihre Sünde hinein.

4 M 12, 1 Mirjam und Aaron redeten wider Mose um des Weibes willen, der Kuschitin, die er genommen hatte, und sprachen: Redet der Herr allein durch Mose, redet er nicht auch durch uns? Und der Herr hörte es. (Eifersucht findet immer einen Grund, um mit einem Schein des Rechts den Nächsten herunterzusetzen.)

3. Im schweren Gericht beugt sie sich und findet auf Fürbitte ihres geschmähten Bruders hin Gnade. Fortan schweigt die Erzählung von ihr bis zu ihrem Tode. Sie stirbt mit dem murrenden Volk in der Wüste und sieht nicht das Gelobte Land.

4 M 12, 9 Der Zorn des Herrn ergrimmte über sie, und er wandte sich weg. Dazu die Wolke wich auch von der Hütte. Und siehe, Mirjam war aussätzig wie der Schnee. Mose aber schrie zu dem Herrn und sprach: Ach Gott, heile sie!
12, 15 also ward Mirjam sieben Tage verschlossen außerhalb

des Lagers. Und das Volk zog nicht weiter, bis Mirjam aufgenommen ward.
20, 1 Mirjam starb daselbst (zu Kades) und ward daselbst
begraben.

KORAH, EIN LEVIT, DATHAN UND ABIRAM aus dem
Geschlechte Rubens, empören sich gegen Mose und
Aaron wegen deren Sonderstellung als Prophet und
Hoherpriester. Sie berufen sich zwar auf die Heiligkeit
der ganzen Gemeinde, hinter ihrer religiösen Idee steckt
aber Eifersucht und ehrgeiziges Streben, bei Korah nach
dem Priestertum, bei Dathan und Abiram nach der politischen Führung. Gott bestätigt die Stellung Moses und
Aarons durch das Strafgericht über die Empörer.

1. Die Empörung Korahs und Dathans und Abi-
rams gegen die religiöse Sonderstellung Moses und
Aarons unter Berufung auf die Heiligkeit der ganzen Gemeinde.

4 M 16, 3 sie versammelten sich wider Mose und Aaron und
sprachen zu ihnen: Ihr macht's zuviel. Denn die ganze Gemeinde ist überall heilig, und der Herr ist unter ihnen, warum erhebt ihr euch über die Gemeinde des Herrn?
16, 13 Dathan und Abiram zu Mose: Ist's zu wenig, daß du
uns aus dem Land geführt hast, darin Milch und Honig fließt,
daß du uns tötest in der Wüste? Du mußt auch noch über
uns herrschen!

2. Mose stellt seine Rechtfertigung Gott anheim.

4 M 16, 4 da das Mose hörte, fiel er auf sein Angesicht.
16, 15 da ergrimmte Mose sehr und sprach zu dem Herrn.
16, 22 sie fielen aber auf ihr Angesicht und sprachen: Ach
Gott, du bist ein Gott der Geister alles Fleisches, wenn ein
Mann gesündigt hat, willst du darum über die ganze Gemeinde wüten? (Mose und Aaron treten für die verführte
Gemeinde ein, als Gott das Gericht ankündigt.)

3. Gott bestätigt Mose und Aaron, deren Sonderstellung um der Sündhaftigkeit der Gemeinde willen notwendig ist, durch das Gericht über die Em-

pörer. Diese haben mit ihrem Angriff gegen die
von Gott gesandten Männer Gott selber angegrif-
fen (4 M 16, 30: den Herrn gelästert).

4 M   16, 31 es zerriß die Erde unter ihnen und tat ihren Mund auf
und verschlang sie, dazu fuhr das Feuer aus vom Herrn und
fraß die zweihundertundfünfzig Mann, die das Räuchwerk
opfe-ten.

BALAK, der König von Moab, fürchtet sich vor Israel und
will in heidnischer Weise sich Gottes bemächtigen, um
ihn für seine Zwecke wider Israel zu benützen. Er wird
bei diesem Versuch zuschanden.

4 M   22, 2 Balak sah alles, was Israel getan hatte den Amoritern,
und die Moabiter fürchteten sich sehr.
22, 5 und er sandte Boten aus zu Bileam: So komm nun
und verfluche mir das Volk.
22, 41 des Morgens nahm Balak Bileam und führte ihn hin.
23, 13 kommt doch mit mir an einen anderen Ort und fluche
mir ihm daselbst (23, 27 Balak versucht auf alle Weise, seinen eigenen Willen Gott aufzudrängen).

BILEAM, eine Gestalt außerhalb des Offenbarungsbe-
reichs des israelitischen Volkes, zu der Gott redet. Er
weiß den Weg, göttliche Offenbarungen zu empfangen,
und ist aufrichtig genug, diese Offenbarungen wahr-
heitsgetreu weiterzugeben seinem eigenen Vorteil zu-
wider. Er mag als einer, der am Strom beheimatet ist,
Erinnerungen haben an die Uroffenbarungen der Väter.
Doch versucht er in heidnischer Weise, gelockt vom Gol-
de Balaks, Gott durch Opfer zu überreden, daß er ihm
zu Willen sei. So wird er der Weisung Gottes ungehorsam. Als er nicht mit Gott Israel verderben kann, versucht er es wider Gott dadurch, daß er Israel zur Unzucht
verleitet. Bileam (= Volksverderber) wird zusammen
mit den Midianiterfürsten durch Israel mit dem Schwert
erwürgt (4 M 31, 8).

1. Bileam hat höhere Gotteserkenntnis. Gott kann sich ihm offenbaren.

4 M 24, 4 der Hörer göttlicher Rede, der des Allmächtigen Offenbarung sieht, dem die Augen geöffnet sind, wenn er niederkniet.

23, 19 Gott ist nicht ein Mensch, daß er lüge. Er segnet, und ich kann's nicht wenden.

2. Seine Sehersprüche geben die Eigenart Israels klar zu erkennen und sehen in messianische Fernen.

4 M 23, 9 das Volk wird besonders wohnen und nicht unter die Heiden gerechnet werden. (Diese einzigartige Isolierung und Zerstreutheit Israels hat sich bis zum heutigen Tag erhalten.)

23, 23 es ist kein Zauberer in Jakob, zu seiner Zeit wird Jakob gesagt, was Gott tut.

4 M 24, 17 es wird ein Stern aus Jakob aufgehen und ein Zepter aus Israel aufkommen (ein Stern, der in die Finsternis Licht bringt, und das Zepter der Gottesherrschaft, die zum Sieg kommt).

3. Bileams Zwiespältigkeit.

4 M 22, 19 obwohl er den göttlichen Willen kennt, daß er nicht mitziehen soll, fragt er Gott zum zweitenmal, um nicht gehorchen zu müssen. Sein Eigenwille wird ihm zugelassen, damit er auf seinen Gehorsam erprobt werde.

22, 23 Bileams Ungeduld, die immer mit dem eigenwilligen Weg zusammenhängt, ergrimmt über die Eselin, die mehr sieht von der göttlichen Welt als der ungehorsame Seher. Bileam läßt sich nicht von seinem eigenen Weg abbringen, obwohl er so redet, als wäre er bereit dazu.

23, 1 Bileam sprach zu Balak: Baue mir sieben Altäre und schaffe mir her sieben Farren (Versuch, Gott durch Opfer sich gefügig zu machen, den er trotz Mißlingen dreimal unternimmt, immer an einem anderen Ort).

31, 16 die Weiber der Moabiter haben die Kinder Israel durch Bileams Rat abwendig gemacht (zu einem mit Unzucht verbundenen Kult des Baal Peor).

2 Pe 2, 15 folgen nach dem Weg Bileams. (Judas 11 fallen in den Irrtum Bileams.)

Off 2, 14 die an der Lehre Bileams halten (von mit Unzucht verbundenem Kult).

PINEHAS, Sohn Eleasars, Enkel Aarons, ist ein Mensch, in dem Moses Feuergeist lodert. Sein Leben steht im Feuerschein des Sinai. Er eifert um die Ehre des eifrigen Gottes zu einer Zeit, als die sittliche Laxheit verdorbener kanaanitischer Völker in Israel einreißen will.

1. Er eifert gegen heidnische Unzucht.

4 M   25, 7 tötet einen israelitischen Fürsten und seine midianiti-
sche Buhlerin.
25, 11 Pinehas hat meinen Grimm von den Kindern Israel
gewendet durch seinen Eifer um mich, daß ich nicht in meinem Eifer die Kinder Israels vertilgte. Ich gebe ihm meinen
Bund des Friedens, und er soll haben den Bund eines ewigen
Priestertums, darum, daß er um seinen Gott geeifert hat.

2. Er eifert im Krieg und vollstreckt den Blutbann an den Midianitern.

4 M   31, 6 Sie führten das Heer wider die Midianiter und erwürgten alles, was männlich war.

3. Er eifert um die gottesdienstliche Treue seiner Brüder.

Jos   22, 13 Da die Kinder Israel hörten, daß die Kinder Ruben . . .
einen Altar gebaut . . . am Jordan, sandten sie zu ihnen
Pinehas. (Sorge um das Einreißen von Götzendienst.)

4. Er ist ein treuer Sohn.

Jos   24, 33 Sie begruben Eleasar zu Gibea, der Stadt seines Sohnes
Pinehas.

KALEB, der Sohn des Jephunnes, des Kenisiters, aus edo-
mitischem Stamm (1 M 36, 11), ist ein Kundschafter, den
Mose ins Land Kanaan sendet. Er hat den Mut, einem
verzagten und verdrossenen Volk als ein einzelner ent-
gegenzutreten, um es zu einer großen, von Gott gewoll-
ten Aufgabe mitzureißen. Er hat diesen Mut, weil er
Gott vertraut und ihm treulich nachfolgt. Er ist mit
Josua der einzige, der in das verheißene Land kommt.

Gott sieht nicht auf die Abstammung, sondern auf die Treue.

1. Sein Mut.

4 M 13, 30 Kaleb aber stillte das Volk gegen Mose und sprach: Laßt uns hinaufziehen und das Land einnehmen; denn wir können es überwältigen.

2. Die Begründung dieses Muts und Gottes Urteil über ihn.

4 M 14, 24 Als die Israeliten Kaleb steinigen wollen, tritt Gott dazwischen: Keiner soll das Land sehen, der mich verlästert hat, aber meinen Knecht Kaleb, darum daß ein anderer Geist mit ihm ist und er mir treulich nachgefolgt ist, den will ich in das Land bringen.

3. Seine Belohnung.

Jos 14, 7 Ich war vierzig Jahre alt, da mich Mose aussandte, das Land zu erkunden, und ich ihm Bericht gab nach meinem Gewissen. Meine Brüder, die mit mir hinaufgekommen waren, machten dem Volk das Herz verzagt, ich aber folgte dem Herrn; meinem Gott, treulich, nun siehe, der Herr hat mich leben lassen. Ich bin noch heutigen Tages so stark wie damals. Da segnete ihn Josua und gab also Hebron Kaleb zum Erbteil.

RAHAB, die Buhlerin in Jericho, nimmt die Kundschafter auf, verbirgt sie und läßt sie fliehen. Sie hat von den Taten Gottes gehört und glaubt an den Sieg Israels, als das Volk noch verzagt ist. Sie tritt damit ein in die Gemeinde der Glaubenden, ebenso wie der Edomiter Kaleb, und wird im Stammbaum Jesu ausdrücklich erwähnt.

Jos 2, 9 Sie hat von den Taten Gottes in Ägypten gehört, fürchtet Gott und glaubt an ihn.
6, 17 Allein Rahab soll leben bleiben und alle, die mit ihr im Hause sind. Denn sie hat die Boten verborgen, die wir aussandten.

Heb 11, 31 Durch den Glauben ward Rahab nicht verloren mit den Ungläubigen, da sie die Kundschafter freundlich aufnahm.

Jak 2, 25 Desgleichen die Hure Rahab, ist sie nicht durch die Werke gerecht geworden, da sie die Boten aufnahm?

Mt 1, 5 Boas, der Sohn der Rahab.

JOSUA (Jahve hilft), ursprünglich (4 M 13, 8) Hosea, d. h. Rettung, wird von Mose zunächst zu seinem Diener, dann zum Nachfolger berufen, von Gott bestätigt, angeredet und vom Volk als Führer anerkannt. Ihm fällt die Aufgabe zu, das Volk Israel in Kanaan anzusiedeln und zur Ruhe zu bringen. Er wird von Gott ermutigt und ermahnt zu Glauben und Gehorsam, die die Bedingung des Erfolges sind. Josua glaubt und gehorcht, kann so das Volk mitreißen zu Vertrauen und Gehorsam und seine Aufgabe vollbringen.

1. Seine Berufung durch Mose.

zum Diener:

4 M 11, 28 Josua, Moses Diener, den er erwählt hatte.
2 M 24, 13 da machte sich Mose auf mit seinem Diener Josua und stieg auf den Berg Gottes.
32, 17 hört das Geschrei des Volks im Lager »wie im Streit«.
4 M 14, 7 Josua und Kaleb machen dem Volk Mut, das Land einzunehmen.

zum Heerführer:

2 M 17, 9 Mose sprach zu Josua: Erwähle uns Männer, zieh aus, und streite wider Amalek. Und Josua tat, wie Mose sagte.

zum Hüter der Tradition:

2 M 17, 14 schreibe das zum Gedächtnis in ein Buch und befiehl's in die Ohren Josuas.

zum Nachfolger:

5 M 31, 14 der Herr sprach zu Mose: Deine Zeit ist herbeigekommen, daß du sterbest. Rufe Josua und tretet in die Hütte des Stifts, daß ich ihm Befehl tue.
31, 23 Mose befahl Josua: Sei getrost und unverzagt, denn du sollst die Kinder Israel in das Land führen, das ich ihnen geschworen habe.
34, 9 Josua aber, der Sohn Nuns, ward erfüllt mit dem Geist der Weisheit, denn Mose hatte seine Hände auf ihn gelegt.

2. Gott bestätigt die Berufung.

Gott ermutigt ihn durch Verheißungen:

Jos 1, 6 sei getrost und unverzagt, denn du sollst diesem Volk das Land austeilen, das ich seinen Vätern geschworen habe.
1, 7 sei getrost und sehr freudig.
1, 9 siehe, ich habe dir geboten, daß du getrost und sehr freudig seist. Laß dir nicht grauen, denn der Herr, dein Gott, ist mit dir in allem, was du tun wirst.

ermahnt ihn zum Gehorsam:

Jos 1, 7 daß du haltest und tuest allerdinge nach dem Gesetz, das dir Mose, mein Knecht, gegeben hat, auf daß du weise handeln mögest.

Gott kann zu ihm reden, weil er glaubt, gehorcht und für das Volk Buße tut.

Jos 3, 7 der Herr sprach zu Josua: Heute will ich anfangen, dich groß zu machen.
7, 10 da sprach der Herr zu Josua: Stehe auf, was liegst du auf deinem Angesicht?
8, 1 der Herr sprach zu Josua: Fürchte dich nicht und zage nicht!
11, 6 der Herr sprach zu Josua: Fürchte dich nicht.
24, 29 Josua, der Knecht des Herrn.

3. So kann Josua das Volk mit sich fortreißen zu Gehorsamstaten. Das Geheimnis des Führertums.

a) Von Gott angeredet, kann er vollmächtig reden:

Jos 1, 10 da gebot Josua den Hauptleuten und sprach.
1, 12 und zu den Rubenitern sprach Josua.
1, 16 und sie antworteten und sprachen: Alles, was du uns geboten hast, das wollen wir tun!

b) vollmächtig ermahnen:

Jos 22, 5 Haltet aber nur an mit Fleiß, daß ihr tut nach dem Gebot und Gesetz, das euch Mose, der Knecht des Herrn, geboten hat.
23, 6 so seid nun sehr getrost, daß ihr haltet und tut alles.
23, 11 darum so behütet aufs fleißigste eure Seelen, daß ihr den Herrn, euren Gott, liebhabt.
24, 14 gefällt es euch nicht, daß ihr dem Herrn dienet, so erwählt euch heute, wem ihr dienen wollt.

24, 21 das Volk sprach: Nicht also, sondern wir wollen dem
Herrn dienen.

24, 25 also machte Josua desselben Tages einen Bund mit
dem Volk und nahm einen großen Stein und richtete ihn
auf (um die Erinnerung festzuhalten). (Jos 4, 5 Denksteine
des Jordandurchzugs.)

c) glaubensmächtig handeln:

Jos 3 u. 4 Übergang über den Jordan auf des Herrn Wort.

4, 15 an dem Tage machte der Herr den Josua groß vor dem
ganzen Israel, und sie fürchteten ihn, wie sie Mose fürchteten
sein Leben lang.

6 Eroberung Jerichos im Vertrauen auf des Herrn Wort.

23, 3 ihr habt gesehen alles, was der Herr, euer Gott, getan
hat, euer Gott hat selbst für euch gestritten.

23, 14 es hat nicht ein Wort gefehlt an all dem Guten, das
der Herr, euer Gott, euch verheißen hat.

d) bei Mißerfolgen demütig die Schuld bei sich suchen, Buße tun und rücksichtslos den Bann beseitigen:

Jos 7, 5 da ward dem Volk das Herz verzagt, Josua aber zerriß
seine Kleider und fiel auf sein Angesicht zur Erde vor der
Lade des Herrn (Buße für das Volk, rücksichtslose Beseitigung des Bannes).

9, 14 sie fragten den Mund des Herrn nicht (als die Gibeoniten um einen Bund baten. Josua hält den Eid, den er ihnen
schwor, und läßt nicht andere seine Fehler büßen).

4. Sein Bekenntnis vor dem Volk:

Jos 24, 15 ich aber und mein Haus wollen dem Herrn dienen.

5. Sein Eindruck auf das Volk:

Jos 6, 27 also war der Herr mit Josua, daß man von ihm sagte
in allen Landen.

24, 31 Israel diente dem Herrn, solange Josua lebte und die
Ältesten, welche noch lange Zeit lebten nach Josua.

ACHAN, vom Stamm Juda, nimmt etwas vom Verbannten bei der Eroberung Jerichos, weil ihn danach gelüstet.
Die Gesamtheit des Volkes trifft das Gericht Gottes für
diesen Frevel, daß sie nicht mehr stehen können vor ihren

Feinden. Durchs Los ausfindig gemacht, bekennt er seine Sünde und gibt damit Gott die Ehre. Er sühnt seine Schuld, indem er mit seinem ganzen Hause gesteinigt wird.

Jos 7, 20 Da antwortete Achan Josua und sprach: Wahrlich ich habe mich versündigt an dem Herrn, dem Gott Israels. Ich sah unter dem Raub einen köstlichen babylonischen Mantel . . . es gelüstete mich, und ich nahm ihn . . . Siehe, es ist verscharrt in die Erde in meiner Hütte und das Silber darunter. Josua sprach: Weil du uns betrübt hast, so betrübe dich der Herr an diesem Tage. Das ganze Israel steinigte ihn . . . also kehrte sich der Herr von dem Grimm seines Zorns.

4. GESTALTEN DER RICHTERZEIT
(1300–1050)

ADONI-BESEK (Herr von Besek), besiegter Kanaaniterkönig, der seine Verstümmelung als gerechte Vergeltung für seine Untaten ansieht.

Ri   1, 7 wie ich nun getan habe, so hat mir Gott wieder vergolten.

OTHNIEL (Meine Kraft ist Gott), der jüngste Bruder Kalebs, der erste Richter. Er ist auf des Volkes Gebet von Gott erweckt, mit seinem Geist erfüllt, vom Volk anerkannt, zieht aus zum Streit und erhält den Sieg aus Gottes Hand.

Ri   3, 9 da schrien die Kinder Israel zum Herrn, und der Herr erweckte ihnen einen Retter, der sie erlöste. Und der Geist des Herrn kam auf ihn, und er zog aus zum Streit. Und der Herr gab den König von Mesopotamien, Kusan-Risathaim, in seine Hand.

EHUD aus dem Stamm Benjamin, von Gott erweckt auf das Gebet des Volks, das infolge seines Abfalls von Gott durch den Moabiterkönig Eglon bedrängt wurde (V. 12). Er wagt es, den feisten Bedränger in seinem Palast als Gerichtsvollstrecker Gottes zu töten. Es gelingt ihm, die Kinder Israel zum Kampf fortzureißen und die Moabiter gründlich zu schlagen. Die Befreiung des Volks, das eine einzigartige Verheißung und Aufgabe hatte, aus heidnischer Knechtschaft, in die es um seiner Sünde willen hingegeben war, geschah nach Gottes Willen.

Ri   3, 15 da schrien sie zum Herrn, und der Herr erweckte ihnen einen Retter.
3, 20 Ehud sprach: Ich habe Gottes Wort an dich.
3, 27 da er hineinkam, blies er die Posaune. Und die Kinder Israel zogen mit ihm und er vor ihnen her.

DEBORA (Biene) gewinnt in einer führerlosen Zeit Einfluß in Israel, nicht durch ihre eigenen Bemühungen, sondern weil Gott zu ihr redet. Sie wird eine Mutter in Israel, wie sie sich selbst nennt. Ihre Mütterlichkeit erschöpft sich nicht im Dienst ihrer eigenen Familie, sondern umfaßt das Volk. So holt man in schwierigen Rechtssachen ihren Rat und läßt sie entscheiden. Als das Volk bedrückt ist durch seine Feinde und zu Gott schreit, schaut diese Mutter in Israel nach einem Mann aus, der fähig und bereit ist zum Führertum. So erinnert sie Barak an seine Berufung zum Führertum und sagt ihm, was er zu tun hat. Es gelingt ihr, dem Volk Mut zu machen zum Kampf gegen seine Feinde und es zu einigen. Debora besingt wie Mirjam den Sieg des Volkes und gibt in Demut die Ehre des Sieges Gott dem Herrn, der einer schwachen Frau Jael den Mut gab, den gewaltigen Feldherrn Sisera in ihrer Hütte zu töten.

1. Die Prophetin und Richterin:

Ri **4, 2** und der Herr verkaufte sie in die Hand Jabins, des Königs der Kanaaniter . . . und die Kinder Israel schrien zum Herrn. Zu derselbigen Zeit war Richterin in Israel die Prophetin Debora, das Weib Lapidoths. Und die Kinder Israel kamen zu ihr hinauf vor Gericht.

5, 7 an Regiment gebrach's in Israel, bis ich, Debora, aufkam, eine Mutter in Israel.

4, 6 sie sandte hin und ließ rufen Barak (Blitz) und ließ ihm sagen: Hat dir nicht der Herr, der Gott Israels, geboten: Gehe hin, ziehe auf den Berg Thabor und nimm 10 000 Mann mit dir, denn ich will Sisera, den Feldhauptmann Jabins, zu dir ziehen und will ihn in deine Hände geben.

4, 8 auf seine Bitte zieht sie mit ihm.

4, 14 gibt dem, der nicht die Verantwortungsfreudigkeit zum Entschluß hat, die Aufforderung zum Angriff.

2. Ihr Siegesgesang:

preist die, die willig mitzogen zum Kampf:

Ri   5, 9 mein Herz ist mit denen, die willig waren unter dem Volk.

          5, 18 Sebulons Volk wagte seine Seele in den Tod, Naphthali auch.

tadelt die, die nicht mitkämpften:

Ri   5, 15 Ruben hielt hoch von sich und sonderte sich von uns.

gibt Gott die Ehre:

Ri   5, 2 lobet den Herrn, daß Israel wieder frei geworden ist und das Volk willig dazu gewesen ist.

Auf die Stellung zu Gott kommt alles an. Sie ist entscheidend für Gelingen und Mißlingen:

Ri   5, 31 also müssen umkommen, Herr, alle deine Feinde! Die ihn aber liebhaben, müssen sein, wie die Sonne aufgeht in ihrer Macht.

GIDEON—JERUBBAAL (Fäller—Baal rechte oder streite) wird in Gerichtszeiten, da das Volk hingegeben ist in die Hand räuberischer Beduinen (Midianiter), von Gott berufen, um sein Volk zu erlösen. Er wagt das Befreiungswerk im Vertrauen auf Gott, und es gelingt ihm. Er einigt die Stämme, lehnt die Königswürde ab, verführt aber in seinem Alter das Volk zum Götzendienst und fällt selbst in schlimme Vielweiberei, die seine Familie zerrüttet.

1. Gideon der Held mit Gott.

a) von Gott berufen und überwunden.

Ri   6, 12 da erschien ihm der Engel des Herrn und sprach: Der Herr sei mit dir, du streitbarer Held! Gideon aber sprach: Mein Herr, ist der Herr mit uns, warum ist uns solches alles widerfahren? Der Herr aber wandte sich zu ihm und sprach: Gehe hin in dieser deiner Kraft du sollst Israel erlösen aus der Midianiter Händen. Siehe, ich habe dich gesandt. Er aber sprach: Womit soll ich Israel erlösen? Meine Freundschaft ist die geringste, und ich bin der Kleinste in meines Vaters Haus. Der Herr aber sprach zu ihm: Ich will mit dir sein. (Gideon

fordert zur Überwindung dreimal ein Zeichen dafür, daß er
es wirklich mit Gott zu tun habe. Gott läßt sich jedesmal zu
seiner eigenwilligen Forderung herab und gewährt sie ihm.
V. 31, 37, 39.)

b) Gideon wagt es, für Gott einzutreten und die falschen Götzen in seines Vaters Hause zu Spott zu machen.

Ri 6, 28 da nun die Leute in der Stadt frühe aufstanden, siehe,
da war der Altar Baals zerbrochen und das Ascherabild dabei
abgehauen (die Befreiung des Volkes fängt mit der Vernich-
tung der eigenen Götzen und mit der Aufrichtung echten
Gottesdienstes an).

c) Er wagt es, im blinden Vertrauen auf Gottes Verheißung mit der kleinen Schar der Abiesriter den Midianitern zu trotzen. Er ruft die nördlichen Stämme zur Heeresfolge auf, unternimmt es aber doch, mit einer Minderheit von 300 Mann auf Gottes Geheiß das feindliche Lager anzugreifen, damit Gott die Ehre des Sieges werde. So gewinnt er den Sieg.

Ri 6, 34 der Geist des Herrn erfüllte Gideon; und er ließ die
Posaune blasen und rief die Abiesriter, daß sie ihm folgten,
und sandte Botschaft zu ganz Manasse, daß sie ihm auch
nachfolgten. Er sandte auch Botschaft zu Asser und Sebulon
und Naphthali, die kamen herauf, ihm entgegen.
7, 2 der Herr aber sprach zu Gideon: Des Volks ist zu viel,
das mit dir ist, Israel möchte sich rühmen und sagen: Meine
Hand hat mich erlöst.

2. Gideon, der strenge Regent. Er erzwingt die Einheit der Stämme, lehnt aber das erbliche Fürstentum ab.

Ri 8, 16 ließ es die Leute zu Sukkoth fühlen. Den Turm Pnuels
zerbrach er und tötete die Leute der Stadt (diese Städte
hatten sich geweigert, ihn mit Lebensmitteln zu unterstützen).
8, 22 da sprachen zu Gideon etliche in Israel: Sei Herr über
uns, du und deines Sohnes Sohn . . ., aber Gideon sprach:

Ich will nicht Herr über euch sein . . ., sondern der Herr soll
Herr über euch sein!

3. Gideons Fall: Sein Gottesdienst wandelt sich in Götzendienst, weil er am äußeren, goldstrotzenden Prunkkleid hängt. Das Volk, das keinen Götzen hat, betet nun den Rock an.

Ri   8, 27 Gideon machte einen Leibrock (priesterliches Gewand)
      daraus und setzte ihn in seine Stadt zu Ophra. Und ganz
      Israel trieb Abgötterei daselbst, und er geriet Gideon und
      seinem Hause zu Fall.

Seine Vielweiberei, die das Geschlecht durch viele Söhne garantieren soll, bringt seiner Familie den Untergang. (Was man durch den Abfall von Gott verliert, kann durch keine irdische Garantie ersetzt werden.)

Ri   8, 30 Gideon hatte 70 Söhne, denn er hatte viele Weiber.
      Und sein Kebsweib, das er zu Sichem hatte, gebar ihm auch
      einen Sohn, den nannte er Abimelech.

ABIMELECH (mein Vater ist König), der Sohn Gideons
und eines Kebsweibes, gewinnt die Macht durch Ermordung seiner Brüder. Er, der Aufruhr angerichtet hat,
kommt im Aufruhr ums Leben.

1. Seine Sünde und ihre Entstehung.

Ri   9, 1—5 Abimelech geht aus Vielweiberei, die durch Eifersucht,
      Neid und Hinterlist den Familiensinn zerstört, hervor. Er
      stachelt den Ehrgeiz seiner Sippe auf, ihm durch einen ver-
      brecherischen Anschlag auf das Leben seiner Brüder zur Macht
      zu verhelfen. Mit aus dem Heiligtum geraubtem Geld dingt
      er leichtsinnige Männer und vollbringt Mord und Staats-
      streich.

2. Seine Sünde wird gestraft.

Ri   9, 22—49 Abimelech und die Stadt Sichem, die ihn begünstigt
      hat, kommt diese Freveltat teuer zu stehen. Abimelech, der
      Sichem zum Abfall vom Hause Gideons verleitet hat, muß
      Sichems Untreue erfahren. Er vernichtet die Stadt.
      9, 50—56 Abimelech stirbt bei der Belagerung von Thebez

durch die Hand eines Weibes, das ihm einen Mühlstein auf den Kopf wirft. Also bezahlte Gott Abimelech das Übel, das er an seinem Vater getan hatte.

THOLA aus dem Stamm Isaschar wird 23 Jahre hindurch von Israel als Richter anerkannt, weil er den Mut hatte, in der Not seinem Volk zu helfen.

Ri   10, 1 er machte sich auf, zu helfen.

JEPHTA, ein Gileaditer, stammt aus unrechtmäßiger Verbindung. Er wird deshalb verstoßen. So lernt er sich der Elenden annehmen und seine Zuversicht auf Gott setzen. Er überwindet angetane Kränkung und hilft seinem Volke im Kampf gegen die Ammoniter. Kraftvoll führt er den Kampf seines Volks und ringt um seine Einheit. Doch scheint sein Einflußgebiet sich nicht viel über das Ostjordanland hinaus ausgedehnt zu haben. In seinem Erfolg wird er gedemütigt durch die Folgen seines unbedachten Gelübdes, die er in zur letzten Hingabe bereitem Gehorsam auf sich nimmt.

1. Verstoßen sammelt er Verstoßene um sich.

Ri   11, 1 Jephta war aus unrechtmäßiger Verbindung.
11, 2 sie stießen Jephta aus und sprachen zu ihm: Du sollst nicht erben in deines Vaters Haus, denn du bist eines anderen Weibes Sohn.

Ri   11, 3 da floh er vor seinen Brüdern. Und es sammelten sich um ihn lose Leute (Leute, die nichts zu verlieren hatten,) und zogen aus mit ihm (sie führten eine Art Bandenkrieg).

2. Er überwindet sich, dem Volk, das ihn verstoßen hat, zu dienen, weil er Gott fürchtet.

Ri   11, 7 nun kommt ihr zu mir, weil ihr in Trübsal seid?
11, 11 das Volk setzte ihn zum Haupt und Obersten über sich . . . Jephta redete solches alles vor dem Herrn zu Mizpa. (Er verpflichtet das Volk und sich vor Gott zur Treue. Der wurzellos gewordene, mißtrauische Mann erkennt Gott als unbedingten Halt an.)

3. Seine in der Bedrängnis geübte Klugheit wendet er dem Feind gegenüber an.

Ri   11, 12 da sandte Jephta Boten zum König der Kinder Ammon. (Er weist auf Grund der genauen Kenntnis der Geschichte seines Volkes den Anspruch der Ammoniter zurück und stellt fest, daß das Land Israel von Gott gegeben ist. Aus der eigenen Gottesfurcht heraus appelliert er an die Gottesfurcht der Feinde, doch ohne Erfolg. So nimmt er dem Feind das gute Gewissen und gibt es seinem Volke.)

4. Kraftvoll erkämpft er den Sieg und ringt um die Einheit des Volkes.

Ri   11, 29 da kam der Geist des Herrn auf Jephta, und er zog durch Gilead gegen die Kinder Ammon. Der Herr gab sie in seine Hände. (Sein Mut wurzelt in seinem Gottvertrauen. Er wagt den Kampf im Blick auf Gott.)
      12, 3 ich stellte meine Seele in meine Hand.
      12, 3 der Herr gab sie in meine Hand (er gibt Gott die Ehre).
      12, 4 er stritt wider Ephraim (das die Einheit sprengen will).

5. Seine Treue und Bereitschaft zur letzten Hingabe an Gott.

Ri   11, 35 ich habe meinen Mund aufgetan gegen den Herrn und kann es nicht widerrufen. Meine Tochter, wie beugst du mich und betrübst du mich! Und er tat ihr, wie er gelobt hatte. (So wird Jephta durch schwerstes Leid geübt in seiner Jugend und auf der Höhe seines Lebens. Er überwindet sich selbst und wird dem Ruf Gottes gehorsam, sowohl, da die Ältesten ihn riefen, als auch beim Halten seines Gelübdes.)

JEPHTAS TOCHTER, das einzige, heißgeliebte Kind des einsamen Mannes, bangt um ihn im Krieg und jubelt ihm entgegen nach dem Sieg. Sie tröstet den über sein Gelübde entsetzten Vater, indem sie sich gehorsam ihm und Gott unterordnet. In zweimonatiger Bergesstille rüstet sie sich zum Opfergang, inmitten ihrer Gespielinnen weinend, wie sie vorher mit ihnen im Reigen jauchzte. Ob sie geopfert wurde oder ob sie in lebenslänglicher

Jungfrauschaft im Heiligtum diente, muß offengelassen werden (Ri 11, 29–40).

SIMSON (Sonnenmann) aus dem Geschlechte Dan, das zu allererst mit den aus dem Norden auf dem Landweg kommenden Philistern zusammenstieß, ist ein Gottgeweihter von Mutterleibe an. Seine Geburt wird durch einen Engel verkündet, der Wunderbar heißt wie Jes. 9, 5 der Messias. Seine Kraft wird auf Gott zurückgeführt und kann durch Bruch des Gelübdes verlorengehen, während Herakles, der griechische, und Siegfried, der germanische Kraftheld, ihre Kraft aus sich selbst schöpfen. Simson verliert seine Kraft durch eigene Schuld, weil er sich, durch Sinnlichkeit verleitet, zur Preisgabe seines Geheimnisses hinreißen läßt. Sterbend rächt er sich an seinen Feinden.

1. Seine Kraft kommt von Gott her.

Ri   13, 7 ein Geweihter Gottes von Mutterleib an (kein Alkohol und kein Schermesser darf an ihn).

13, 24 der Herr segnete ihn.

13, 25 der Geist des Herrn fing an, ihn zu treiben im Lager Dan.

14, 4 von Gott geführt, sucht er eine Frau aus den Philistern.

14, 6 der Geist des Herrn kam über ihn (zerreißt einen Löwen).

14, 19 der Geist des Herrn geriet über ihn (erschlägt die Philister).

15, 14 der Geist des Herrn kam über ihn (zerreißt die Stricke).

2. Simson ist schwach der Frau gegenüber.

Ri   14, 16 da weinte sein Weib . . . er sagte ihr das Rätsel.

16, 4 danach gewann er ein Weib lieb, die hieß Delila.

16, 17 er sagte ihr sein ganzes Geheimnis.

16, 19 nachdem die sieben Locken abgeschoren waren, fing sie an, ihn zu zwingen.

16, 20 er wußte nicht, daß der Herr von ihm gewichen war. (Wenn Gott von uns gewichen ist um unseres Ungehorsams willen, unterliegen wir dem geringsten Kraftaufwand des Widersachers.)

3. Er gibt sein Leben hin, um auch in Ketten seinem Beruf als Sieger über seine Feinde treu zu bleiben, und erbittet sich Kraft zur gewaltigen Tat von Gott.

Ri   16, 28 Simson aber rief den Herrn an: Herr, Herr, gedenke mein und stärke mich doch, . . . und sprach: Meine Seele sterbe mit den Philistern!

NAEMI (Holde) zieht mit ihrem Mann Elimelech (Mein Gott ist König) und ihren Söhnen ins Moabiterland, weil sie in einer Teurung das Vertrauen verlieren, daß Gott sie auch in der Heimat ernähren kann. Sie sind im reichen Moab in Gefahr, den Grundsatz anzunehmen: Wo mein Brot ist, da ist mein Vaterland. Gott läßt den Mann und die beiden Söhne sterben. Da erkennt Naemi in ihrem Leid Gottes Hand. Sie wollte dem Leid entfliehen, und es holt sie ein. So erwacht in ihr der Entschluß, zurückzuwandern in die Heimat, ins Land der Verheißung. Vorher teilt sie ihr durch die Gerichte vertieftes Gotteserleben ihren beiden Schwiegertöchtern mit. So gewinnt die einsame Witwe, die ihre Familienhoffnung ins Grab gelegt hat, eine Tochter in Ruth, die ihr treu bleibt, auch, als sie ihr die Rückkehr freistellt. Durch Ruth geschieht das Unmögliche: Der abgehauene Stumpf ihrer Familie gewinnt ein neues Reis. Und dieses Reis ist der Stamm der messianischen Verheißung.

1. Naemi, die Holde, die Anmutige, der es wohlergeht und die wert gehalten wird, ist auf die heitere Daseinsfreude eingestellt, verläßt deshalb in der Teurung ihr Vaterland, um in der Ferne ihr Glück zu suchen.

Ru   1, 1 es ward eine Teurung im Lande, und ein Mann von Bethlehem zog aus, und da sie kamen ins Land der Moabiter, blieben sie daselbst.

2. Im fremden Land trifft sie Leid, das schwerer ist als Teurung. Sie erkennt darin die Hand Gottes, deren richtendem Walten man nicht entfliehen kann.

Ru 1, 13 mich jammert euer sehr, denn des Herrn Hand ist über mich ausgegangen.

1, 20 Heißet mich nicht Naemi, sondern Mara (Unglückliche, vgl. Ungehorsame), denn der Allmächtige hat mich sehr betrübt. Voll zog ich aus, aber leer hat mich der Herr wieder heimgebracht . . . der Herr hat mich gedemütigt.

3. Weil sie sich demütigen läßt, kann sie Gott wider alles menschliche Erwarten wieder erhöhen.

Ru 1, 16 durch ihre Demütigung unter Gott gewinnt sie Ruth (dein Gott ist mein Gott).

1, 12 die menschliche Möglichkeit, die Leviratsehe, ist ausgeschlossen, da Naemi keine Kinder mehr bekommt.

4, 10 Boas übernimmt das Erbe und Ruth zum Weibe.

4, 13 es gab ihr der Herr, daß sie einen Sohn gebar.

4, 17 die Nachbarinnen gaben ihm einen Namen und hießen ihn Obed (der zum Dienst angehalten wird: der wird dich erquicken und dein Alter versorgen, V. 15).

RUTH, die moabitische Schwiegertochter Naemis, wird durch das Gotterleben ihrer Schwiegermutter, die im Leid Gottes richtende Hand erkennt, für den Gott Israels gewonnen. So wird sie der einsamen Naemi eine treue Tochter. Arbeitsam, bescheiden, still und gehorsam, gewinnt sie die Achtung der Stadt und die Liebe des Boas. Die Fremde wird von Gott erwählt, Stammutter Davids und des Heilands zu werden. (1 Kr 1, 27: was schwach ist vor der Welt, hat Gott erwählt, und das da nichts ist.)

1. Ruth ist Gott treu.

Ru 1, 16 dein Gott ist mein Gott.

2, 12 dein Lohn müsse vollkommen sein bei dem Herrn, dem

Gott Israels, zu welchem du gekommen bist, daß du unter seinen Flügeln Zuversicht hättest.

2, 11 du hast verlassen deinen Vater und deine Mutter und dein Vaterland und bist zu einem Volk gezogen, das du zuvor nicht kanntest (Boas gibt ihr das Zeugnis, daß sie um Gottes willen irdische Garantien aufgab, weil sie Gott vertraute, er werde ihr geben, was sie um seinetwillen verließ).

2. Darum ist sie auch ihrer Schwiegermutter treu.

Ru   1, 17 der Tod muß mich und dich scheiden.
Ru   2, 11 es ist mir angesagt alles, was du an deiner Schwiegermutter getan hast nach deines Mannes Tod.

sie ist arbeitsam:

Ru   2, 2 laß mich aufs Feld gehen und Ähren auflesen.
2, 7 sie ist dagestanden vom Morgen an bis her und bleibt wenig daheim.

sie ist bescheiden:

Ru   2, 10 da fiel sie auf ihr Angesicht, und beugte sich nieder zur Erde und sprach: Womit habe ich Gnade gefunden vor deinen Augen, daß du mich ansiehst, da ich doch fremd bin?

sie ist gehorsam:

Ru   3, 5 sie sprach zu ihr: Alles, was du mir sagst, das will ich tun.
3, 6 sie tat alles, wie es ihr ihre Schwiegermutter befohlen hatte.
3, 18 sie aber sprach: Sei still, meine Tochter (Ruth kann schweigen).

Ihr Ruf:

Ru   3, 11 die ganze Stadt weiß, daß du ein tugendsam Weib bist.
4, 15 deine Schwiegertochter, die dich geliebt hat, hat ihn geboren, welche dir besser ist als sieben Söhne.

3. Gott segnet sie.

Ru   4, 13 also nahm Boas die Ruth, daß sie sein Weib ward, und sie gebar einen Sohn. Den hießen sie Obed, der ist der Vater Isais, welcher ist Davids Vater.

BOAS, ein edeldenkender, rechtschaffener, zu den Geringen freundlicher Mann, dessen Güte in seiner Frömmigkeit wurzelt.

1. Boas traut auf Gott und hält ihn für das höchste Gut. Das macht ihn freundlich zu den Geringen.

Ru 2, 4 sein Gruß an die Schnitter: Der Herr sei mit euch!
2, 11 seine Freundlichkeit zur fremden Ruth in der Achtung begründet, die er vor ihrer selbstlosen Liebe zu ihrer Schwiegermutter empfindet. Er läßt sie Ähren lesen und weiß ihr nichts Größeres zu geben als den frommen Segenswunsch: Der Herr vergelte dir deine Tat, und dein Lohn müsse vollkommen sein vor dem Herrn, dem Gott Israels, zu welchem du gekommen bist, daß du unter seinen Flügeln Zuversicht hättest.

2. Seine Rechtlichkeit.

Ru 3, 14 er ist besorgt um den Ruf der Ruth.
4, 5 er stellt die Leviratsehe dem näher Verwandten anheim, überläßt also die Entscheidung über Ruth, die er gerne zum Weib nähme, dem, der mehr Recht auf das Erbe hat als er. Das kann er, weil er von Gott sich führen läßt.

ELI ist einer der letzten Richter und Hohenpriester. In seiner Zeit tritt ein schlimmer Zerfall der Frömmigkeit und der Sitten in Israel ein, weil er durch die schlechte Erziehung seiner Söhne den Glauben verächtlich macht. Er hat kein Ohr für die Stimme Gottes, darum ist Weissagung selten im Lande. Ein Volk ist selten besser als seine Führer. Er hat auch kein Verständnis für die Beurteilung echter Frömmigkeit und hält Hanna, die Beterin, für eine Trunkene. Gott demütigt ihn tief dadurch, daß er ihm den jüngeren Samuel das Gericht ankündigen läßt. Er findet nicht die Kraft zur rechten Buße, nimmt aber das Gericht in Demut an.

1. Seine falsche Nachgiebigkeit in der Erziehung.

1 Sa 2, 29 du ehrst deine Söhne mehr denn mich.
3, 13 er wußte, wie seine Söhne sich schändlich hielten, und hat ihnen nicht gewehrt.

2. Das Gericht über ihn.

1 Sa 2, 34 Zeichen über deine zwei Söhne: Auf einen Tag werden
sie sterben.
3, 18 es ist der Herr. Er tue, was ihm wohlgefällt.
4, 18 da er aber der Lade Gottes gedachte, fiel er zurück vom
Stuhl am Tor und brach seinen Hals entzwei.

ELKANAH, nach 1 Sa 1, 1 ein Ephraimiter, nach 1 Ch 6, 11
ein Levite, ist ein frommer Mann, der im religiösen
Zerfall am Ausgang der Richterzeit Gott die Treue hält
und alljährlich zur Stiftshütte nach Silo wandert, auch
dann noch, als die sittenlosen Söhne Elis das Heiligtum
in Verruf bringen. Er ist freundlich zur betrübten Hanna
und zur Hingabe Samuels an den Tempeldienst bereit.

1 Sa 1, 3 er ging jährlich hinauf von seiner Stadt, daß er anbetete
und opferte dem Herrn zu Silo. Daselbst waren aber Priester
Hophni und Pinehas, die zwei Söhne Elis.
1, 8 Elkanah aber, ihr Mann, sprach zu ihr: Hanna, warum
weinst du und issest du nichts, und warum ist dein Herz so
traurig? Bin ich dir nicht besser denn zehn Söhne?
1, 23 Elkanah, ihr Mann, sprach zu ihr: So tue, wie dir's
gefällt: Bleib, bis du ihn entwöhnst; der Herr bestätigte
aber, was er geredet hat.

HANNA (Huld), das Weib Elkanahs, bringt das tiefe Leid
ihrer Kinderlosigkeit vor Gott. Sie ringt sich los von
aller Selbstsucht und will das erbetene Kind nicht für
sich, sondern für den Dienst des Herrn. Was Gott ihr
geben wird, will sie bereitwilligst ihm wieder schenken.
Und so handelt sie auch. So wird sie bereit zu echter
Anbetung.

1. Ihre Demut und Betrübnis.

1 Sa 1, 15 ich bin ein betrübtes Weib, ich habe aus meinem großen Kummer und Traurigkeit geredet (so antwortet sie demütig, als Eli sie für betrunken hält).
2, 7 Der Herr macht arm . . . er erniedrigt . . . er tötet . . .
(sie sieht ihre Kinderlosigkeit als ein göttliches Gericht an,
unter das sie sich beugt).

2. Ihr Gebet und ihre Hingabe.

1 Sa 1, 12 sie betete lange vor dem Herrn, redete in ihrem Herzen, ihre Lippen regten sich, und ihre Stimme hörte man nicht. Ich habe mein Herz vor dem Herrn ausgeschüttet.

1, 11 wirst du deiner Magd einen Sohn geben, so will ich ihn dem Herrn geben sein Leben lang.

1, 24 sie brachte den Knaben in das Haus des Herrn zu Silo.

3. Ihr Glaubensgehorsam und ihre Anbetung.

1 Sa 1, 18 sie aß und sah nicht mehr so traurig (nach ihrem Gebet glaubt sie der Verheißung Elis).

2, 1 Mein Herz ist fröhlich in dem Herrn. Der Herr tötet und macht lebendig, er führt in die Hölle und wieder heraus (aus dem Lobgesang der Hanna).

SAMUEL (Gott erhört) ist von Gott bestimmt, in einer Zeit tiefster nationaler Erniedrigung und Zerfalls, sein Volk im Geiste Moses zu neuer Gottesfurcht wachzurufen und zur nationalen Einigung zu führen.

1. Das religiöse Werden Samuels.

1 Sa 1, 11 Er ist von Gott erbeten und vor seiner Geburt schon Gott geweiht.

2, 26 in schlimmer Umgebung bleibt er Gott treu.

3, 4 Gott kann zu ihm reden.

3, 11 er erlebt das Gericht über das Haus Elis und lernt so den unerbittlichen Ernst Gottes kennen.

2, 26 er nahm zu und war angenehm bei dem Herrn und den Menschen.

3, 21 und der Herr erschien hinfort zu Silo. Und Samuel fing an zu predigen dem ganzen Israel.

3, 20 Ganz Israel erkannte, daß Samuel ein treuer Prophet des Herrn war.

7, 3 So ihr euch mit ganzem Herzen bekehrt zu dem Herrn, so wird er euch erretten aus der Philister Hand (Samuel erhofft von der inneren Erhebung des Volkes seine äußere Rettung).

9, 9 Samuel gibt dem Seherberuf durch die Offenbarung des göttlichen Willens einen neuen Inhalt.

2. Aus der Verbundenheit mit Gott ergibt sich sein Handeln.

Er ist gehorsam und verlangt Gehorsam.

1 Sa 3, 4 er aber antwortete: Siehe, hier bin ich.
9, 16 und 10, 17 Königswahl unter Gottes Leitung.
15, 22 Gehorsam ist besser denn Opfer (zu Saul).
15, 32 vollstreckt selbt den Bann an Agag.

Er kann warten und nützt die Stunde.

1 Sa 7, 2 zwanzig Jahre blieb die Lade fern von der Stiftshütte (1 Ch 13, 6 erst David holt sie ein).
7, 6 als das Volk Buße tut. ist die Zeit der Hilfe Gottes gegen die Philister gekommen.

Er ist ein Beter und gibt Gott die Ehre.

1 Sa 7, 9 er schrie zum Herrn für Israel; und der Herr erhörte ihn.
7, 12 Stein der Hilfe.
12, 23 es sei ferne, daß ich sollte ablassen, für euch zu beten und euch zu lehren den guten und richtigen Weg.
15, 11 Samuel ward zornig und schrie zum Herrn die ganze Nacht (nach Sauls Ungehorsam).

Er richtet im Bewußtsein des unerbittlichen Ernsts Gottes.

1 Sa 7, 15 Samuel richtete Israel sein Leben lang.
12, 3 er richtet uneigennützig.
12, 25 werdet ihr übel handeln, so werdet ihr und euer König verloren sein.
15, 23 du hast des Herrn Wort verworfen, so hat er dich auch verworfen, daß du nicht König seiest.
15, 35 aber doch trug Samuel Leid um Saul.

5. DIE GESTALTEN DER KÖNIGSZEIT

A. Saul und das Haus Davids bis zur Vermischung mit dem Geschlecht Isebels

SAUL, der Sohn des Kis, aus dem Stamm Benjamin, ist ein schöner, ritterlicher Mann. Er wird von Gott durch Samuel zum König Israels berufen, um 1050. Er ist religiös bewegt, kampffroh und sieghaft; ruhig und großmütig, aber er ist nicht völlig gehorsam, darum wird er je länger, je mehr ungeduldig, zaudernd, verzagt, unruhig, jähzornig, gehässig, dämonisch. (Saul = der Erbetene.)

1. Saul, der ritterliche Held, ist im Anfang seiner Laufbahn religiös bewegt.

1 Sa 10, 23 und 9, 2 er ist eines Hauptes länger als alles Volk.
9, 3 ein treuer Sohn, der des Vaters Auftrag, die Eselinnen zu suchen, mit großer Hingabe ausführt.
9, 16 vom Volk erbeten und von Gott angekündigt.
9, 22 Samuel nahm Saul und setzte ihn obenan.
10, 1 Samuel küßte ihn und sprach: Siehst du, daß dich der Herr zum Fürsten über sein Erbteil gesalbt hat?
10, 6 der Geist Gottes wird über dich kommen, und du wirst ein anderer Mann werden.
10, 7 tue, was dir unter die Hand kommt, denn Gott ist mit dir!
10, 9 Gott gab ihm ein anderes Herz. Der Geist Gottes kam über ihn, daß er unter den Propheten weissagte.
28, 3 Saul hatte aus dem Lande vertrieben die Wahrsager und Zeichendeuter.

Darum kann er:

a) still warten auf Gottes Stunde und tun, was ihm vor die Hand kommt, auch der Menschen Lästerung ertragen;

1 Sa 11, 5 er tut ruhig seine Arbeit weiter.
10, 22 bei der Entscheidung, als das Los geworfen wird, versteckt er sich bei den Geräten, und man muß ihn holen.

10, 26 es ging mit ihm ein Teil des Heeres, welcher Herz
Gott rührte (die Menschen fallen ihm zu).

10, 27 Saul tat, als hörte er es nicht, als etliche lose Leute
sprachen: Was kann uns dieser helfen? (Saul ist großmütig,
weil seine Berufsgewißheit nicht von Menschen, sondern von
Gott abhängt.)

b) kampffroh und sieghaft gegen den Feind ziehen;

1 Sa   11, 6 da geriet der Geist Gottes über Saul, und sein Zorn
ergrimmte sehr. Da fiel die Furcht des Herrn über das Volk,
daß sie auszogen wie ein Mann (Sieg über die Ammoniter
bei Jabes).

c) großmütig sein gegen seine Verächter.

1 Sa   11, 12 Da sprach das Volk zu Samuel: Wer sind die, die da
sagten: Sollte Saul über uns herrschen? Gebt sie her, die
Männer, daß wir sie töten! Saul aber sprach: Es soll auf
diesen Tag niemand sterben, denn der Herr hat heute Heil
gegeben in Israel.

2. Saul ist Gott gegenüber nicht radikal gehorsam, darum gewinnt das Böse mehr und mehr Macht über ihn.

1 Ch   9, 39 er nennt einen seiner Söhne nach Baal (Esbaal).

15, 12 er hatte sich ein Siegeszeichen aufgerichtet (sein Hochmut).

1 Sa   15, 22 Gehorsam ist besser denn Opfer und Aufmerken besser als das Fett von Widdern (er bricht die Jahvesatzung des
Blutbanns aus Geiz und Ehrgeiz).

Darum

a) kann er nicht warten,

1 Sa   13, 13 Er kann nicht warten, bis Samuel kommt, und opfert
selbst. Samuel sprach: Du hast töricht getan und nicht gehalten des Herrn, deines Gottes, Gebot; denn er hätte dein
Reich bestätigt für und für.

b) zaudert er, seinem Volk in Mizpa oder Sichem einen Mittelpunkt zu geben,

c) gibt er unüberlegte Befehle, weil er nicht auf Gott horcht,

1 Sa   14, 19 Saul sprach zum Priester: Zieh deine Hand ab! (Er
wartet den Spruch Gottes nicht ab und stürzt in den Kampf.)

14, 24 verflucht sei jedermann, der etwas ißt bis zum Abend, daß ich mich an meinen Feinden räche. (Dieses Wort kostet beinahe Jonathan, den Held des Tages, das Leben, weil er etwas Honig aß.)

d) verzagt er, wird schwermütig und dämonisch, als Samuel ihm das Gerichtswort verkündigt,

1 Sa   15, 23 weil du des Herrn Wort verworfen hast, hat er dich auch verworfen, daß du nicht König seist.

16, 14 der Geist des Herrn wich von Saul, und ein böser Geist vom Herrn machte ihn sehr unruhig.

18, 8 als die Weiber David loben, packen ihn Minderwertigkeitsgefühle.

18, 9 Saul sah David sauer an von dem Tage und hinfort.

e) wird er jähzornig,

1 Sa   18, 11 er schoß David und gedachte: Ich will ihn an die Wand spießen.

18, 12 er fürchtete sich vor David, denn der Herr war mit ihm, und von ihm war er gewichen.

f) gehässig,

1 Sa   22, 18 er läßt 85 Priester töten, weil sie David auf seiner Flucht behilflich waren.

g) verharrt in seinem Haß, obwohl er Lichtblicke hat.

1 Sa   24, 18 sprach zu David, der sein Leben verschont hat: Du bist gerechter als ich, du hast mir Gutes bewiesen, ich aber habe dir Böses bewiesen. Ich weiß, daß du König werden wirst.

26, 2 Saul macht sich auf mit 3000 Mann und sucht David.

h) Er verliert den Mut vor der Entscheidungsschlacht; bekommt von Gott keine Antwort mehr und geht zur Wahrsagerin. Dort wird ihm der tote Samuel zum Gerichtsboten wie einst der lebende. Er stirbt durch eigene Hand.

1 Sa   28, 5 da Saul der Philister Heer sah, fürchtete er sich, und er fragte den Herrn, aber der Herr antwortete ihm nicht, weder durch Träume noch durchs Licht, noch durch die Propheten.

28, 18 Samuel sprach: Darum, daß du der Stimme des Herrn nicht gehorcht, darum hat dir der Herr solches getan. Morgen wirst du und deine Söhne mit mir sein.

31, 4 Sauls Ende durch Selbstmord. Der Schwerverwundete stürzt sich in sein Schwert. Die Jabesiten retten seinen Leichnam zu ehrlichem Begräbnis.

JONATHAN (von Gott gegeben), der ritterliche Sohn Sauls, ist ein tapferer Held und ein selbstloser, treuer Freund.

Jonathan, der tapfere Held.

1 Sa 14, 6 es ist dem Herrn nicht schwer, durch viel oder wenig zu helfen (vor einem Handstreich auf die Philisterwache).

14, 45 Das Volk sprach zu Saul: Sollte Jonathan sterben, der ein so großes Heil in Israel getan hat? So wahr der Herr lebt, es soll kein Haar von seinem Haupte auf die Erde fallen, denn Gott hat's heute durch ihn getan. (Das Volk liebt Jonathan um seiner Tapferkeit willen und bittet ihn von Saul los.)

2 Sa 1, 23 Saul und Jonathan, holdselig und lieblich in ihrem Leben, sind auch im Tode nicht geschieden, schneller waren sie als die Adler, stärker als die Löwen! (David über Jonathan.)

1, 27 Wie sind die Helden gefallen und die Streitbaren umgekommen!

Jonathan, der selbstlose Freund.

1 Sa 18, 1 es verband sich das Herz Jonathans mit David, und Jonathan gewann ihn lieb wie sein eigenes Herz. Und sie machten einen Bund miteinander (die Heldentat Davids an Goliath gewann ihm die Achtung und Liebe Jonathans).

20, 17 Jonathan schwur David, denn er hatte ihn so lieb wie seine Seele.

20, 42 der Herr sei zwischen mir und dir! (die Freundschaft ist in Gott begründet).

23, 16 da machte sich Jonathan auf, ging hin zu David in die Heide und stärkte seine Hand in Gott, und sie machten beide einen Bund miteinander vor dem Herrn.

20, 34 war bekümmert um David, daß ihn sein Vater also verdammte.

19, 4 Jonathan redete das Beste von David mit seinem Vater Saul.

20, 30 da ergrimmte der Zorn Sauls wider Jonathan: Ich weiß, daß du den Sohn Isais auserkoren hast, dir und deiner Mutter zur Schande! Solange der Sohn Isais lebt auf Erden, wirst du, dazu auch dein Königreich, nicht bestehen!

2 Sa 1, 26 es ist mir leid um dich, mein Bruder Jonathan. Ich habe große Freude und Wonne an dir gehabt; deine Liebe ist mir sonderlicher gewesen, denn Frauenliebe ist.

DAVID (Geliebter), Sohn Isais, wird von Gott von den Hürden weg an den Königshof berufen. Er vertraut Gott, dem Helfer, und bekommt so Mut zu großen Taten. Er läßt sich führen und ist weise in seinem Tun. Er erwartet allen Segen von Gott und hofft auf die Verheißung. Er wird üppig und fällt in Sünde. Er tut Buße und beugt sich unter die Gerichte. Alles, was er mit Gott erlebt hat, singt er in seinen Psalmen.

Er ist der größte König Israels, dem die Einigung des Volks, der Sieg über die Nachbarvölker, die Gründung der Hauptstadt, die Verbindung zwischen Thron und Altar gelingt. Regiert ums Jahr 1000.

1. Davids religiöses Werden vor seinem Fall. David weiß von göttlicher Führung, Bewahrung und Errettung, aber noch wenig von seiner eigenen Sündhaftigkeit.

1 Sa 16, 13 Da nahm Samuel sein Ölhorn und salbte ihn. Und der Geist des Herrn geriet über David von dem Tage an. (David, der jüngste Sohn Isais, ist von den Schafen weg von Gott zum König gewählt. Sein Berufungsbewußtsein bewegt ihn zum Vertrauen zur göttlichen Führung und zum Gehorsam.)
16, 18 er ist des Saitenspiels kundig, ein rüstiger Mann und streitbar und verständig in seinen Reden und schön (16, 12 er war bräunlich, von schönen Augen und guter Gestalt), und der Herr ist mit ihm. (Ein Knecht Sauls über David.)

Ps 23 Der Herr ist mein Hirte. (Das Erlebnis der göttlichen Führung bestärkt Vertrauen, Mut und Gehorsam Davids. Bei der Ausübung seines Hirtenberufs sind ihm Einblicke in das Wesen Gottes geschenkt worden. Der im Kleinen treue Hirte der Schafe wird zum Hirten seines Volkes berufen.)
18 Herzlich lieb habe ich dich, Herr, meine Stärke, Herr, mein Fels, meine Burg, mein Erretter, mein Gott, mein Hort, auf den ich traue.
18, 24 ich bin ohne Tadel und hüte mich vor Sünden.

2. David vertraut Gott, dem Helfer, und bekommt so Mut zu großen Taten.

1 Sa   17, 32 David sprach zu Saul: Es entfalle keinem Menschen das Herz, dein Knecht soll hingehen und mit dem Philister streiten.

17, 37 der Herr, der mich von dem Löwen und Bären errettet hat, der wird mich auch erretten von diesem Philister.

17, 45 ich komme zu dir im Namen des Herrn Zebaoth. Heutigestags wird dich der Herr in meine Hand überantworten, daß diese Gemeinde innewerde, daß der Herr nicht durch Schwert oder Spieß hilft; denn der Streit ist des Herrn.

30, 6 David war sehr geängstigt, denn das Volk wollte ihn steinigen (unwillig über den Einfall der Amalekiter in Ziklag, das David schutzlos verlassen hatte). David aber stärkte sich in dem Herrn, seinem Gott.

2 Sa   8, 1 David schlug die Philister und nahm den Dienstzaum von der Philister Hand.

5, 7   David gewann die Burg Zion, das ist Davids Stadt.

8, 2   schlug die Moabiter.

8, 5   schlug die Syrer, 22 000 Mann.

8, 14 Ganz Edom war David unterworfen; denn der Herr half David, wo er hinzog.

3. David läßt sich von Gott führen und ist weise in seinem Tun.

1 Sa   18, 14 David hielt sich klüglich in allem seinem Tun, denn der Herr war mit ihm.

18, 28 Saul sah und merkte, daß der Herr mit David war. Da der Philister Fürsten auszogen, handelte David klüglicher denn alle Knechte Sauls, wenn sie auszogen, daß sein Name hoch gepriesen ward.

1 Sa   21, 14 David stellt sich wahnsinnig, um der Rache des Philisterkönigs Achis zu entrinnen, zu welchem er vor Saul geflohen war.

23, 2; 23, 4; 23, 10 David fragte den Herrn.

27, 8 als Vasall der Philister hütet sich David, gegen sein eigenes Volk zu streiten, sondern er kämpft gegen die Amalekiter und die Beduinen, die südlich von Juda wohnen.

24 und 26 David schont das Leben Sauls. Er ist kein Revolutionär, der sich selbst hilft, sondern er wartet auf Gottes Stunde.

2 Sa   1, 21 er beklagt den Tod Sauls.

2, 5 er lobt die Jabesiten, die Saul begraben haben, und gewinnt so ihre Freundschaft.

3, 33 er klagt um Abner, den Feldhauptmann des Sohnes Sauls, den Joab aus Blutrache ermordet hat.

3, 37 und alles Volk und ganz Israel merkte, daß es nicht vom König war, daß Abner getötet ward.

4, 12 er läßt die Mörder des Gegenkönigs Isch-Boseth, des Sohnes Sauls, töten. Damit gewinnt er dessen Freunde im Norden.

2, 1 David fragte den Herrn und sprach: Soll ich hinaufziehen in der Städte Judas eine? David sprach: Wohin? Er sprach: Gen Hebron! (David zieht in die Hauptstadt Judas, wird dort von seinem Stamm zum König gesalbt und wartet siebeneinhalb Jahre als König von Juda, bis die Dinge für ihn in Israel reif sind.)

23, 2; 4, 10 David fragte den Herrn.

5, 7 er erobert Jerusalem und macht es zur Hauptstadt.

6, 17 er holt die Bundeslade in die Hauptstadt und verbindet so Thron und Altar. (Die Pflege des Ephods tritt zurück [Abjathar], die des Zeltes tritt hervor [Zadok]. David kehrt zu den Traditionen Moses und Samuels zurück.)

1 Sa 18, 23 ich bin ein armer geringer Mann.

2 Sa 6, 22 ich will noch geringer werden in meinen Augen (David auf der Demutsleiter).

4. David hofft auf die Verheißungen Gottes.

Ps 18, 3 Der Herr ist mein Hort, auf den ich traue.

37, 5 Befiehl dem Herrn deine Wege und hoffe auf ihn, er wird's wohl machen. (In den Kämpfen mit Saul, in der siebenjährigen Wartezeit als Stammeskönig Judas hätte David ohne seine lebendige Hoffnung versagt und nicht durchgehalten. Er aber hielt fest an der Verheißung, die ihm durch seine Berufung geworden war.)

2 Sa 7, 12 ich will deinen Samen nach dir erwecken, der soll meinem Namen ein Haus bauen, und ich will den Stuhl seines Königreiches bestätigen ewiglich. (Nathan zu David. Nahes und Fernes werden wie oft bei der Weissagung in eines gesehen.)

Ps 16, 10 du wirst meine Seele nicht dem Tode lassen und nicht zugeben, daß dein Heiliger verwese.

5. David wird üppig und fällt in Sünde.

2 Sa 11, 1 David sandte Joab und seine Knechte mit ihm, daß sie die Kinder Ammon verderbten. David aber blieb zu Jerusalem.

11, 2 es begab sich, daß David um den Abend aufstand von seinem Lager und ging auf das Dach des Königshauses und

sah vom Dach ein Weib sich waschen, und das Weib war sehr
schöner Gestalt.

11, 4 und David sandte Boten hin, sie zu holen. Und das
Weib ward schwanger von ihm.

11, 6 David läßt Uria kommen. Der aber geht nicht nach
Hause in soldatischem Pflichtgefühl.

11, 14 David schreibt den Uriabrief an seinen Feldhauptmann.
Uria fällt.

11, 27 aber die Tat gefiel dem Herrn übel. (Die Berichterstat-
tung der Bibel ist selbst dem Nationalhelden gegenüber un-
erbittlich wahrhaftig.)

12, 7 Nathan sprach zu David: Du bist der Mann. So spricht
der Herr, der Gott Israels: Ich habe dich zum König gesalbt
und habe dich errettet aus der Hand Sauls, warum hast du
denn das Wort des Herrn verachtet, daß du solches Übel vor
seinen Augen tatest?

6. David beugt sich unter das Gerichtswort und tut Buße.

2 Sa 12, 10 so soll von deinem Hause das Schwert nicht lassen
ewiglich.

12, 11 ich will Unglück erwecken über dich aus deinem eigenen Hause.

12, 13 David sprach zu Nathan: Ich habe gesündigt wider den
Herrn. Nathan sprach zu David: So hat auch der Herr deine
Sünde weggenommen, du wirst nicht sterben, aber weil du
die Feinde des Herrn durch diese Geschichte hast lästern gemacht, wird der Sohn, der dir geboren ist, des Todes sterben.

Ps 51, 3 Gott, sei mir gnädig nach deiner Güte und tilge meine
Sünden nach deiner großen Barmherzigkeit. An dir allein
hab' ich gesündigt und Unrecht vor dir getan.

34, 19 der Herr ist nahe bei denen, die zerbrochenen Herzens sind (Davids Demut).

7. Die Gerichte über David gehen ihren Gang und vertiefen seine Buße. Er erkennt demütig seine Sündhaftigkeit und glaubensvoll Gottes Barmherzigkeit.

2 Sa 12, 19 sein Kind stirbt.

13 Amnon sündigt an seiner Schwester Thamar. (Die eigene
Sünde hatte David unfähig gemacht, die Sünden seiner Kinder zu strafen. Dieser Mangel in der Erziehung rächt sich
bitter.)

2 Sa 13, 28 Absalom rächt seine Schwester Thamar durch den Mord an Amnon. (Das ganze Elend der Vielweiberei offenbart sich in den Gehässigkeiten der Königskinder.)

14, 33 Der König ist Absalom gegenüber schwach und nimmt ihn wieder in Gnaden an. Zum Dank dafür unternimmt Absalom einen Aufruhr gegen David.

15, 25 Der König sprach zu Zadok: Werde ich Gnade finden vor dem Herrn, so wird er mich wieder holen. Spricht er aber also: Ich habe nicht Lust zu dir: Siehe, hier bin ich. Er mache mit mir, wie es ihm wohlgefällt.

16, 11 als Simei ihm flucht: Laßt ihn, der Herr hat's ihn geheißen.

24, 14 als nach der Volkszählung, zu der ihn sein Hochmut trieb, der Prophet Gad das Gericht ankündigt, sagt David: Es ist mir sehr angst, aber laß mich in die Hand des Herrn fallen, denn seine Barmherzigkeit ist groß; ich will nicht in die Hand der Menschen fallen.

8. Alles, was David erlebt, singt er in seinen Psalmen. Die Psalmen sind seine Lebensbeichte und sein Glaubensbekenntnis. Sie sind seine Gebete. Als Sänger der Psalmen hat David der Gemeinde Gottes viel gegeben.

Ps 23, 1 Der Herr ist mein Hirte, mir wird nichts mangeln.

4, 9 ich liege und schlafe ganz mit Frieden, denn allein du, Herr, hilfst mir, daß ich sicher wohne.

18, 30 mit dir kann ich Kriegsvolk zerschlagen und mit meinem Gott über die Mauer springen.

6, 2 Ach, Herr, strafe mich nicht in deinem Zorn. Sei mir gnädig, denn ich bin schwach. Weichet von mir, alle Übeltäter, denn der Herr hört mein Weinen.

51, 6 An dir allein hab' ich gesündigt und übel vor dir getan, daß du recht behaltest in deinen Worten und rein bleibest, wenn du gerichtet wirst.

18, 28 du hilfst dem elenden Volk, und die hohen Augen demütigst du.

2 Sa 23, 1 Der Gesalbte des Gottes Jakobs, lieblich mit Psalmen Israels.

GOLIATH aus Gad, der größte im Heer der Philister, 2,9 Meter lang, ist ein großmäuliger Held, der auf Schwert, Spieß, Schild und seine Körpergröße sein Ver-

trauen setzt. Er verachtet seinen Gegner, weil er kleiner
ist, und verhöhnt dessen Gott. Er unterliegt dem, der
ihn im Namen des Herrn Zebaoth anzugreifen wagt.

1 Sa 17, 42 Da nun der Philister David sah, verachtete er ihn . . .
und fluchte ihm bei seinem Gott. David aber sprach: Du
kommst zu mir mit Schwert, Spieß und Schild, ich aber komme ＾u dir im Namen des Herrn Zebaoth . . .

MICHAL, die Tochter Sauls, hat David lieb, rettet·sein
Leben, als ihn Saul verfolgt, lügt sich heraus, wird
einem anderen zum Weib gegeben, der, als sie David
wieder holen läßt, hinter ihr her weint. Sie spottet über
den Tanz des Königs beim Einholen der Bundeslade und
verachtet ihn aus Hochmut. Sie bleibt kinderlos.

1 Sa 18, 20 Michal hatte David lieb.
19, 12 da ließ ihn Michal durchs Fenster hernieder, daß er
entfloh.
19, 17 sprach zu Saul: Er sprach zu mir: Laß mich gehen,
oder ich töte dich.
25, 44 Saul hatte Michal Phalti gegeben.
2 Sa 3, 16 als David sie holen ließ nach Sauls Tod, weinte ihr
Mann hinter ihr her.
6, 16 es guckte Michal durchs Fenster und sah den König
David springen und tanzen vor dem Herrn, und verachtete
ihn in ihrem Herzen. David sprach: Ich will noch geringer
werden in meinen Augen.
6, 23 aber Michal hatte kein Kind bis an den Tag ihres Todes.

ABIGAIL, die kluge Frau eines törichten Mannes, macht
gut, was er im Unmut und Geiz fehlgemacht hat, und
besänftigt den aufgebrachten David. Sie wird nach Na-
bals Tod sein Weib.

1 Sa 25, 27 hier ist der Segen, den deine Magd meinem Herrn
hergebracht hat. Vergib deiner Magd die Übertretung. Du
führst des Herrn Kriege, die Seele meines Herrn wird ein-
gebunden sein ins Bündlein der Lebendigen bei dem Herrn.
Wenn du Herzog bist über Israel, so wirst du an deine Magd
gedenken.

BATHSEBA, Frau des Uria, wird durch Ehebruch Davids Gemahlin. Vom Gericht Gottes durch den Tod ihres Kindes getroffen, wird sie getröstet durch die Geburt ihres Sohnes Salomo, den sie durch den Gerichtsboten Gottes, durch Nathan, erziehen läßt. (Ein Beweis ihrer Beugung unter das Bußwort Nathans.) Als David alt ist, beeinflußt Nathan im Einverständnis mit Bathseba David, daß er Salomo zum König macht. Salomo ehrt seine Mutter und läßt sie zu seiner Rechten sitzen.

2 Sa   12, 15 Der Herr schlug das Kind, das Urias Weib David geboren hatte, daß es todkrank ward.
12, 24 Sie gebar einen Sohn, den hieß er Salomo. Und der
Herr liebte ihn. Und er tat ihn unter die Hand Nathans, des
Propheten.
1 Kö   2, 19 Salomo ehrt seine Mutter.

ABSALOM (Vater des Friedens), der Sohn Davids und der Königstochter von Gessur, ist der Sproß einer politischen Heirat im Rahmen der Vielweiberei. Rassisch und religiös ein Mischling, kein Jude und kein Heide, hat er äußerlich bestechende Vorzüge schöner Gestalt, prächtigen Haares, liebenswürdigen Wesens. Er ist aber innerlich hohl, hochmütig, herrschsüchtig, rachsüchtig und prachtliebend. Er ist jeder Gewissensregung bar und schreitet zur Erreichung ehrgeiziger Ziele über Leichen und schont nicht sein eigenes Blut. Die unverständliche Schwäche seines Vaters läßt das Böse in ihm ausreifen. Er läßt seinen Halbbruder töten und stürzt seinen Vater vom Thron. Er findet seinen Richter in Joab, der den an seinem stolzen Haar hängenden tötet.

2 Sa   13, 28 Mord Amnons aus Rache für die Schändung seiner
Schwester Thamar.
13, 38 Absalom flieht drei Jahre lang nach Gessur.
14, 23 Joab spricht für Absalom und erhält von David die
Erlaubnis, ihn von Gessur an den Königshof zu holen.

14, 25 in ganz Israel kein Mann so schön wie Absalom, sein Haupthaar.

14, 33 er tut einen Fußfall vor dem König, der ihn zwei Jahre nicht angesehen hat. David küßt ihn.

15, 6 er stahl das Herz des Volkes.

15, 13 der Aufruhr Absaloms.

18, 14 Absaloms Tod (das, worauf er stolz ist, bringt ihm das Verderben).

ABJATHAR, Ur-Urenkel Elis, flieht, als sein Vater der Rache Sauls zum Opfer fällt, zu David und fragt für ihn den Herrn. Als die Lade nach Jerusalem kommt, wird er dort Oberpriester. Er hält bei Absaloms Empörung treu zu David. Später wird er wegen seiner Anhänglichkeit an Adonia nach Anathoth verbannt. Vielleicht ist er der Stammvater des Propheten Jeremia. Sein Amt kommt an Zadok, den Sohn Ahitobs aus der älteren Linie des Hauses Aaron, der auf Salomos Seite steht. Abjathar pflegt den Ephod (heilige Lose), Zadok das heilige Zelt, das nun mehr hervortritt (siehe David 3.).

1 Sa 22, 20 Es entrann aber ein Sohn Ahimelechs, der hieß Abjathar, und floh David nach.

2 Sa 8, 17 Zadok und Ahimelech, der Sohn Abjathars, waren Priester.

15, 24 Abjathars Treue.

1 Kö 2, 27 Also verstieß Salomo den Abjathar, daß er nicht durfte Priester des Herrn sein. Und sprach zu ihm: Gehe hin gen Anathoth.

SALOMO, der Sohn Davids und der Bathseba, vereinigt ein Segens- und ein Flucherbe in seiner Person. Das Flucherbe tritt mehr hervor. Er fragt nach Gott und schätzt Weisheit und Gehorsam. Er baut auf seines Vaters Befehl den Tempel. Er ist der aufgeklärte Despot, scheut sich nicht, durch Mord sich seiner Gegner zu entledigen. Er eröffnet dem Handel neue Wege, aber überspannt auch um seiner üppigen Hofhaltung willen die

Steuerschraube. Daran zerbricht unter seinem Sohn die Einheit des Reiches. Im Alter werden seine guten Grundsätze mehr und mehr ein Opfer seiner ausländischen Weiber. Salomo regierte um 975.

Salomos Segenserbe:

1. Er fragt nach Gott.

1 Kö 3, 3 Salomo hatte den Herrn lieb und wandelte nach den Sitten seines Vaters. Und er ging hin nach Gibeon, daselbst zu opfern. Und der Herr erschien Salomo nachts im Traum, und Gott sprach: Bitte, was ich dir geben soll. Salomo sprach: Ich bin ein junger Knabe, weiß weder Ausgang noch Eingang. So wollest du deinem Knechte geben ein gehorsames Herz, daß er dein Volk richten möge und verstehen, was gut und böse ist.

3, 12 ich habe getan nach deinen Worten. Ich habe dir ein weises und verständiges Herz gegeben. (Die Wertung von Gehorsam und Weisheit eine Frucht der Erziehung Davids.)

9, 2 Gott erschien ihm abermals und verheißt ihm bei Gehorsam ewige Bestätigung seines Reiches.

2. Er baut den Tempel und erkennt das Wesen Gottes.

1 Kö 6 Tempelbau.

8, 27 Salomo sprach: Siehe, der Himmel und aller Himmel Himmel können dich nicht fassen; wie sollte es denn dieses Haus tun, das ich gebaut habe?

3. Gott schenkt ihm Weisheit.

1 Kö 5, 11 er war weiser als alle Menschen, er redete 3000 Sprüche. Es kamen aus allen Völkern, zu hören die Weisheit Salomos.

10, 7 die Königin von Saba: Du hast mehr Weisheit und Gut, denn das Gerücht ist, das ich gehört habe.

3, 23 sein Urteil über die beiden Mütter.

Salomos Flucherbe:

Aufgewachsen als Sohn der Bathseba erbt er die Sinnlichkeit und die Neigung zu Haremsintrigen. So entledigt er sich seiner Mitbewerber um den

Thron und seiner Gegner durch Mord. Seine Neigung zu Üppigkeit veranlaßt ihn zu verschwenderischer Hofhaltung. Im Alter wird er zum Götzendienst verleitet.

1. Grausamkeit.

1 Kö 2, 25 tötet seinen Bruder Adonia.
    2, 26 verbannt Abjathar, den Priester.
    2, 29 tötet Joab, den Feldhauptmann Davids, an heiliger Stätte.
    2, 46 tötet Simei, den sein Vater verschont hatte.

2. Salomos Üppigkeit.

1 Kö 5, 2 er mußte täglich zur Speisung haben 30 Kor (je 364 Liter) Semmelmehl und 60 Kor anderes Mehl. Er überspannt die Steuerschraube und legt so den Grund zum Abfall der Nordstämme.

3. Seine Vielweiberei.

1 Kö 11, 1 Salomo liebte viel ausländische Weiber: die Tochter Pharaos und moabitische, edomitische, sidonische und hethitische, von solchen Völkern, davon der Herr zu Israel gesagt hatte: Gehe nicht zu ihnen. An diesen hing Salomo mit Liebe.
    11, 4 als er alt war, neigten seine Weiber sein Herz fremden Göttern nach, und Salomo tat, was dem Herrn übel gefiel.

4. Das Gericht Gottes über Salomo.

1 Kö 9, 6 Salomo wird von Gott gewarnt: Werdet ihr abfallen zu anderen Göttern, so will ich Israel ausrotten.
    11, 9 der Herr ward zornig über Salomo, daß sein Herz von dem Gott Israels abgewandt war, der ihm zweimal erschienen war. Darum sprach der Herr zu Salomo: Weil solches bei dir geschehen ist, und hast meinen Bund und meine Gebote nicht gehalten, so will ich auch das Königreich von dir reißen und deinem Knecht geben.
    11, 14 der Herr erweckte Salomo einen Widersacher, Hadad, den Edomiter, und Reson, den Syrer (V. 23), dazu (V. 26) Jerobeam, den Fronmeister über Ephraim, der von ihm abfiel. Salomo erwehrt sich dieser Widersacher, die er ermorden lassen will, vergeblich.

REHABEAM, Sohn der Naema, einer Ammonitin, verläßt noch mehr als sein Vater Salomo die Traditionen Davids und hört auf die radikalen Jungen, die ihm den nackten Despotismus anraten. So verliert er die zehn Nordstämme. Er läßt sich durch schwere Demütigungen erschüttern, Gott zu gehorchen. Aber sein Gehorsam ist nicht von Dauer. Doch war noch immerhin etwas Gutes in ihm, so daß sein Haus Bestand hatte. Rehabeam regiert um 935.

1. Statt auf Gottes Weisung, wie noch sein Vater Salomo in Gibeon tat, zu hören, fragt er die Menschen und hört auf den falschen Rat, weil er ihm am energischsten aufgedrängt wurde.

2 Ch 13, 7 Rehabeam war jung und eines blöden Herzens, da gewannen böse Buben Macht über ihn.

1 Kö 12, 14 redete mit ihnen nach dem Rat der Jungen . . . ich will euch mit Skorpionen züchtigen.

2. Ohne den Herrn zu fragen, rüstet er ein Heer, um Israel zu züchtigen, da ergeht des Herrn Wort durch den Propheten Semaja an ihn und verbietet ihm Gewaltmaßnahmen. Der gedemütigte Rehabeam gehorcht.

1 Kö 12, 24 ihr sollt nicht hinaufziehen . . . und sie gehorchten dem Wort des Herrn und kehrten um.

2 Ch 11, 12 er machte die Städte sehr stark.

11, 13 die Priester und Leviten, die ihr Herz gaben, daß sie nach dem Herrn fragten, kamen gen Jerusalem und stärkten das Königreich Juda und befestigten Rehabeam.

3. Erneutem Abfall folgt neue Demütigung. Auch beugt sich jetzt Rehabeam vor Gott, ohne auf die Dauer sein Herz in den Weg Gottes zu schicken.

2 Ch 12, 1 da aber das Königreich Rehabeams befestigt und gekräftigt ward, verließ er das Gesetz des Herrn und ganz Israel mit ihm.

12, 2 da zog herauf Sisak, der König in Ägypten.

12, 5 da kam Semaja, der Prophet, zu Rehabeam und sprach:
So spricht der Herr: Ihr habt mich verlassen, darum habe
ich euch auch verlassen in Sisaks Hand. Da demütigten sich
die Obersten mit dem König und sprachen: Der Herr ist gerecht. Da kam das Wort des Herrn zu Semaja und sprach: Sie
haben sich gedemütigt, darum will ich sie nicht verderben,
sondern ich will ihnen ein wenig Errettung geben.

12, 12 weil er sich demütigte, wandte sich des Herrn Zorn
von ihm, daß nicht alles verderbt ward, denn es war in Juda
noch etwas Gutes.

12, 14 er handelte übel und schickte sein Herz nicht, daß er
den Herrn suchte.

11, 21 er liebte Maacha, die Tochter Absaloms, und machte
ihren Sohn zu seinem Nachfolger. (Vielleicht war diese Frau
mit schuld an seiner Schwäche und Wankelmütigkeit.)

SEMAJA, der Prophet (siehe Rehabeam 2. u. 3.).

ABIAM, Sohn Rehabeams und der Maacha, schwankt wie sein Vater zwischen Gehorsam und Ungehorsam. Im Vertrauen auf Gottes Beistand siegt er über Jerobeam. Abiam regiert um 915.

1 Kö 15, 3 er wandelte in allen Sünden seines Vaters, die er vor
ihm getan hatte, und sein Herz war nicht rechtschaffen an
dem Herrn.

2 Ch 13, 10 mit uns ist der Herr, unser Gott, den wir nicht verlassen (Abiam zu Israel). Da schrien sie zum Herrn, und Gott
schlug Jerobeam und das ganze Israel vor Abiam und Juda.

ASA, der Sohn Abiams, macht einen guten Anfang, tut die Götzen ab. Er hat deshalb Lust und Vertrauen zu Gott. In seinem Alter vertraut er mehr auf menschliche Klugheit, beginnt eine falsche Bündnispolitik und kommt mehr und mehr von Gott ab.

1. Asa macht einen guten Anfang.

2 Ch 15, 1 Asarja, der Prophet, empfängt den Spruch Gottes an
den König Asa. Asa gehorcht.

1 Kö 15, 13 verbrannte das Greuelbild seiner Mutter.

15, 12 tat die Hurer aus dem Lande.

2 Ch 14, 1 Asa tat, was recht war und dem Herrn, seinem Gott, wohlgefiel, und tat weg die fremden Altäre und die Höhen und zerbrach die Säulen und hieb die Ascherabilder ab und ließ Juda sagen, daß sie den Herrn, den Gott ihrer Väter, suchten.

14, 10 Asa rief den Herrn an, seinen Gott, und sprach: Herr, es ist bei dir kein Unterschied, zu helfen unter vielen oder da keine Kraft ist. Herr, unser Gott, wider dich vermag kein Mensch etwas. Und der Herr schlug die Mohren vor Asa.

2. Er will den Feind Israel durch Bündnisschluß mit einer götzendienerischen Macht niederzwingen. Das erweist sich als Abfall von Gott. Auch durch Krankheit kommt er nicht zur Besinnung, sondern tröstet sich menschlicher Hilfe.

1 Kö 15, 18 nahm das Silber und Gold aus dem Hause des Herrn und sandte es zu Benhadad, dem König von Syrien, und ließ ihm sagen: Es ist ein Bund zwischen dir und mir, daß du fahren lassest den Bund, den du mit Baesa, dem König Israels, hast.

2 Ch 16, 10 Als Hanani, der Prophet, seinen Bund mit den Syrern tadelt, wird er zornig und legt ihn ins Gefängnis.

16, 12 er ward krank an den Füßen. Seine Krankheit nahm sehr zu. Er suchte auch in seiner Krankheit den Herrn nicht, sondern die Ärzte.

JOSAPHAT (Jahve richtet) regiert im Sinn seines Vaters Asa 874–850. Er ist besorgt um eine innere Erneuerung seines Volks. Er sehnt sich nach Vereinigung mit Israel, übersieht aber, daß Vereinigung mit dem Gottlosen unter das Gericht bringt, das jener verdient hat.

1. Josaphat ist fromm, wandelt in den Wegen seines Vaters und Davids.

2 Ch 17, 6 da sein Herz mutig ward in den Wegen des Herrn, tat er fürder ab die Höhen und Ascherabilder in Juda.

17, 7 Er veranstaltet eine Art Volksmission und läßt durch eine reisende Kommission von Fürsten, Priestern und Leviten das Volk aus dem Gesetzbuch des Herrn unterweisen.

19, 8 er bestellte aus den Leviten, Priestern und Sippenältesten

Richter und gebot ihnen: Tut also in der Furcht des Herrn, treulich und mit rechten Herzen.

2. Josaphat hat Gottes Segen.

2 Ch   17, 10 es kam die Furcht des Herrn über alle Königreiche, daß sie nicht stritten wider Josaphat.

17, 12 also nahm Josaphat zu und ward immer größer.

3. Sein Fall und sein Gericht.

2 Ch   18, 1 Josaphat hatte große Reichtümer und Ehre und verschwägerte sich mit Ahab.

18, 3 Ahab beredete ihn, daß er hinaufzöge nach Ramoth.

18, 4 Josaphat sucht ihn zum Guten zu beeinflussen, daß er des Herrn Wort erfrage.

18, 7 Josaphat spricht für den Propheten Micha, den Sohn Jemlas, den Ahab nicht hören will, weil er gewöhnlich Unglück weissagt. Auch dieses Mal weissagt Micha Schlimmes.

19, 2 es ging Josaphat hinaus entgegen Jehu, der Sohn Hananis, und sprach: Sollst du so dem Gottlosen helfen und lieben, die den Herrn hassen? Um deswillen ist über dir der Zorn vom Herrn.

20, 35 danach vereinigt sich Josaphat mit Ahasja, dem König Israels, welcher war gottlos in seinem Tun, Schiffe zu machen.

20, 37 aber Elieser von Maresa weissagte wider Josaphat und sprach: Darum, daß du dich mit Ahasja vereinigt hast, hat der Herr deine Werke zerrissen. Und die Schiffe wurden zerbrochen.

21, 4 da aber Joram aufkam über das Königreich seines Vaters und mächtig ward, erwürgte er seine Brüder alle mit dem Schwert, . . . denn Ahabs Tochter war sein Weib.

4. In der Not sucht Josaphat den Herrn.

2 Ch   20, 3 Josaphat fürchtete sich und stellte sein Angesicht, zu suchen den Herrn, und ließ ein Fasten ausrufen (beim Angriff Moabs und Ammons).

20, 18 Als ihm gute Botschaft durch den Propheten zuteil wurde, beugte sich Josaphat mit seinem Antlitz zur Erde, und ganz Juda und die Einwohner zu Jerusalem fielen vor dem Herrn nieder und beteten ihn an.

2 Ch   20, 20 Glaubet an den Herrn, euren Gott, so werdet ihr sicher sein, und glaubet seinen Propheten, so werdet ihr Glück haben (vor der Schlacht).

20, 21 Er läßt danken vor dem Sieg.

20, 26 am vierten Tage nach dem Sieg kamen sie zusammen im Lobetal, denn daselbst lobten sie den Herrn.

ELIESER VON MARESA – MICHA, SOHN JEMLAS, die Propheten (siehe Josaphat 3. u. 4.).

JEHU, SOHN DES PROPHETEN HANANIS, der Asa den Spruch des Herrn brachte (siehe Asa), kündet Baesa von Israel das Gericht über sein Haus an, später tadelt er Josaphats Bündnispolitik, hinterläßt nach 2 Ch 20, 34 ein Buch über Josaphats Regierungstaten.

B. Das Haus Jerobeams, Omris und Jehus

JEROBEAM, der Sohn Nebats und der Zeruga, ein streitbarer, tüchtiger Mann, arbeitsam und willenskräftig, wird durch Salomo zum Fronvogt über Ephraim berufen und durch Ahia, den Propheten, im Auftrag Gottes zum König bestimmt über das Zehnstämmereich. Er macht die Religion zur Magd der Politik. Um sein Königreich nach menschlichem Ermessen zu sichern durch Fernhalten seiner Leute von Jerusalem, erfindet er selbst einen Gottesdienst und kommt der Volksneigung durch Aufstellung von zwei Stierbildern zu Dan und Bethel entgegen. Das, was sein Königreich retten soll, verdirbt es, denn Gott straft seine Sünde, aber nicht ohne ihn vorher zweimal durch Propheten zu warnen. Jerobeam regiert um 935.

1. Jerobeams Berufung.

1 Kö 11, 28 Jerobeam war ein streitbarer Mann. Und als Salomo sah, daß der Jüngling tüchtig war, setzte er ihn über alle Lastarbeit des Hauses Joseph.

11, 29 es traf ihn an der Prophet Ahia von Silo und hatte einen neuen Mantel an, und waren die beiden allein auf dem Felde. Und Ahia faßte den neuen Mantel, den er anhatte, und riß ihn in zwölf Stücke und sprach zu Jerobeam: Nimm

zehn Stücke zu dir. Denn so spricht der Herr, der Gott Israels: Siehe, ich will das Königreich von der Hand Salomos
reißen und dir zehn Stämme geben.

11, 38 Wirst du nun gehorchen allem, was ich dir gebieten
werde, und in meinen Wegen wandeln und tun, was mir gefällt, so will ich mit dir sein, und dir ein beständiges Haus
bauen.

11, 40 Salomo trachtete Jerobeam zu töten. Da machte sich
Jerobeam auf und floh nach Ägypten und blieb in Ägypten,
bis daß Salomo starb.

12, 20 sie machten Jerobeam zum König über das ganze Haus
Israel.

2. Jerobeams Abfall. Er erdenkt sich selbst seinen Gottesdienst.

1 Kö   12, 27 wenn dies Volk soll hinaufgehen, Opfer zu tun, so
wird sich das Herz dieses Volkes wenden zu ihrem Herrn
Rehabeam. Und der König hielt einen Rat und machte zwei
goldene Kälber, eins zu Bethel, das andere zu Dan, und
sprach zu ihnen: Es ist euch zuviel, hinauf gen Jerusalem zu
gehen; siehe, da sind deine Götter, die dich aus Ägyptenland geführt haben.

1 Kö   12, 31 er machte auch ein Haus der Höhen und machte Priester aus allem Volk, die nicht von den Kindern Levi waren.
12, 33 er opferte auf dem Altar, welchen er aus seinem Herzen erdacht hatte.

3. Vergebliche Warnung und Gericht.

1 Kö   13, 1 ein Mann Gottes kam von Juda durch das Wort des
Herrn gen Bethel. Und er rief wider den Altar durch das
Wort des Herrn und sprach: Altar! Altar! Der Altar wird
reißen und die Asche verschüttet werden, die darauf ist.
Jerobeams Hand, die gegen den Propheten ausgereckt ist,
verdorrt. Er bittet den Propheten um seine Fürbitte, und die
Hand wird wieder heil. Trotzdem bekehrt sich Jerobeam
nicht. Der Prophet wird durch einen lügenhaften Spruch eines
anderen Propheten zum Ungehorsam durch längeren Auf-
enthalt verleitet und stirbt auf dem Heimweg durch den Biß
eines Löwen. Durch dieses Gericht wird der Ernst Gottes
Jerobeam nachdrücklich zum Bewußtsein gebracht, doch ohne
Erfolg.

14, 10 Ahia weissagt, als bei Erkrankung des Königssohnes
durch das sich verstellende Weib Jerobeams sein Orakel eingeholt wird: Ich will Unglück über das Haus Jerobeams füh-

ren und ausrotten von Jerobeam alles, was männlich ist.

15, 29 Baesa, der Revolutionär, erschlägt den Sohn Jerobeams nach kurzer Regierung und rottet das Haus aus »um der Sünden willen, die Jerobeam tat«.

BAESA gehört zur Reihe der Revolutionäre und Mörder, an denen das Nordreich Israel, das ja seinen Ursprung einer Revolution verdankt, so reich ist. Er erschlägt Nadab, den Sohn Jerobeams, während er die Philisterstadt Gibbethon belagert, und wird König an seiner Statt. Er erschlägt das ganze Haus Jerobeams, wie der Prophet Ahia geweissagt hat, 1 Kö 14, 10. Baesa löst sich aber innerlich nicht von den Sünden Jerobeams, an denen er äußerlich das Gericht vollstreckt hat. So wird ihm durch den Propheten Jehu, den Sohn Hananis, das Gericht über sein Haus angekündigt. Simri vollstreckt das Gericht an Ela, dem Sohn Baesas. Simri begeht, als er sich vor dem angreifenden Omri in Thirza nicht mehr halten kann, Selbstmord und verbrennt sich mit dem Königspalast. Wer das Schwert ergreift, wird durch das Schwert umkommen. Baesa regiert um 910. (Baesa = Verwüster.)

1 Kö 15, 28 Mord an Nadab.
16, 10 Mord an Ela.

OMRI (Jahve ist Zuteiler) ist ein kraftvoller Regent. Er macht die Moabiter tributpflichtig, baut Samaria und verlegt dahin seine Residenz. Sein Wesen ist gottwidrig, so daß der Prophet Micha die Weise Omris und die Werke Ahabs zusammen nennt. Mi 6, 16.

1 Kö 16, 18 Selbstmord Simris.
16, 25 Omri tat, was dem Herrn übel gefiel, und war ärger denn alle, die vor ihm gewesen waren.

AHAB, der Sohn Omris, ist von 875–854 König vom Nordreich Israel. Er ist ein tapferer Soldat, der sich, verwundet, bis zum Ende der Schlacht aufrechterhält, um hernach zusammenzubrechen (1 Kö 22, 35). Er ist ein Freund weltkluger, nachgiebiger Bündnispolitik, die er mit Kompromissen auf dem Gebiet des Heiligen bezahlt, aber ein unnachgiebiger, sich mehr und mehr verstockender Feind Gottes.

1. Ahab ist ein Freund weltkluger Bündnispolitik.

1 Kö 16, 31 er macht eine politische Heirat mit Isebel, der fanatisch heidnischen, ränkevollen Tochter des Königs von Sidon, um gegen die aufstrebenden Syrer Bundesgenossen zu finden.
20, 34 er macht mit dem Syrer Benhadad, den er geschlagen hat, einen Bund, statt seinen Sieg auszunützen. Das wird sein Verhängnis, vor dem ihn auch ein Bündnis mit Josaphat, dem König Judas, nicht retten kann, 22, 4.

2. Er erkauft weltliche Vorteile, indem er den heiligen Willen Gottes preisgibt. Er gibt seiner Frau in allem nach.

1 Kö 16, 31 er nahm Isebel zum Weibe und ging hin und diente Baal und betete ihn an und richtete Baal einen Altar auf in dem Haus, das er ihm baute zu Samaria, und machte ein Ascherabild.
18, 4 da Isebel die Propheten des Herrn ausrottete, schwieg Ahab.
21, 7 er läßt die Erfüllung seines landgierigen Wunsches auf verbrecherischem Wege zu und bereichert sich an Naboths Weinberg. (Naboth ist sein Vätererbe unverkäuflich. Er wird um seiner Treue zur ererbten Scholle willen auf Isebels Anstiften fälschlich der Lästerung Gottes und des Königs beschuldigt und gesteinigt.)

3. Er ist Gottes unnachgiebiger Feind, der sich durch die Propheten nicht warnen läßt und sich immer mehr verstockt.

1 Kö 18, 17 Ahab zu Elia bei der dreijährigen Dürre, statt sich zu beugen unter Gottes Herrschaft und Schuld bei sich zu suchen: Bist du es, der Israel verwirrt?

20, 43 als der Prophet ihm auf die verkehrte Schonung Ben-
hadads das Gerichtswort Gottes bringt, zieht er hin voll Unmut und zornig in sein Haus (er zürnt dem Warner statt sich
selbst).

22, 8 vor seinem letzten Kriegszug muß ihn Josaphat bitten,
einen Propheten zu hören. Er weiß es wohl, daß Micha ein
wahrhaftiger Prophet des Herrn ist, »aber ich bin ihm gram,
denn er weissagt mir kein Gutes, sondern Böses«. Als ihm
Micha auf seine besondere Aufforderung hin die Wahrheit
sagt, läßt er ihn in den Kerker werfen, 22, 27.

19, 1 und Ahab sagte Isebel an alles, was Elias getan hatte.
(Weder Gericht noch Warnung, noch die große Hilfe auf dem
Karmel macht auf ihn Eindruck. Er läßt Isebel nach wie vor
gewähren.)

ELIA (Gott ist Jahve) aus Thisbe in Gilead ist einer der
größten Propheten des Alten Bundes. Er wird von Jesus
im Täufer als sein Vorläufer anerkannt (Mt 17, 12;
Mal 3, 23) und ist mit Mose auf dem Verklärungsberg.
Sein Glaubensmut ist so groß wie sein Glaubensgehorsam. Er ist der einsame Zeuge Gottes unter einem götzendienerischen Geschlecht, ein Gerichtsbote und Gerichtsvollstrecker Gottes zugleich. Er zwingt das Volk
und den götzendienerischen Ahab, der aus Nachgiebigkeit gegen seine phönizische Frau Isebel den Baalsdienst
eingeführt hat, zur Entscheidung für Gott. Er zagt, als
er keinen dauernden Erfolg hat, und wird von Gott wieder aufgerichtet und der Gotteserscheinung am Horeb
gewürdigt wie Mose. Auch sein Ende ist wie das Moses
in Gottes Geheimnis gehüllt.

Elia ist:

1. Der glaubensmutige Zeuge Gottes.

1 Kö 17. 1 Es sprach Elia zu Ahab: So wahr der Herr, der Gott
Israels, lebt, vor dem ich stehe, es soll diese Jahre weder Tau
noch Regen kommen. (Seine Vollmacht ist in seinem Glauben
und Gehorsam begründet.)

18, 21 Da trat Elia zu allem Volk und sprach: Ist der Herr

Gott, so wandelt ihm nach, ist's aber Baal, so wandelt ihm
nach! . . . Welcher Gott mit Feuer antworten wird, der sei
Gott!

2. Der unerschrockene, glaubensgehorsame Bußpre-diger und Gerichtsbote Gottes.

1 Kö   18, 1 Gehe hin und zeige dich Ahab, daß ich regnen lasse
auf Erden!

18, 18 ich verwirre Israel nicht, sondern du und deines Vaters Haus, damit, daß ihr des Herrn Gebote verlassen habt
und wandelt den Baalim nach.

21, 17 Aber das Wort des Herrn kam zu Elia und sprach:
Mache dich auf und gehe hinab, Ahab entgegen . . . und
sprich: Du hast totgeschlagen, dazu auch in Besitz genommen,
an der Stätte, da Hunde das Blut Naboths geleckt haben,
sollen auch Hunde dein Blut lecken.

21, 23 die Hunde sollen Isebel fressen an der Mauer Jesreels.

2 Kö   1, 4 zu Ahasja, weil er in seiner Krankheit den Götzen ge-
fragt hatte: Du sollst des Todes sterben.

3. Der Gerichtsvollstrecker.

1 Kö   18, 40 an den Baalspfaffen.

2 Kö   1, 10 an den Hauptleuten des Ahasja, die ihn gefangenneh-
men sollen.

Lu   9, 55 Wisset ihr nicht, welches Geistes Kinder ihr seid? (Als
die Jünger Feuer vom Himmel fallen lassen wollten, »wie
Elia tat«. Jetzt war die Zeit der Versöhnung, nicht die des
Gerichts.)

4. Der glaubensstarke Beter, dem Erhörung und Gnade widerfährt.

1 Kö   17, 5 er ging hin und tat nach dem Wort des Herrn, und
die Raben brachten ihm Brot und Fleisch.

17, 16 dem Ölkrug mangelte nichts nach dem Wort des Herrn
(er wird bewahrt in der Teurung).

17, 21 er rief den Herrn an und sprach: Herr, mein Gott,
laß die Seele dieses Kindes wieder zu ihm kommen, und der
Herr erhörte die Stimme Elias. (Die Mutter des Knaben erkennt ihre Sünde, 17, 18, und wird gläubig, 17, 24. Er erweckt
den Toten.)

18, 37 erhöre mich, Herr, daß das Volk wisse, daß du, Herr,
Gott bist und du ihr Herz danach bekehrest. Da fiel das Feuer
des Herrn herab.

18, 42 tat sein Haupt zwischen seine Knie. (Gott schenkt den Regen. Wird vor allem Volk als wahrer Prophet bestätigt.)

1 Kö 19, 4 es ist genug, Herr, so nimm nun meine Seele. Und siehe, ein Engel rührte ihn. (In der Stunde der Verzagtheit wird er gestärkt.)

19, 12 nach dem Feuer kam ein stilles, sanftes Sausen. (Er wird der Gotteserscheinung gewürdigt am Horeb und empfängt den Auftrag, Hasael und Jehu zu Königen und Elisa zu seinem Nachfolger zu salben. Der nach der Verzagtheit Aufgerichtete empfängt die Vollmachten, die die Zukunft gestalten.)

2 Kö 2, 11 Elia fuhr im Wetter gen Himmel (von niemand, als von Elisa gesehen, dem er alsbald entschwand).

DIE WITWE VON ZARPATH versorgt in ihrer Armut den Propheten Elia, weil sie glaubt.

1. Sie ist arm.

1 Kö 17, 12 Sie sprach: So wahr der Herr, dein Gott, lebt, ich habe nichts Gebackenes, nur eine Handvoll Mehl im Kad und ein wenig Öl im Krug . . . und gehe hinein und will mir und meinem Sohn zurichten, daß wir essen und sterben.

2. Sie glaubt dem Wort des Propheten und gibt, ohne an sich zu denken, ihr Letztes her.

1 Kö 17, 13 Elia sprach zu ihr: Fürchte dich nicht! Gehe hin und mach's, wie du gesagt hast. Doch mache mir am ersten ein kleines Gebackenes davon . . . dir aber und deinem Sohn sollst du danach auch machen. Denn also spricht der Herr, der Gott Israels: Das Mehl im Kad soll nicht verzehrt werden, und dem Ölkrug soll nichts mangeln, bis auf den Tag, da der Herr regnen lassen wird auf Erden. Sie ging hin und machte, wie Elia gesagt hatte. Und er aß und sie auch . . . Das Mehl im Kad ward nicht verzehrt und dem Ölkrug mangelte nichts nach dem Wort des Herrn. (Aus ihrem Glauben wächst ihre Liebe hervor.)

3. Als ihr Sohn stirbt, packt sie die Anfechtung.

1 Kö 17, 18 Du bist zu mir hereingekommen, daß meiner Missetat gedacht und mein Sohn getötet würde. (In der Anfechtung sieht die Gnade aus wie Gericht.)

17, 22 Der Herr erhörte die Stimme Elias, und die Seele des Kindes kam wieder zu ihm, und er gab's seiner Mutter.

17, 24 Und das Weib sprach zu Elia: Nun erkenne ich, daß
du ein Mann Gottes bist, und des Herrn Wort in deinem
Munde ist Wahrheit. (Sie überwindet die Anfechtung dadurch, daß sie sie dem Mann Gottes klagt und Hilfe erfährt.)

OBADJA, DER HOFMEISTER AHABS, ist gottesfürchtig
und rettet die durch Isebel verfolgten Propheten.

1 Kö 18, 3 Obadja fürchtete den Herrn sehr.
       18, 12 Dein Knecht fürchtete den Herrn von seiner Jugend
       auf.
       18, 4 Obadja nahm hundert Propheten und versteckte sie in
       Höhlen und versorgte sie mit Brot und Wasser.
       18, 7 Obadja begegnet Elia. Er fiel auf sein Angesicht und
       sprach: Bist du nicht mein Herr Elia?
       18, 8 Elia sendet Obadja zu Ahab, damit er diesem sein
       Kommen meldet.
       18, 12 Obadja hat Bedenken, läßt sich aber von Elia über-
       winden und geht hin.

ELISA, der würdige Nachfolger Elias, ist ein Eiferer im
Streben nach den höchsten Gaben, im Zürnen und Strafen, im Eingreifen in die Geschicke der Völker, im tätig
helfenden Glauben, in herber Selbstlosigkeit.

Elisa ein Eiferer:

1. im Streben nach den höchsten Zielen;

1 Kö 19, 19 Elia ging zu ihm, warf seinen Mantel auf ihn. Er aber
       ließ die Rinder, mit denen er pflügte, und folgte ihm nach.
2 Kö 2, 2   Er verläßt Elia nicht und wird so Zeuge seines trium-
       phierenden Todes.
       2, 9   er erbittet ein Zwiefältiges vom Geiste Elias.

2. im Zürnen;

2 Kö 2, 24 flucht den Knaben, die ihm spotten.
       5, 27 der Lügner Gehasi wird aussätzig wie Schnee.

3. im Eingreifen in die Geschicke seines Volkes und
anderer Völker;

2 Kö 9, 1   Elisa läßt Jehu zum König salben über Israel durch
       einen Prophetenschüler.

9, 7 läßt ihm sagen als Spruch Gottes: Du sollst das Haus Ahabs, deines Herrn, schlagen, daß ich das Blut meiner Knechte, der Propheten, und das Blut aller Knechte des Herrn räche, das die Hand Isebels vergossen hat, daß das ganze Haus Ahabs umkomme.

8, 11 Elisa, der Mann Gottes, schaute Hasael lange und starr an, und weinte. Da sprach Hasael: Warum weinest du, Herr? Er sprach: Ich weiß, was für Übel du tun wirst den Kindern Israel: Du wirst ihre festen Städte mit Feuer verbrennen und ihre junge Mannschaft mit dem Schwert töten. Der Herr hat mir gezeigt, daß du König von Syrien sein wirst.

13, 15 er gibt sterbend dem Joas den Auftrag, die Syrer zu schlagen.

4. im tätig helfenden Glauben;

2 Kö 4, 1 er nimmt sich der bedrängten Prophetenwitwe an und tut das Ölwunder, damit sie ihre Schuld bezahlen kann,

4, 16 verheißt der gastfreundlichen Sunamitin einen Sohn.

4, 32 entreißt ihren Sohn dem Tode durch anhaltendes Beten.

5, 8 ist bereit, Naeman von Syrien zu helfen, daß er innewerde, daß ein Prophet in Israel ist.

6, 5 er nimmt sich des Prophetenschülers an, dem das entliehene Beil in den Fluß gefallen ist, und verschafft es ihm wieder.

6, 16 er spricht seinem Diener, als er von den Syrern umzingelt ist, Mut zu: Fürchte dich nicht, denn ihrer ist mehr, die bei uns sind, denn die bei ihnen sind. Und siehe, der Berg war voll feuriger Rosse und Wagen.

5. in herber Selbstlosigkeit;

2 Kö 5, 10 er gibt Naeman die Hilfe nicht selbst, sondern weist ihn von sich weg auf Gott.

5, 16 nimmt kein Geschenk an, so wahr der Herr lebt, vor dem ich stehe.

6. Das Zeugnis Josaphats.

2 Kö 3, 12 Josaphat sprach: Des Herrn Wort ist bei ihm.

DIE SUNAMITIN, eine reiche, gastfreundliche Frau, tut an Elisa Gutes und bekommt von ihm einen Sohn verheißen. Sie besucht den Propheten oft an Sabbaten und

Neumonden. Als ihr Kind stirbt, nimmt sie glaubens-
stark ihre Zuflucht zum Propheten und bekommt ihren
Sohn wieder.

2 Kö 4, 8 Elisa ging gen Sunem. Daselbst war eine reiche Frau, die
hielt ihn, daß er bei ihr aß. Und sooft er daselbst durchzog,
kehrte er zu ihr ein und aß bei ihr.

4, 9 sie sprach zu ihrem Mann: Siehe, ich merke, daß dieser
Mann Gottes heilig ist, der immerdar hier durchgeht. Laßt
uns ihm eine kleine bretterne Kammer oben machen und ein
Bett, Tisch, Stuhl hineinsetzen.

4, 16 Elisa sprach: Um diese Zeit über ein Jahr sollst du einen
Sohn herzen.

4, 23 als ihr Sohn stirbt, verzagt sie nicht, sondern geht zu
Elisa, sie begnügt sich nicht mit Gehasi, sondern ruht nicht,
bis Elisa mit ihr zieht.

4, 37 sie beugte sich nieder zur Erde, nahm ihren Sohn und
ging hinaus.

DIE DIRNE AUS ISRAEL fühlt herzlich mit der Krankheit ihres Herrn, glaubt an die Vollmacht des Propheten
und verkündigt ihre Gewißheit ihrer Herrin.

2 Kö 5, 2 eine junge Dirne, durch Kriegsleute weggeführt aus dem
Lande Israel, war im Dienst des Weibes Naemans. Die sprach
zu ihrer Frau: Ach, daß mein Herr wäre bei dem Propheten
zu Samaria! Der würde ihn von seinem Aussatz losmachen.

NAEMAN, der Feldhauptmann des Königs von Syrien,
ist ein trefflicher, gewaltiger und von seinem König um
seiner vielen Siege willen hochgeachteter Mann. Er ist
infolge seiner Erkrankung am Aussatz in Glanz und
Not zugleich. Da er zu seinen Untergebenen freundlich
ist, sind sie besorgt um ihn. Er läßt sich von der israelitischen Sklavin Elisa als Helfer empfehlen und hört auf
ihren Rat. Er sucht zuerst Hilfe nach seinen eigenen
Gedanken am samaritischen Königshof. Dann möchte er
dem Propheten Vorschriften machen, auf welche Weise
er ihn heilen soll, und ist erzürnt, daß er ihm nicht mehr

Ehre antut. Doch auf das Zureden seiner Knechte wagt er es, sich unter die Anweisungen des Propheten zu demütigen. So erwacht sein Glaube. Er wird von den hochmütigen, eigenen Gedanken frei und zur demütigen Hingabe an Gott bereit.

1. Naeman ist in Glanz und Not zugleich.

2 Kö 5, 1 Naeman, der Feldhauptmann des Königs von Syrien, war ein trefflicher Mann vor seinem Herrn und hochgehalten; denn durch ihn gab der Herr Heil in Syrien. Und er war ein gewaltiger Mann und aussätzig.

2. Naeman ist ein zu seinen Untergebenen freundlicher Mann.

2 Kö 5, 3 Die Sorge der israelitischen Dirne: Ach, daß mein Herr wäre bei dem Propheten zu Samaria! Der würde ihn von seinem Aussatz losmachen.

5, 13 Die Liebe seiner Knechte, die ihn umzustimmen suchen: Lieber Vater, wenn dich der Prophet etwas Großes hätte geheißen, solltest du es nicht tun?

3. Sein Glaube erwacht, er befreit sich von menschlichen Gedanken und reift zur Hingabe an Gott.

2 Kö 5, 6 Brief des syrischen Königs an den König von Israel: Ich habe Naeman zu dir gesandt, daß du ihn von seinem Aussatz losmachest.

5, 11 Naeman erzürnte und zog weg und sprach: Ich meinte, er sollte zu mir herauskommen und hertreten und den Namen des Herrn seines Gottes, anrufen und mit seiner Hand über die Stätte fahren und den Aussatz also abtun. Sind nicht die Wasser zu Damaskus besser, denn alle Wasser zu Israel, daß ich mich darin wüsche und rein würde? Und wandte sich und zog weg mit Zorn.

Auf das Zureden seiner Knechte gehorcht er, tauft sich siebenmal im Jordan; und sein Fleisch ward erstattet wie das Fleisch eines jungen Knaben, und er ward rein. Und er kehrte wieder zu dem Mann Gottes mit seinem ganzen Heer. Und da er hineinkam, trat er vor ihn und sprach: Siehe, ich weiß, daß kein Gott ist in allen Landen, außer in Israel; so nimm nun den Segen von deinem Knecht. Und er nötigte ihn, daß er's nähme, und er wollte nicht. Da sprach Naeman: Möchte deinem Knecht nicht gegeben werden dieser Erde eine Last, soviel zwei Maultiere tragen? Denn dein Knecht will nicht mehr anderen Göttern opfern und Brandopfer tun außer dem Herrn! (Seine Umkehr, um dem Propheten zu danken, wird infolge der hartnäckigen Uneigennützigkeit des Propheten, der von sich weg auf Gott hinweist, zu einer Umkehr zu Gott. Er erkennt Gott als Helfer an und will ihm fortan dienen.)

GEHASI, der Diener Elisas, erlebt die Wunder Elisas mit und sucht dennoch irdische Sicherungen, weil er sich nicht an der Gnade und Hilfe Gottes genügen lassen will. Weil er im Grunde glaubenslos ist, kann er weder ein Verständnis für die Not der Sunamitin haben und stößt sie weg, als sie hilfeflehend die Füße Elisas umfaßt, noch kann er ihren Sohn durch das Auflegen des Stabes des Propheten zum Leben erwecken. Er lügt, um ein Geschenk von Naeman zu erreichen, ebenso belügt er seinen Herrn, um sich herauszureden. Die harte Strafe des Aussatzes trifft ihn, weil er nicht das geringste Verständnis dafür hat, daß Elisa den Syrer durch seine Uneigennützigkeit zum Dank gegenüber Gott erwecken will, und weil er durch seine Geldgier das Werk Gottes in Naeman stört und den Propheten, der für die Ehre Gottes eifert, um seine Ehre bringt. Gehasi ist der Judas des Alten Testaments. Er ist glaubenslos, verständnislos, irdisch gesinnt und verlogen.

2 Kö 4, 27 Gehasi trat hinzu, daß er sie abstieße.

4, 31 Gehasi ging vor ihnen hin und legte den Stab dem Knaben aufs Antlitz, da war aber keine Stimme noch Fühlen.

5, 20 es gedachte Gehasi, der Diener des Mannes Gottes: Siehe, mein Herr hat diesen Syrer verschont, daß er nichts von ihm hat genommen, was er gebracht hat. So wahr der Herr lebt, ich will ihm nachlaufen und etwas von ihm nehmen.

5, 22 mein Herr hat mich gesandt und läßt dir sagen, es sind zu mir gekommen zwei Jünglinge aus der Propheten Kinder, gib ihnen einen Zentner Silber und zwei Feierkleider.

Da die Diener (die die Schätze trugen) weg waren, trat er

vor seinen Herrn. Und Elisa sprach zu ihm: Woher, Gehasi? Er aber sprach: Dein Knecht ist weder hieher noch daher gegangen. Er aber sprach zu ihm: Ist nicht mein Herz mitgegangen . . .? War das die Zeit, Silber und Feierkleider zu nehmen, Ölgärten, Weinberge, Schafe, Rinder, Knechte und Mägde? Aber der Aussatz Naemans wird dir anhangen und deinem Samen ewiglich. Da ging er von ihm hinaus, aussätzig wie Schnee.

JEHU, der Sohn Josaphats, des Sohnes Nimsis, der Revolutionär, ist durch den Auftrag Gottes an Elia (1 Kö 19, 16), den Elisa ausführen ließ, zum Gerichtsvollstrekker am Hause Ahabs berufen. Er läßt die goldenen Bilder Jerobeams bestehen. An Hasael von Syrien verliert er das Ostjordanland. Jehu regiert um 840.

2 Kö 9, 6 der Prophetenschüler salbt ihn zum König.

9, 20 der Treiber Jehu.

9, 24 er tötet Joram, den Sohn Ahabs, und Ahasja, seinen Neffen, den König Judas. Er läßt Isebel aus dem Fenster stürzen.

10, 6 er läßt die 70 Söhne Ahabs töten, ebenso die 42 Brüder Ahasjas.

10, 20 er bringt alle Baalspriester um.

10, 29 aber von den Sünden Jerobeams ließ Jehu nicht, den goldenen Kälbern.

10, 30 der Herr sprach zu Jehu: Darum, daß du willig gewesen bist zu tun, was mir gefallen hat.

JOACHAS, der Sohn Jehus, läßt nicht von den Sünden Jerobeams. Als Gott sein Land in die Hände der Syrer gibt, sucht er des Herrn Angesicht. Doch bleibt er, auch als ihm geholfen wird, der Alte. (Joachas = Jahve hat erfaßt.)

2 Kö 13, 2 Joachas wandelte nach den Sünden Jerobeams und ließ nicht davon.

13, 3 des Herrn Zorn ergrimmte über Israel und gab sie in die Hand Hasaels. Aber Joachas bat des Herrn Angesicht. Und der Herr erhörte ihn, doch ließen sie nicht von den Sünden des Hauses Jerobeams.

JOAS, Sohn des Joachas, des Sohnes Jehus (790–784), siegt über Amazja, den König Judas, den er zuvor vor einem Angriff gegen Israel gewarnt hat. Er zerstört die Mauer von Jerusalem und plündert den Tempelschatz. Joas weint um den todkranken Elisa und erhält durch den Propheten die Verheißung des Siegs über die Syrer.

2 Kö 14, 10 Du hast die Edomiter geschlagen, des überhebt sich dein Herz. Habe den Ruhm und bleibe daheim. Aber Amazja gehorchte nicht.
14, 13 Joas griff Amazja, den König in Juda, riß ein die Mauer Jerusalems, vierhundert Ellen lang, und nahm alles Gold und Silber und Gerät, das gefunden ward im Hause des Herrn.
13, 25 Dreimal schlug Joas den Benhadad und brachte die Städte Israels wieder.

JEROBEAM II., Sohn des Joas (784–744), einer der glanzvollsten und erfolgreichsten Könige Israels. Er macht große Eroberungen im Norden seines Landes und im Ostjordanland. Sein Land steht in großer wirtschaftlicher Blüte. Aber infolge der Üppigkeit schwindet Zucht und soziale Gerechtigkeit dahin. Amos und Hosea treten auf und künden wie Sturmvögel den nahenden Gerichtssturm Gottes, ohne Gehör zu finden. Da die Schrift nicht nach äußeren Erfolgen, sondern nach dem Gehorsam zu Gott urteilt, wird von ihm gesagt, daß er tat, was dem Herrn übel gefiel.

2 Kö 14, 24 er tat, was dem Herrn übel gefiel, und ließ nicht ab von den Sünden Jerobeams, des Sohnes Nebats, der Israel sündigen machte. Er brachte aber wieder herzu das Gebiet Israels von Hamath an bis ans Meer. Denn der Herr sah an den elenden Jammer Israels.

SACHARJA, der Sohn Jerobeams II. (743), wird von Sallum ermordet, Sallum von Menahem (742–736). Der Sohn Menahems, Pekachja, wird von Pekach ermordet,

Pekach stirbt unter der Mörderhand Hoseas. Sie alle gehen in den Wegen Jerobeams und tun, was dem Herrn übel gefiel. Sie sind ein schauerlicher Beweis dafür, daß, wer das Schwert ergreift, durch das Schwert umkommt. Assyrien tritt auf als Gerichtsvollstrecker an Israel. Israel wird im Jahre 722 in die Gefangenschaft geführt. 2 Kö 15, 8–30. (Sacharja = Jahve gedenkt.)

2 Kö 17, 18 der Herr ward sehr zornig über Israel, und tat sie von seinem Angesicht, daß nichts übrigblieb, denn der Stamm Juda allein.

C. Die Könige Judas nach ihrer Verbindung mit dem Hause Isebels

JORAM (Jahve ist erhaben), Sohn Josaphats, 850–843 König in Juda, nimmt die Tochter Ahabs und Isebels zum Weib. Diese bringt die Mordmethoden des israelitischen Königshauses mit und verführt ihren Mann, bei seinem Regierungsantritt seine Brüder zu ermorden. Er wird selbst abgöttisch und verführt Juda zur Abgötterei. Elia kündigt ihm das Gericht an, wenn er sich nicht bessere. Das Gericht bricht über ihn herein.

1. Er übernimmt die Mordmethoden des Hauses Ahab.

2 Ch 21, 4 er erwürgte seine Brüder alle mit dem Schwert, dazu auch etliche Oberste in Israel.

2. Selbst abgöttisch, verführt er das Volk zur Abgötterei.

2 Ch 21, 11 er machte die zu Jerusalem abgöttisch und verführte Juda.

3. Elia kündet ihm das Gericht an.

2 Ch 21, 12 es kam aber Schrift zu ihm von dem Propheten Elia, die lautete also: So spricht der Herr: Darum, daß du nicht

gewandelt hast in den Wegen deines Vaters Josaphat, sondern wandelst in den Wegen der Könige Israels und machst
Juda und die zu Jerusalem abgöttisch nach der Abgötterei des
Hauses Ahab, und hast dazu deine Brüder erwürgt, die besser
waren als du, siehe, so wird der Herr dich mit einer großen
Plage schlagen an deinem Volk, an deinen Kindern, an deinen Weibern und an all deiner Habe, du wirst aber viel
Krankheit haben an deinem Eingeweide, bis daß dein Eingeweide vor Krankheit herausgehe in Jahr und Tag.

4. Da er keine Buße tut, bricht das Gericht über ihn herein.

2 Ch 21, 16 der Herr erweckte den Geist der Philister und Araber,
die brachen ein in Juda, führten weg alle Habe, die vorhanden war im Hause des Königs, dazu seine Söhne und seine
Weiber . . . Nach allem plagte ihn der Herr in seinem Eingeweide mit solcher Krankheit, die nicht zu heilen war . . .
sein Eingeweide ging von ihm, und er starb in schlimmen
Schmerzen. Sie machten ihm keinen Brand und begruben ihn
nicht in der Könige Gräber.

ATHALJA, die Tochter Isebels, das Weib Jorams, des
Königs von Juda, bringt nach Jehus Bluttat alle aus dem
königlichen Geschlechte um, um ihre Herrschaft zu befestigen und ihr eigenes Leben zu retten vor dem Mordstahl eines Nachfolgers. Nur ein Königssohn, Joas, ent-
rinnt dem Tode. Als sie ihn sieben Jahre später in der
königlichen Würde umjubelt von dem Volk im Tempel
sieht, schreit die Revolutionärin: »Aufruhr, Aufruhr!«
Sie wird außerhalb des Tempels getötet. So erfüllt sich
das Gericht an der Letzten aus Isebels Geschlecht.

2 Kö 11, 1 Athalja brachte um alle aus dem königlichen Geschlecht.
11, 14 Athalja aber zerriß ihre Kleider und rief: Aufruhr,
Aufruhr!
11, 16 sie wird außerhalb des Tempels getötet.

JOAS, der Sohn Ahasjas, ein Urenkel Isebels (837–798),
wird aus dem Blutbad, das seine Großmutter in grau-
samer Herrschgier unter ihren eigenen Nachkommen

anrichtet, durch Joseba, seine Tante, das Weib des frommen Hohenpriesters Jojada, gerettet. Jojada erzieht den Knaben bis zu seinem siebenten Lebensjahre und läßt ihn dann unter dem Schutz von bewaffneten Leviten im Tempel zum König ausrufen. Das Volk stimmt fröhlich zu. Athalja wird getötet. Der Gottesdienst wird neu geordnet, der baufällig gewordene Tempel ausgebaut. Solange Jojada lebte, ließ sich der König von ihm leiten. Nach dem Tode Jojadas kam das gottlose Blut der Isebel, das durch den Einfluß Jojadas eine Zeitlang zurückgedrängt war, wieder zum Vorschein. Innerlich haltlos, gerät er unter den Einfluß seiner götzendienerischen Obersten. Er läßt den Propheten Sacharja, den Sohn seines Wohltäters Jojada, als der ihn im Auftrag Gottes warnt, töten. Diese seine himmelschreiende Undankbarkeit findet alsbald ihre Strafe. Obwohl er den Tempelschatz opfert, um Hasael von Syrien zufriedenzustellen, fallen die Syrer über ihn her und siegen über ihn. Er wird schwer krank. Da erwürgen ihn einige Verschwörer auf seinem Bett, um Sacharja zu rächen. Er wird nicht in den Königsgräbern begraben.

1. Joas, wie ein Brand aus dem Feuer gerettet, hält sich vom Geist der Isebel fern, solange Jojada lebt, der ihm streng und ernst die Wahrheit sagt und dessen feste Entschlossenheit er fürchtet.

2 Kö 11, 2 Joseba, die Tochter des Königs Joram, Ahasjas Schwester, nahm Joas, den Sohn Ahasjas, und stahl ihn aus des Königs Kindern, die getötet wurden. Und er war versteckt im Haus des Herrn sechs Jahre.

11, 12 im siebenten Jahr machten sie ihn zum König und salbten ihn.

11, 20 und alles Volk im Lande war fröhlich, und die Stadt ward still.

2 Ch 24, 2 Joas tat, was dem Herrn wohlgefiel, solange Jojada lebte.

24, 4 Danach nahm er sich vor, das Haus des Herrn zu erneuern.

24, 7 denn die gottlose Athalja und ihre Söhne haben das Haus des Herrn zerrissen, und alles, was zum Hause des Herrn geheiligt war, haben sie an die Baalim gebracht.

24, 15 Jojada ward alt und des Lebens satt und starb und war 130 Jahre alt, da er starb. Und sie begruben ihn unter die Könige, darum, daß er wohlgetan hatte an Israel und an Gott und an seinem Hause.

2. Joas, innerlich haltlos und schwankend, gerät unter den Einfluß götzendienerischer Schmeichler, lehnt das Wort der Wahrheit aus dem Mund der Propheten ab, ja, läßt den Träger des Gottesworts Sacharja, den Sohn Jojadas, töten.

2 Ch 24, 17 die Obersten in Juda bückten sich vor dem König. Da hörte der König auf sie. Und sie verließen das Haus des Herrn und dienten den Ascherabildern. Da kam der Zorn über Juda um dieser Schuld willen.

24, 19 Gott sandte Propheten zu ihnen, und die zeugten wider sie, aber sie nahmen es nicht zu Ohren.

24, 20 der Geist Gottes erfüllte Sacharja, den Sohn Jojadas, des Priesters, der sprach zu ihnen: Ihr habt den Herrn verlassen, so wird er euch wieder verlassen. Aber sie steinigten ihn nach dem Gebot des Königs. Und der König Joas gedachte nicht an die Barmherzigkeit Jojadas, sondern erwürgte seinen Sohn. Da er aber starb, sprach er: Der Herr wird's sehen und heimsuchen. (Mt. 23, 35 nennt Jesus sein Blut ein gerechtes.)

3. So trifft ihn das Gottesgericht.

2 Kö 12, 18 da Hasael nach der Eroberung Gaths gen Jerusalem ziehen wollte, nahm Joas alles Gold, das man fand im Hause des Herrn und schickte es Hasael.

2 Ch 24, 23 da das Jahr um war, kam herauf das Heer der Syrer, brachten um alle Obersten im Volk. Sie kamen mit wenig Männern, doch gab der Herr in ihre Hand eine sehr große Macht, darum, daß sie den Herrn verlassen hatten. Auch übten sie an Joas Strafe. Da sie von ihm zogen, ließen sie ihn in großer Krankheit zurück. Es machten aber seine Knechte einen Bund wider ihn um des Blutes willen der Kinder Jojadas und erwürgten ihn auf seinem Bette. Und man begrub ihn nicht in der Könige Gräbern.

SACHARJA, Sohn Jojadas, der Prophet, siehe Joas.

AMAZJA, Sohn des Joas, Ururenkel der Isebel, regiert von 798 an, zeigt anfänglich Gehorsam gegen das Gesetz und die Propheten, überhebt sich aber nach seinem Sieg über Edom, verliert alle Mäßigung und geht zugrunde. Er mordet die Mörder seines Vaters und wird selbst ermordet. Der Mordgeist Isebels wütet immer noch im davidischen Königshaus.

1. Amazja ist anfänglich Gesetz und Propheten gehorsam, doch nicht aus Überzeugung, sondern aus Furcht vor den Richtern seines Vaters.

2 Ch 25, 2 er tat, was dem Herrn wohlgefiel, doch nicht von ganzem Herzen.

25, 3 da sein Königreich bekräftigt ward, erwürgte er seine Knechte, die seinen Vater erschlagen hatten.

25, 4 doch schont er nach 5 M 24, 16 ihre Kinder.

25, 10 er schickt auf den Rat des Propheten die israelitischen Söldner aus seinem Heere fort und erringt den Sieg über die Kinder Edom.

2. Nach seinem Sieg überhebt er sich, ist grausam gegenüber den Gefangenen, fürchtet sich vor der Rache ihrer Götter und betet sie an. Er schlägt die Warnung des Propheten in den Wind, bricht den Krieg mit Israel mutwillig vom Zaun. Weil er nicht gehorcht, geht er in sein Verderben und stirbt unter dem Mordstahl der Eiferer ums Gesetz.

a) Verliert die Mäßigung gegen die Gefangenen Edoms;

2 Ch 25, 12 stürzt 10 000 von der Spitze des Felsens, daß sie zerbarsten.

b) betet aus Furcht vor ihrer Rache die edomitischen Götzen an;

2 Ch 25, 14 brachte die Götter der Kinder von Seir und stellte sie sich zu Göttern und betete an vor ihnen.

c) er gehorcht dem Propheten nicht;

2 Ch   25, 15 da ergrimmte der Zorn des Herrn über Amazja und sandte einen Propheten zu ihm; und da er mit ihm redete, sprach er zu ihm: Hat man dich zu des Königs Rat gemacht? Höre auf, warum willst du geschlagen sein?

d) hört nicht auf die Warnung des Königs von Israel;

2 Ch   25, 19 du gedenkst: Siehe, ich habe die Edomiter geschlagen, des überhebt sich dein Herz, und du suchst Ruhm. Aber Amazja gehorchte nicht, denn es geschah von Gott, daß sie dahingegeben würden, darum, daß sie die Götter der Edomiter gesucht hatten.

e) Amazja geht in sein Verderben.

2 Ch   25, 22 Juda ward geschlagen vor Israel, Amazja gefangen nach Jerusalem geführt, die Stadt ausgeraubt.
25, 27 von der Zeit an, da Amazja von dem Herrn wich, machten sie einen Bund wider ihn in Jerusalem; er aber floh gen Lachis. Da sandten sie ihm nach gen Lachis und töteten ihn daselbst.

USIA (Meine Stärke ist Jahve) oder Asarja (Chronik) (Gott hilf) kam nach der Ermordung seines Vaters Amazja mit 16 Jahren auf den Thron Judas. Er regierte von 779–739. Es gelang ihm, das Gebiet Judas bis zum Roten Meer zu erweitern, die Feinde des Landes in Schach zu halten und die wirtschaftliche und militärische Stellung des Landes auszubauen. Er überhob sich und maßte sich priesterliche Macht an. Zur Strafe wurde er aussätzig und sein Sohn Jotham übernahm die Regentschaft für ihn. In seinem Todesjahr wird Jesaja im Tempel berufen.

1. Sein Aufstieg und sein Verhältnis zu Gott.

2 Ch   26, 4 er tat, was dem Herrn wohlgefiel, wie sein Vater Amazja getan hatte.
26, 5 er suchte Gott, solange Sacharja lebte, der Lehrer in den Gesichten Gottes. (Er war in seiner Frömmigkeit nicht

selbständig. Er hing nicht an Gott, sondern an Gottes Propheten.)

2. Sein Gottesverhältnis die Grundlage alles Gelingens.

a) Seine kriegerischen Erfolge.

2 Ch 26, 2 er baute Eloth und brachte es wieder an Juda.

26, 7 Gott half ihm wider die Philister, wider die Araber und wider die Meuniter. Und die Ammoniter gaben ihm Geschenke, und er ward berühmt.

b) Die Befestigung seiner Macht.

2 Ch 26, 9 baute Türme zu Jerusalem, in der Wüste.

26, 13 die Heeresmacht dreihundertsiebentausendfünfhundert . . . und schaffte ihnen für das ganze Heer Schilde, Spieße, Helme, Panzer, Bogen, Schleudersteine, und machte zu Jerusalem Geschütze künstlich.

26, 10 grub viel Brunnen, denn er hatte viel Viehs, auch Ackerleute und Weingärtner, denn er hatte Lust zum Ackerwerk.

3. Seine Überhebung und Strafe.

2 Ch 26, 16 da er mächtig geworden war, überhob sich sein Herz zu seinem Verderben, denn er vergriff sich an dem Herrn, seinem Gott.

26, 17 und Asarja, der Priester Gottes, ging ihm nach und 80 Priester mit ihm und stunden wider Usia, den König, und sprachen: Es gebührt dir, Usia, nicht, zu räuchern dem Herrn, sondern den Priestern, aber Usia ward zornig und nahm das Rauchfaß in die Hand (er ließ sich nicht warnen).

26, 20 da ward er aussätzig an seiner Stirn . . . seine Plage war vom Herrn.

26, 21 er ward verstoßen vom Hause des Herrn.

JOTHAM (Jahve ist vollkommen), der Sohn Usias und der Jerusa, die aus priesterlichem Geschlecht stammt, wird Stellvertreter seines aussätzigen Vaters und regiert im ganzen 16 Jahre (739–734). Er ist fromm wie sein Vater Usia, nur hält er sich vom Eingreifen in priesterliche Rechte fern, erschreckt durch das Gericht über seinen Vater. Er führt siegreichen Krieg gegen die Ammo-

niter, baut das obere Tempeltor und Befestigungen. Vor
den letzten Folgerungen einer gründlichen Reform, vor
dem Abtun der Höhen, scheut er zurück, weil er nicht
die Kraft hat, wider den Strom der Volksmeinung zu
schwimmen und sich der Verkündigung seines Zeitgenossen Jesaja anzuschließen. Vielleicht ist die götzendie-
nerische Haltung seines Sohnes Ahas in der Schwäche
Jothams begründet.

Sein Gehorsam.

2 Kö 15, 34 er tat, was dem Herrn wohlgefiel, ganz wie sein Vater
Usia getan hatte.

2 Ch 27, 6 Jotham ward mächtig, denn er richtete sich in seinem
Wandel nach dem Herrn, seinem Gott.

27, 2 er ging nicht in den Tempel des Herrn (kein Eingriff
ins Priesteramt).

Seine Erfolge.

2 Ch 27, 3 er baute das obere Tor am Hause des Herrn.

27, 4 baute die Städte auf dem Gebirge Juda, in den Wäldern
Burgen und Türme (zum Schutz gegen Rezin von Syrien und
Pekach von Israel).

27, 5 stritt wider die Kinder Ammon und ward ihrer mächtig.

Seine Schwäche.

2 Kö 15, 35 nur daß sie die Höhen nicht abtaten. (So war die Möglichkeit für das Aufkommen des Götzendienstes jederzeit gegeben. Er trat der Schlemmerei, Üppigkeit, dem sozialen Unrecht nicht entgegen, obwohl Jesaja dagegen predigte. So
hatte er auch nicht die Kraft, seinen Sohn Ahas in seine
Bahnen zu ziehen.)

AHAS (734–720) (Greifer, Besitzer), Sohn Jothams,
wird mit 20 Jahren Regent, ist ein schwacher Charakter.
Er läßt sich treiben und von den Regentengewohnheiten
der Nachbarkönige, die ihm dann den Krieg erklären,
anstecken. Er hat noch weniger als sein Vater den Mut,
mit Gott und seinem Propheten einen gemeinsamen
Weg zu gehen. So lehnt er Jesajas Rat ab: »Glaubt ihr

nicht, so bleibt ihr nicht«, und macht sich freiwillig zum Untertan des Assyrers. Er kommt in den assyrischen Götzendienst hinein und verschuldet die Katastrophe seines Volkes.

Die Sünde Ahas'.

Ahas beginnt mit der Welt Freundschaft, läßt sich, in seinen Hoffnungen betrogen, nicht zur Umkehr, sondern nur zur Verstockung verleiten.

2 Kö 16, 3 er wandelte auf dem Weg der Könige Israels.

16, 3 ließ seinen Sohn durchs Feuer gehen nach den Greueln der Heiden. (Den Gehorsam, den er Gottes Geboten nicht geben wollte, erweist er in der Angst, als das Gericht ihn traf, in grausiger Weise den Götzen.)

16, 4 er räucherte auf den Höhen und unter allen grünen Bäumen. (Ungehorsam gegen Gott kann man durch gesteigerte selbstgemachte Religiosität nicht gutmachen.)

Jes 7, 9 Jesajas Wort: Glaubt ihr nicht, so bleibt ihr nicht. (Obwohl er einen anfänglichen Erfolg im Kampf gegen den König Rezin hat, gehorcht er Jesaja nicht, sondern sucht bei dem Assyrer Hilfe.)

2 Kö 16, 7 sandte Boten zu Thiglath-Pileser.

16, 8 nahm das Silber und Gold, das im Hause des Herrn war, und sandte dem König von Assyrien Geschenke.

16, 10 opferte auf dem Abbild des Götzenaltars von Damaskus.

2 Ch 28, 19 er löste die Zucht auf in Juda und vergriff sich am Herrn.

28, 21 er plünderte das Haus des Herrn, aber es half ihm nichts.

28, 22 er machte des Vergreifens am Herrn noch mehr und opferte den Göttern von Damaskus und schloß die Türen zu am Hause des Herrn und machte Altäre in allen Winkeln und reizte den Herrn, seiner Väter Gott.

Das Gericht über Ahas.

Er sympathisiert mit der Geisteshaltung der Könige Israels, die ihm durch ihre Kriegserklärung das Gericht Gottes bringen. Um das Gericht abzuwenden, sucht er nicht seine Zuflucht bei Gott, sondern bei den Götzen und dem Assyrer und vollendet damit das Gericht.

2 Kö 16, 6 Rezin brachte Elath wieder an Syrien.
2 Ch 28, 19 der Herr demütigte Juda um des Ahas willen. Es kam über ihn Thiglath-Pileser, der bedrängte ihn und stärkte ihn nicht.
28, 27 sie brachten ihn nicht unter die Gräber der Könige Israels.

HISKIA (720–692) (Meine Stärke ist Jahve), Sohn des schwachen Ahas, ist fromm und hört auf Jesaja. Er hört aber auch auf den Rat der Politiker, die schon seines Vaters Ratgeber waren. So läßt er sich nach Sargons Tod (705) in ein antiassyrisches Bündnis der palästinischen Kleinstaaten hineinziehen, hinter dem Ägypten steht. Er läßt die Gesandten Babels seine Schätze schauen, um dem König von Babel – Merodach-Baladan – seine Bündnisfähigkeit gegen Assur darzutun. Er sendet Sanherib nach dessen halbem Sieg über Ägypten bei Altaku Tribut entgegen.

In der entscheidenden Stunde der Gefahr, als Sanherib doch vor Jerusalem zieht, ringt er sich durch zum Glauben an das Wort der Verheißung, das ihm Jesaja verkündet, und erfährt wunderbare Hilfe. In Sanheribs Lager bricht die Pest aus. Auch erfährt Sanherib, daß Thirhaka, der Gewalthaber von Ägypten, mit einem Heer heranrücke. So zieht Sanherib ab. Auch in der schweren Krankheit, als ihm bereits das sichere Ende durch den Propheten angesagt ist, wendet sich Hiskia in bußfertigem Glauben an Gott und genest.

1. Hiskia ist fromm und hört in religiöser Beziehung auf die Frommen.

2 Kö 18, 3 er tat, was dem Herrn wohlgefiel, wie sein Vater David, er tat ab die Höhen, zerbrach die Säulen, rottete das Aschera-

bild aus und zerstieß die eherne Schlange . . . er vertraute
dem Herrn, daß nach ihm seinesgleichen nicht war unter den
Königen Judas, noch vor ihm gewesen ist, er hing dem Herrn
an, und der Herr war mit ihm, und wo er auszog, handelte
er klüglich.

2. Hiskia vertraut in politischer Beziehung auf irdische Macht, schließt gegen Jesajas Rat Bündnisse gegen Sanherib.

2 Kö 20, 13 Hiskia zeigt ihnen (den Gesandten Merodach-Bala-
dans von Babel) das ganze Schatzhaus.
18, 7 Hiskia ward abtrünnig vom König zu Assyrien.
18, 14 da legte der König von Assyrien Hiskia dreihundert
Zentner Silber auf und dreißig Zentner Golds.

Jes 30, 2 Weh denen, die hinabziehen nach Ägypten, daß sie
sich stärken mit der Macht Pharaos.

3. In den entscheidenden Stunden der Gefahr ringt sich Hiskia zum bußfertigen Glauben durch und erfährt wunderbare Hilfe.

2 Kö 20, 1 Jesaja zu Hiskia: Beschicke dein Haus, denn du wirst
sterben.
20, 2 Hiskia wandte sein Antlitz zur Wand und betete zum
Herrn: Ach Herr, gedenke doch, daß ich vor dir treulich gewandelt bin . . . und Hiskia weinte sehr.
19, 1 da Hiskia das (Läster- und Drohworte des assyrischen
Erzschenken) hörte, zerriß er seine Kleider und ging in das
Haus des Herrn und sandte die Ältesten der Priester zu Jesaja, um dessen Fürbitte zu erbitten.
19, 14 Da Hiskia den Brief (Ultimatum des Assyrers) empfangen hatte, ging er hinauf und breitete ihn aus vor dem
Herrn und betete vor dem Herrn. Hiskia erhält von Jesaja die
göttliche Antwort und vertraut darauf.

MANASSE (692–638) lebt nach dem Vorbild seines Groß-
vaters in hemmungslosem Götzendienst und verführt
dazu sein Volk. Er achtet nicht auf das Wort der Propheten, wo doch Jesaja sein Zeitgenosse war. So trifft
ihn das Gericht durch die Verehrer der Götzen, die er
anbetet, die Assyrer. In der Angst der Gefangenschaft
in Babel bekehrt er sich. Er kommt zurück in sein Kö-

nigreich und tut die Götzen ab. (Manasse = der vergessen macht.)

1. Manasses Götzendienst.

2 Ch 33, 2 er tat, was dem Herrn übel gefiel, nach den Greueln der Heiden, die der Herr vor den Kindern Israel vertrieben hatte, und baute wieder die Höhen, die sein Vater Hiskia abgebrochen hatte, und stiftete den Baalim Altäre und machte Ascherabilder und betete an alles Heer des Himmels und diente ihnen. Er baute auch Altäre im Hause des Herrn und baute Altäre in beiden Höfen am Hause des Herrn allem Heer des Himmels. Und er ließ seine Söhne durchs Feuer gehen im Tale des Sohnes Hinnoms, und wählte Tage und achtete auf Vogelgeschrei, und zauberte und stiftete Wahrsager und Zeichendeuter. Er setzte auch das Bild des Götzen, das er machen ließ, ins Haus Gottes. Er verführte Juda und die zu Jerusalem, daß sie ärger taten denn die Heiden. Und wenn der Herr mit Manasse und seinem Volk reden ließ, merkten sie nicht darauf.

2. Das Gericht über Manasse.

2 Ch 33, 11 darum ließ der Herr über sie kommen die Fürsten des Heeres und des Königs von Assyrien; die nahmen Manasse gefangen mit Fesseln und banden ihn mit Ketten, und brachten ihn gen Babel.

3. Seine Bekehrung.

2 Ch 33, 12 da er in der Angst war, flehte er vor dem Herrn, seinem Gott, und demütigte sich sehr vor dem Gott seiner Väter und bat und flehte zu ihm.

Gebet Manasses 9 Ich habe gesündigt, und meiner Sünden ist mehr denn des Sandes am Meer; und bin gekrümmt in schweren eisernen Banden und habe keine Ruhe. Darum beuge ich die Knie meines Herzens und bitte dich, Herr, um Gnade . . . du wollest mir Unwürdigem helfen nach deiner großen Barmherzigkeit, so will ich mein Leben lang dich loben!

2 Ch 33, 13 da erhörte er sein Flehen und brachte ihn wieder nach Jerusalem zu seinem Königreich. Da erkannte Manasse, daß der Herr Gott ist. Und tat weg die fremden Götter und richtete zu den Altar des Herrn.

AMON, sein Sohn, ist auch ein Götzendiener, demütigt sich nicht wie sein Vater, fällt nach kurzer Regierung

unter dem Mordstahl. 2 Ch 33, 21. (Amon = zuver-
lässig.)

JOSIA, der Sohn Amons (637–607), kommt achtjährig
zur Regierung. Er ist aufrichtig fromm, stellt daher den
Götzendienst ab, bessert den Tempel aus, reformiert
nach dem wiedergefundenen Gesetzbuch den Gottesdienst und macht mit seinem Volk einen Bund vor dem
Herrn, den das Volk hält, solange er lebt. Doch achtet
er nicht auf Gottes Führung, versteht die göttliche Warnung nicht und fällt in der Schlacht bei Megiddo 607.
(Josia = wesentlicher Herr oder Feuer Gottes.)

1. Seine aufrichtige Frömmigkeit bestimmt seine Regierungshandlungen.

2 Ch 34, 3 im achten Jahr seines Königreichs, da er noch jung
war, fing er an, zu suchen den Gott seines Vaters David,
und im zwölften Jahr fing er an, zu reinigen Juda und Jerusalem von den Höhen und Ascherabildern und Götzen
und gegossenen Bildern.

34, 8 er läßt das Haus des Herrn ausbessern.

34, 14 Hilkia, der Priester, findet das Gesetzbuch des Herrn
und gibt es dem Schreiber Saphan, daß er es dem König
vorlese.

34, 19 da der König die Worte des Gesetzes hörte, zerriß er
seine Kleider. Er sendet zur Prophetin Hulda, um den Spruch
Gottes zu erfahren. Hulda kündigt das Gericht an über das
Volk, dem König aber verkündigt sie die Gnade, daß er im
Frieden in sein Grab kommen und das Unglück nicht sehen
werde, das über diesen Ort kommen soll.

2. Josia achtet nicht auf Gottes Führung, versteht die Warnung Gottes durch den Mund des Heiden nicht und gerät ins Unglück.

2 Ch 35, 20 Necho, der König in Ägypten, zog herauf, zu streiten
wider Karchemis am Euphrat. Und Josia zog aus ihm entgegen. Aber er sandte Boten zu ihm und ließ ihm sagen: Was
habe ich mit dir zu tun, König Judas? Ich komme nicht wider
dich, sondern wider das Haus, mit dem ich Krieg habe, und

Gott hat gesagt, ich solle eilen. Laß ab von Gott, der mit mir
ist, daß er dich nicht verderbe! Aber Josia gehorchte nicht den
Worten Nechos aus dem Mund Gottes und kam, mit ihm zu
streiten. Aber die Schützen schossen den König Josia. Seine
Knechte brachten ihn nach Jerusalem, und er starb und ward
begraben. Und ganz Juda trug Leid um Josia. Und Jeremia
beklagte Josia.

HILKIA, der Priester; HULDA, die Prophetin, s. Josia 1.

JOACHAS (Jahve hat [ihn] erfaßt), der Sohn Josias, wird
nach zweimonatiger Regierung von Necho gefangen
nach Ägypten geführt, wo er stirbt. 2 Kö 23, 31—33.

JOJAKIM (607—599), sein Bruder, wird von Necho eingesetzt zum König und treibt gewaltige Tribute von seinem Volk für ihn ein. Er orientiert sich, auch als Necho
von Nebukadnezar besiegt und Juda von Babel abhängig
geworden war, immer noch an Ägypten, fällt nach
drei Jahren von Babel ab. Er stirbt vor der Belagerung
Jerusalems durch Nebukadnezar. Er ist götzendienerisch,
verblendet, läßt sich von den Propheten nicht warnen.
Er sucht Gottes Wort dadurch zu entrinnen, daß er seinen Träger vernichtet. (Jojakim = Jahve richtet auf.)

2 Ch 36, 5 Jojakim tat, was dem Herrn, seinem Gott, übel gefiel.
       36, 6 Nebukadnezar zog wider ihn herauf und band ihn mit
       Ketten, daß er ihn gen Babel führte. (Vorhaben wohl nicht
       ausgeführt, Jojakim wird Vasall Babels.)
Jer   7, 18 die Kinder lesen Holz, die Väter zünden Feuer an, die
       Weiber kneten Teig, daß sie der Himmelskönigin Kuchen
       backen.
Jer   5, 31 die Propheten weissagen falsch und die Priester herr-
       schen in ihrem Amte.
       26, 23 Jojakim läßt den Propheten Uria aus Ägypten, wohin
       er geflohen war, töten, weil er wider Jerusalem und Juda
       geweissagt hatte. Aber an Jeremia wagt er sich nicht heran.
2 Kö   24, 6 Jojakim entschlief mit seinen Vätern.

JOJACHIN, der Sohn Jojakims, regiert drei Monate lang in Jerusalem. Er wird im Jahre 597 mit 10 000 der tüchtigsten Volksgenossen nach Babel geführt. Nach 37 Jahren erhebt ihn Evil-Merodach aus dem Gefängnis. (Jojachin = Jahve bestätigt.)

Jer   22, 24 so wahr ich lebe, spricht der Herr, wenn Chonja, der Sohn Jojakims, ein Siegelring wäre an meiner rechten Hand, so wollte ich dich doch abreißen und in die Hände Nebukadnezars geben und in ein ander Land treiben, und du sollst daselbst sterben. Schreibet an diesen Mann, dem es sein Lebtage nicht gelingt, der ohne Kinder ist.

2 Kö   24, 15 und er führte weg Jojachin gen Babel.
      25, 27 Im 37. Jahr hob Evil-Merodach, der König zu Babel, das Haupt Jojachins aus dem Kerker hervor und redete freundlich mit ihm.

ZEDEKIA (Jahve ist meine Gerechtigkeit), der letzte König der Juden, der Oheim Jojachins, wird von Nebukadnezar eingesetzt. Sein Name Matthanja wird geändert. Zedekia ist ein gutmütiger Schwächling. Ohne Verbindung mit Gott ist er von seinen Ratgebern abhängig. Auf ihre Veranlassung fällt er im Vertrauen auf Ägypten von Nebukadnezar ab und schlägt die Warnung Jeremias in den Wind. Er schwankt in seinen Entscheidungen hin und her. Er gelobt auf das Wort Jeremias hin ein Freijahr, fällt aber wieder um, als die Feinde vorübergehend abziehen (Jer 34). Er läßt es zu, daß die Fürsten Jeremia in die Schlammgrube werfen, gestattet es einige Stunden später Ebed-Melech, den Propheten herauszuziehen. Er läßt Jeremia heimlich zu sich kommen, um seinen Rat zu hören, findet aber nicht den Mut, den Rat des Propheten auszuführen. Er will sich, als dann alles verloren ist, durch die Flucht retten, wird aber eingeholt und, nachdem er die Hinrichtung seiner Kinder mitangesehen hat, geblendet und gefangen nach

Babel geschleppt. (2 Kö 24, 18–25, 7.) Zedekia regiert
597–587.

Jer   38, 5 Zedekia von Jeremia zu seinen Fürsten: Siehe, 'er ist
in euren Händen, denn der König kann nichts wider euch.

38, 10 da befahl der König Ebed-Melech: Zieh den Propheten Jeremia aus der Grube, ehe er sterbe.

38, 24 siehe zu, daß niemand diese Rede erfahre, so wirst
du nicht sterben. Und wenn's die Fürsten erführen . . .

2 Kö 24, 18–25, 7 Zedekias Geschichte.

6. NACHEXILISCHE GESTALTEN

JOSUA, DER SOHN JOZADAKS, DER HOHEPRIESTER, UND SERUBABEL, der Sohn Sealthiels aus davidischem Geschlecht, sind durch die tiefe Buße der Gefangenschaft hindurchgegangen und haben den Blick für die gerechten Gerichte Gottes bekommen, die das Volk mit seinem Abfall verdient hat. Sie haben den Verheißungen der Propheten, daß die messianische Zukunft des Volkes noch bevorstehe, geglaubt. So ziehen sie gebeugt und getrost zugleich ihrem Volk voran, um die alte Heimat neu zu gewinnen. Ihr Hauptziel ist, den Tempel und den Gottesdienst wiederherzustellen, und sie halten daran fest trotz aller Schwierigkeiten. In der berechtigten Sorge um die Reinheit der Gemeinde weisen sie die Bundesgenossenschaft der halbheidnischen Samariter zurück und bleiben dabei, als sie dieses Verhalten um jeden Erfolg zu bringen droht. Sie hören auf die Propheten Haggai und Sacharja und wagen den Tempelbau im festen Vertrauen darauf, daß Gott das schenken wird, was er befiehlt. Ihre Einigkeit und ihr gemeinsames Handeln sind so vollständig, daß es nach den Quellen nicht möglich ist, die persönliche Eigenart eines jeden von beiden zu unterscheiden.

An die Person Serubabels knüpfen sich messianische Hoffnungen (siehe Sacharja und Haggai).

1. Sie haben ein klares Ziel: Tempelbau und Reinheit der Gemeinde, darauf beruht ihre Einigkeit.

Esr 3, 2 es machten sich auf Josua, der Sohn Jozadaks, und Serubabel, der Sohn Sealthiels, und bauten den Altar des Gottes Israels.

4, 2 die Samariter kamen zu ihnen: Wir wollen mit euch bauen, aber Serubabel und Josua antworteten: Wir wollen allein bauen dem Herrn!

2. Sie halten an dem Ziel fest, auch, als äußere Schwierigkeiten es unerreichbar machen, und warten auf Gottes Stunde.

Esr   4, 23 Sie (die von den Samaritern aufgehetzte persische Obrigkeit) wehrten ihnen mit Arm und Gewalt.
Da hörte auf das Werk am Hause Gottes zu Jerusalem.

3. Als Gott durch den Mund der Propheten ihnen befiehlt, zu bauen, gehorchen sie.

Esr   5, 1 es weissagten aber die Propheten Haggai und Sacharja . . ., da machten sich auf Serubabel und Josua und fingen an, zu bauen das Haus Gottes in Jerusalem, und mit ihnen die Propheten, die sie stärkten.

Sach   4, 6 Das ist das Wort des Herrn von Serubabel: Es soll nicht durch Heer oder Kraft, sondern durch meinen Geist geschehen.

Hag   1, 12 da gehorchten Serubabel und Josua solcher Stimme des Herrn, ihres Gottes.
1, 14 der Herr erweckte den Geist Serubabels und den Geist Josuas und den Geist des ganzen übrigen Volks, daß sie kamen und arbeiteten am Hause des Herrn.

ESRA, der Urenkel Hilkias, ein geschickter Schriftgelehrter, zittert vor der Sünde, weil er die Gerichte Gottes fürchtet, er will den Willen Gottes kennenlernen, darum studiert er das Gesetzbuch, das einst sein Urahn gefunden hat, darum bemüht er sich, das Gesetz zu tun. Er weiß, daß der einzelne an der Schuld seines Volkes mitträgt, darum lehrt er das Volk den Willen Gottes, darum ringt er um den Gehorsam seiner Brüder zu Gott. Gott stellt ihn durch den Auftrag Arthasasthas, Gottesdienst und Gesetz in Jerusalem durchzuführen, in eine große Verantwortung hinein, die er mutig sich zu eigen macht und im Vertrauen auf Gott durchführt.

1. Esra, der Schriftgelehrte.

Esr   7, 10 er schickte sein Herz, zu suchen das Gesetz des Herrn und zu tun und zu lehren.

7, 6 Esra war ein geschickter Schriftgelehrter.

2. Seine Sendung durch Arthasastha.

Esr   7, 21 Ich, König Arthasastha, habe dies befohlen, daß, was Esra von euch fordern wird, daß ihr das fleißig tut.

7, 23 Alles, was gehört zum Gesetz des Gottes des Himmels, daß man dasselbe fleißig tue, daß nicht ein Zorn komme über das Königreich des Königs und seiner Kinder.

7, 25 du aber, Esra, nach der Weisheit deines Geistes, die unter deiner Hand ist, setze Richter und Pfleger, die alles Volk richten. Ein jeglicher, der nicht mit Fleiß tun wird das Gesetz deines Gottes und das Gesetz des Königs, der soll sein Urteil um der Tat willen haben.

7, 28 ich ward getrost nach der Hand des Herrn, meines Gottes, über mir und versammelte Häupter aus Israel, daß sie mit mir hinaufzögen.

3. Sein Glaube.

Esr   8, 21 ich ließ daselbst ein Fasten ausrufen, daß wir uns demütigten vor unserem Gott, zu suchen von ihm einen richtigen Weg für uns und unsere Kinder und alle unsere Habe. Denn ich schämte mich, vom König Geleit zu fordern. Denn wir hatten dem König gesagt: Die Hand unseres Gottes ist zum Besten über alle, die ihn suchen.

8, 31 die Hand unseres Gottes war über uns und errettete uns von der Hand unserer Feinde und derer, die uns nachstellten auf dem Wege.

4. Sein Werk an seinem Volk.

Er erkennt die Schuld seines Volkes und fürchtet auf Grund der Kenntnis der Geschichte seines Volkes Gottes Gericht.

Esr   9, 2 sie haben der Kanaaniter Töchter genommen sich und ihren Söhnen. Da ich solches hörte, zerriß ich mein Kleid und raufte mein Haupthaar und saß bestürzt.

Esr   9, 14 sollten wir wiederum deine Gebote fahren lassen, daß wir uns mit den Völkern dieser Greuel befreundeten? Wirst du nicht über uns zürnen, bis daß es gar aus sei?

Er stellt sich mit unter die Schuld seines Volks.

Esr 9, 6 Er sprach: Mein Gott, ich schäme mich, denn unsere
Missetat ist über unser Haupt gewachsen.
10, 6 er aß kein Brot und trank kein Wasser, denn er trug
Leid um die Vergreifung derer, die gefangen gewesen waren.

5. Er reißt das Volk zu tatkräftiger Buße.

Esr 10, 2 Einer aus dem Volk: Wohlan, wir haben uns an unserem Gott vergriffen, daß wir fremde Weiber nahmen, so
laßt uns nun einen Bund machen mit unserem Gott, daß wir
alle Weiber und die von ihnen geboren sind, hinaustun.
10, 12 die ganze Gemeinde antwortete: Es geschehe, wie du
gesagt hast.

NEHEMIA (Gottestrost) ist der Mundschenk des Königs
Arthasastha von Persien. Er gehört zu den Männern,
die im großen Elend der Babylonischen Gefangenschaft
gelernt haben, daß die Weltgeschichte das Weltgericht
ist. Er weiß, daß der einzelne nichts ist ohne sein Volk.
Obwohl er selbst in glänzender Stellung ist, hält er
seinem armen, unglücklichen Volk die Treue und trauert
um der Not seiner Brüder willen. Als ihm der König
durch Beurlaubung (im Jahre 445) die äußere Möglichkeit dazu gibt, geht er getrost ans Werk und vollendet
es unter großen persönlichen Opfern. Das Vertrauen
und die Gefolgschaft seines Volkes werden ihm zuteil.
So baut er die Mauer Jerusalems und tut die Mißbräuche und Gesetzesübertretungen ab. Im Jahre 433 kehrt
er an den königlichen Hof zurück. Als er vom Wieder-
aufkommen mancher durch ihn abgeschafften Mißbräuche erfährt, reist er noch einmal nach Jerusalem, um
dort Ordnung zu schaffen.

1. Nehemia, der Führer, weiß sich verantwortlich
für sein Volk.

a) er weint um das Elend seines Volks;

Ne 1, 4 da ich aber solche Worte (Mauern Jerusalems zerbrochen, seine Tore mit Feuer verbrannt) hörte, saß ich und weinte und trug Leid etliche Tage, fastete und betete vor dem Gott des Himmels

b) er beugt sich unter die Schuld seines Volks;

Ne 1, 6 ich bekenne die Sünden der Kinder Israel, die wir an dir getan haben; und ich und meines Vaters Haus haben auch gesündigt.

c) er betet für sein Volk.

Ne 1, 5 Ach Herr, Gott des Himmels, du großer und schrecklicher Gott, der da hält den Bund und die Barmherzigkeit denen, die ihn lieben.
2, 4 da sprach der König zu mir: Was forderst du? Da betete ich zu dem Gott des Himmels und sprach zum Könige.

2. Im Vertrauen auf seine Sendung und Gottes Beistand wagt und vollbringt er sein Werk im Kampf gegen äußere und innere Widerstände. Das Volk leistet ihm Gefolgschaft.

Ne 2, 18 ich sagte ihnen an die Hand meines Gottes, die gut über mir war, dazu die Worte meines Königs, die er zu mir geredet hatte. Und sie sprachen: So laßt uns auf sein und bauen. Und ihre Hände wurden gestärkt zum Guten. (Die Gefolgschaft seines Volkes sieht er an als ein Gottesgeschenk.)
4, 3 wir beteten zu dem Herrn, unserem Gott, und stellten Hut gegen sie Tag und Nacht. (Widerstand gegen die äußeren Feinde.)
4, 8 er macht dem Volk Mut: Gedenket an den großen, schrecklichen Herrn und streitet für eure Bürder.
7, 3 Es wurden Hüter bestellt aus den Bürgern Jerusalems. (Auch nach Vollendung der Mauern wurden sie bewacht.)
5, 9. 10 Er versammelt die Reichen um sich, die die Notlage ihrer armen Brüder ausnützten, und überwindet ihr unsoziales Verhalten durch sein ernstes Strafwort und den Hinweis auf seine eigene Uneigennützigkeit. Solltet ihr nicht in der Furcht Gottes wandeln um des Hohnes willen der Heiden? Laßt uns diese Schuld erlassen! (Gegen die inneren Feinde.)
8 Nehemia beseitigt Mißbräuche und Gesetzesübertretung mit rücksichtslosem, strafendem Ernst, der vor keinem Halt macht. Er läßt das Gesetz durch Esra vorlesen und gibt Esras

Bestrebungen kraft seiner Vollmachten den nötigen Nach-
druck. Er verpflichtet das Volk eidlich auf das Gesetz (Kap.
10). Reinhaltung der Rasse, Sabbatgebot und Tempelsteuer
werden dem Volk eindrücklich zur Pflicht gemacht.

13, 18. 25 Mit unerbittlichem Eifer fährt Nehemia durch gegen die Übertreter.

13, 6 nach etlicher Zeit erwarb ich vom König, daß ich gen
Jerusalem zog. Er geht gegen die Lässigkeit im Zehntenge-
ben, Sabbatschändung und Mischehen mit ausländischen
Frauen vor.

2 Mk 2, 13 legt ein Bücherhaus an und stellt der Könige, der Propheten und Davids Bücher zusammen. (Wichtige Vorarbeit
für den alttestamentlichen Kanon.) So festigt er sein Werk
für die Zukunft.

ESTHER ist eine Frau in der Reihe der Jael und Judith.
Sie liebt leidenschaftlich ihr Volk und haßt den Volks-
feind. Sie wird Königin, schlägt ihr Leben in die Schan-
ze, um ihr Volk zu retten. Aber sie verfährt mit einer
Grausamkeit und Rachsucht mit ihren Feinden, die keinen Hauch vom Geist der Gnade verspürt hat.

Est   4, 16 ich will zum König hineingehen wider das Gebot; komme ich um, so komme ich um.

8, 6 wie kann ich zusehen dem Übel, das mein Volk treffen
würde? Und wie kann ich zusehen, daß mein Geschlecht umkomme?

7. GESTALTEN DER LEHRBÜCHER
DIE PROPHETEN

HIOB (der Angefeindete) wird Hes 14, 14 mit Noah und Daniel zusammen als Typus der Gerechtigkeit genannt. Gott schickt ihm furchtbares Leiden, worin ihn Menschen vergeblich zu trösten versuchen. Aber weil sein Glaube echt ist, reißt ihn sein Leib nicht von Gott fort, sondern zu Gott hin. Im Glauben an die unerforschliche Weisheit Gottes beugt er sich unter Gottes Hand und wird nun von Gott getröstet.

Hiob ist ein gerechter Mann.

1. Sein Verhalten im Glück.

Hi   1, 5 wenn die Tage des Mahles um waren, machte Hiob sich auf und opferte Brandopfer nach ihrer Zahl, denn Hiob dachte, meine Söhne möchten gesündigt und Gott abgesagt haben in ihrem Herzen (er fürchtet für sich und seine Kinder, im Glück Gottes zu vergessen und das Herz an das Irdische zu hängen).

1, 8 Hiob ist schlicht und recht, gottesfürchtig und meidet das Böse (Gottes Zeugnis über Hiob).

2. Sein Verhalten im Leid:

a) in der Armut und beim Tod seiner Kinder;

Hi   1, 21 er fiel auf die Erde und betete an und sprach: Ich bin nackt von meiner Mutter Leibe gekommen, nackt werde ich auch wieder dahinfahren. Der Herr hat's gegeben, der Herr hat's genommen, der Name des Herrn sei gelobt! In diesem allen sündigte Hiob nicht:

b) in der Krankheit;

Hi   2, 10 Haben wir Gutes empfangen von Gott und sollten das Böse nicht auch annehmen? In diesem allen versündigte sich Hiob nicht mit seinen Lippen.

c) in der Anfechtung;

Hi   1, 12 Der Herr sprach zum Satan: Siehe, alles, was er hat, sei in deiner Hand, nur an ihn selbst lege deine Hand nicht!

2, 6 siehe da, er sei in deiner Hand, doch schone seines
Lebens!

vgl. Lk. 22, 31 siehe, der Satanas hat euer begehrt, daß er
euch sichte wie den Weizen (die Anfechtung bewährt die
Echtheit des Glaubens).

d) die Anfechtung ist das Warum.

Hi   3, 11 warum bin ich nicht gestorben von Mutterleibe an?
3, 12 warum hat man mich auf den Schoß gesetzt?
3, 20 warum ist das Licht gegeben den Mühseligen?

e) Hiobs Freunde beantworten die Frage Warum, indem sie in Hiobs Schuld die Ursache seiner Leiden suchen.

Eliphas:

Hi   4, 17 wie kann ein Mensch gerecht sein vor Gott?
15, 14 was ist ein Mensch, daß er sollte rein sein? . . . siehe,
unter seinen Heiligen ist keiner ohne Tadel, und die Himmel sind nicht rein vor ihm.
22, 5 Deine Bosheit ist zu groß . . . du hast etwa deinem
Bruder ein Pfand genommen ohne Ursache, du hast den
Nackten die Kleider ausgezogen, du hast die Müden nicht
getränkt mit Wasser, und hast dem Hungrigen dein Brot
versagt.
22, 23 wirst du dich bekehren zu dem Allmächtigen, so wirst
du aufgebaut werden . . . tue nur Unrecht fern von deiner
Hütte.
22, 24 wirf in den Staub dein Gold.
22, 29 denn die sich demütigen, erhöht er.
5, 17 selig ist der Mensch, den Gott straft, darum weigere
dich der Züchtigung des Allmächtigen nicht (Leiden zur Erziehung, darum Beugung).

Bildad:

Hi   8, 3 meinst du, daß Gott unrecht richte? Haben deine Söhne
vor ihm gesündigt, so hat er sie verstoßen um ihrer Missetat willen.
18, 5 und doch wird das Licht der Gottlosen verlöschen.
25, 4 wie kann ein Mensch gerecht sein vor Gott, siehe, auch
der Mond scheint nicht helle . . . vor seinen Augen; wieviel
weniger ein Mensch, die Made, und ein Menschenkind, der
Wurm.

Zophar:

Hi 11, 13 wenn du dein Herz richtetest und deine Hände zu ihm ausbreitetest, wenn du die Untugend, die in deiner Hand ist, ferne von dir tätest, daß in deiner Hütte kein Unrecht bliebe, so möchtest du dein Antlitz aufheben ohne Tadel.

Elihu:

Hi 34, 12 ohne Zweifel, Gott verdammt niemand mit Unrecht, und der Allmächtige beugt das Recht nicht (wenn jemand daran zweifelt, so ist das Hochmut).

34, 24 er bringt die Stolzen um, er straft sie ab wie die Gottlosen.

3. Hiobs Anfechtung wird durch die Reden seiner Freunde vertieft. Sie treibt ihn zu Gott hin als seinem Bürgen und Erlöser. Nicht Vernunftgründe und Trostworte der Menschen erleichtern das Leid, sondern nur Gott kann es uns tragbar machen. Das Warum des Leids liegt in Gottes unerforschlicher Weisheit, das Wozu im »Näher, mein Gott, zu dir!«

Hi 17, 3 sei du selbst mein Bürge bei dir, wer will mich sonst vertreten?

19, 25 aber ich weiß, daß mein Erlöser lebt!

31, 7 beteuert Hiob seine Unschuld in feierlicher Weise.

38, 1 Gott antwortet Hiob aus dem Wetter und schildert seine unergründliche Weisheit.

42, 3 ich bekenne, daß ich habe unweise geredet, was mir zu hoch ist und ich nicht verstehe.

42, 6 darum spreche ich mich schuldig und tue Buße in Staub und Asche. (Hiob erkennt die Worte, die er in der Anfechtung sprach, als Hochmutssünde; siehe Elihus Rede, doch nur Gott konnte ihn davon überführen, nicht der Mensch.)

42, 7 der Herr sprach zu Eliphas: Mein Zorn ist ergrimmt über dich und deine zwei Freunde; denn ihr habt nicht recht von mir geredet wie mein Knecht Hiob . . . lasset meinen Knecht Hiob für euch bitten, denn ihn will ich ansehen. (Elihu wird nicht getadelt.)

42, 9 der Herr sah an Hiob . . . gab ihm zwiefältig soviel, als er gehabt hatte.

ASAPH, ein Levit, von David als Sänger bestellt. Er
stand vor dem Heiligtum zur Rechten und hatte mit
ehernen Zimbeln den Takt zu halten (1 Ch 15, 7. 17 u.
19). Er wirkte mit bei der Einholung der Bundeslade
unter David wie bei der Einweihung des Tempels unter
Salomo (2 Chr 5, 12). Er ist der Sänger des 50. Psalmes,
ein Mann von prophetischer Klarheit und Kraft. Er verkündet, daß nicht Opfer vor Gott gerecht macht, sondern Dankbarkeit, Treue, Gehorsam und Zucht. Ps. 73
bis 83 sind wahrscheinlich nach der Babylonischen Gefangenschaft von einem anderen Asaph gesungen. Der
zweite Asaph ist ein Tröster im Leid von beinahe neu-
testamentlicher Tiefe.

I. Asaph, der Zeitgenosse Davids, ist

1. ein Prediger der Gerechtigkeit, der Dankbarkeit,
der Buße und des Vertrauens auf Gottes Führung
und Verheißung;

Ps   50, 6 die Himmel werden seine Gerechtigkeit verkündigen,
        denn Gott ist Richter.
        50, 10 alle Tiere im Walde sind mein.
        50, 13 meinst du, daß ich Ochsenfleisch essen wollte?
        50, 14 opfere Gott Dank und bezahle dem Höchsten deine
        Gelübde.
        50, 16 aber zum Gottlosen spricht Gott: Was verkündigst du
        meine Rechte und nimmst meinen Bund in den Mund, der
        du doch Zucht hassest und wirfst meine Gebote hinter dich!

2. ein Beter in der Not;

Ps   50, 15 rufe mich an in der Not (das tut Asaph treulich).

3. ein Sänger der Wohltaten Gottes.

Ps   50, 23 wer Dank opfert, der preiset mich.

II. Der zweite Asaph, der nach der Babylonischen
Gefangenschaft lebt, ist

1. ein Tröster im Leid;

Ps 73, 1 Israel hat dennoch Gott zum Trost, wer nur reines Herzens ist.

73, 23 dennoch bleibe ich stets an dir, denn du hältst mich bei meiner rechten Hand.

73, 25 wenn ich nur dich habe, frage ich nichts nach Himmel und Erde. (Asaph leidet unter dem Glück der Gottlosen und Leid der Frommen. Er findet Trost im Blick auf ihr Ende und im blinden Vertrauen auf Gott, der alles durch sein Nahesein ersetzt, was ein Mensch im Leid verliert.)

2. ein Freund der Armen.

Ps 82, 3 schaffet Recht dem Armen und dem Waisen.

82, 4 errettet den Geringen und Armen und erlöst ihn aus der Gottlosen Gewalt!

JESAJA (Jahve ist Heil), aus höherem Stande, im Todesjahr Usias·berufen durch eine Vision im Tempel, durch die ihm die Heiligkeit Gottes vor Augen trat. Er bekommt die schwere Aufgabe, Gerichtsbote für sein sich mehr und mehr verstockendes Volk zu sein. In furchtbaren Gerichten wird ein Rest gerettet werden. Er wirkt unter Ahas, Hiskia, Manasse von 740—690 und soll den Märtyrertod durch Zersägen gestorben sein. Er ist der Politiker unter den Propheten. Unermüdlich verkündet er, daß Gott nach sittlichen Gesetzen die Völker regiert.

1. Jesaja leidet unter dem Unrechttun seines Volks und verkündet ihm Buße und Gericht, nachdem er selbst den heiligen Gott erlebt hat, gerichtet, entsündigt und beauftragt worden ist, Gerichtsbote Gottes zu sein.

Jes 6, 3 Heilig, heilig, heilig ist der Herr. Weh mir, ich vergehe!

6, 10 verstocke das Herz dieses Volks, daß sie sich nicht bekehren und genesen . . ., bis daß die Städte wüste werden, denn der Herr wird die Leute ferne wegtun . . . Doch wie eine Eiche und Linde, von welchen beim Fällen noch ein Stamm übrigbleibt . . ., ein heiliger Same wird solcher Stamm sein.

1, 10 Höret des Herrn Wort, ihr Fürsten von Sodom, du Volk von Gomorra (Gottlosigkeit).

1, 13 das Räuchwerk ist mir ein Greuel, Frevel und Festfeier mag ich nicht. Wenn ihr schon viel betet, höre ich euch nicht, denn eure Hände sind voll Bluts (Scheinheiligkeit).

5, 8 weh denen, die ein Haus an das andere ziehen und einen Acker zum anderen bringen (Habgier).

5, 11 weh denen, die des Morgens früh auf sind, sich des Saufens zu befleißigen und sehen nicht auf das Werk des Herrn (die Schlemmerei).

3, 16 darum, daß die Töchter Zions stolz sind und gehen mit aufgerichtetem Hals, mit geschminkten Angesichtern, treten einher und schwänzen (Putzsucht der Frauen).

2, 12 der Tag des Herrn ergeht über alles Hoffärtige, über die Zedern auf dem Libanon und die Eichen in Basan und über alle Tarsisschiffe (Ausländerei).

9, 9 sie sagen in ihrem Hochmut: Ziegelsteine sind gefallen, aber wir wollen's mit Werkstücken wieder bauen, man hat Maulbeerbäume abgehauen, so wollen wir Zedern an die Statt setzen (in frivolem Leichtsinn redet Israel mitten im Gericht von Wiederaufbau).

5, 24 wie des Feuers Flamme Stroh verzehrt, also wird ihre Wurzel verfaulen. Der Herr wird die Heiden locken vom Ende der Erde. Sie werden daherbrausen und den Raub erhaschen (Gericht über Jerusalem).

2. Jesaja wendet sich wider falsche Politik

unter Ahas.

Jesaja greift ein in die Politik Ahas', der den Assyrerkönig Tiglath-Pileser zu Hilfe rufen will gegen Israel und die Syrer: Aber Ahas gehorcht ihm nicht.

Jes 7, 4 Hüte dich und sei stille; fürchte dich nicht und sei unverzagt vor diesen zwei rauchenden Löschbränden, vor dem Zorn Rezins samt den Syrern.

7, 9 gläubt ihr nicht, so bleibt ihr nicht.

7, 14 das göttliche Zeichen der Hilfe ist die Jungfrau, die den Immanuel gebiert.

unter Hiskia:

Er warnt Hiskia vor jeder Bündnispolitik. Hiskia
soll stille sein zu Gott und von Gott alle Hilfe erwarten. Doch Hiskia gehorcht ihm nicht. Beim Tode Sargons (705) läßt er sich in ein Bündnis der
vorderasiatischen Völker, hinter dem Ägypten
stand, hineinreißen. Furchtbar leidet die Seele des
Propheten, der alles voraussieht, was kommt, und
doch ein vergeblicher Warner ist. Er tut sein Letztes, um das Volk herumzureißen.

Jes   22 als die Gesandten Ägyptens mit Gepränge und Begeisterung empfangen werden, als der ehrgeizige Sebna, die Seele
der ägyptenfreundlichen Bündnispolitik, triumphiert, verkündet Jesaja das Gericht.

22, 1 Was ist denn, daß ihr auf die Dächer lauft? Laßt mich
bitterlich weinen! Es ist ein Tag des Getümmels, Untergraben
der Mauer, Geschrei am Berge. Elam fährt daher mit Köcher,
Wagen und Leuten, Reiter werden sich lagern vor die Tore.
Ihr werdet die Häuser abbrechen, die Mauer zu befestigen.

22, 15 zu Sebna: Der Herr wird dich wegwerfen, umtreiben
wie eine Kugel auf weitem Lande. Daselbst wirst du sterben,
du Schmach des Herrn!

28, 17 Wasser soll den Schirm wegschwemmen, daß euer
Bund mit dem Tode los werde und euer Vertrag mit der
Hölle nicht bestehe.

30, 1 Weh den abtrünnigen Kindern, die ohne mich ratschla-
gen und ohne meinen Geist Schutz suchen, die hinabziehen
nach Ägypten und fragen meinen Mund nicht. Es soll euch
die Stärke Pharaos zur Schande geraten.

31, 1 weh denen, die hinabziehen nach Ägypten um Hilfe und
verlassen sich auf Rosse. Denn Ägypten ist ein Mensch und
nicht Gott. Ihre Rosse sind Fleisch und nicht Geist.

32, 9 stehet auf, ihr stolzen Frauen, es ist um Jahr und Tag
zu tun, so werdet ihr Sicheren zittern. Es ist vorhanden
Ausziehen, man wird klagen um die Äcker, die Paläste werden verlassen sein, bis über uns ausgegossen werde der Geist
aus der Höhe.

30, 15 wenn ihr umkehrtet und stille bliebet, so würde euch
geholfen; durch Stillesein und Hoffen würdet ihr stark sein,
aber ihr wollt nicht.

28, 19 eitel Entsetzen wird es sein, sich auf Offenbarung zu

verstehen (Mengebibel). Luther: Anfechtung lehrt aufs Wort
merken.

Er wendet sich
wider Sanherib, der den Bogen überspannt und
Gott lästert. So macht Jesaja Hiskia Mut, daß er
die Stadt nicht übergibt.

Jes   37, 33 So spricht der Herr: Er soll nicht kommen in diese
      Stadt.
      37, 29 ich will dir einen Ring an die Nase legen und dich
      des Weges wieder heimführen, den du gekommen bist.

3. Jesaja hätte die Last seiner Gerichtsbotschaften
und ihrer Ablehnung nicht ertragen können, wenn
er nicht in der Ferne die Sonne des Heils durch die
Wolken des Gerichts hätte aufleuchten sehen. Er
schaut den Messias und die Endzeit gewissermaßen
in einem Fernbild.

Jes   6, 13 schon bei seiner Berufung wird ihm offenbart, daß in
      den Gerichten ein kleiner Rest bleibt, der ein heiliger Same
      sein wird.
      11, 1 er sieht nun aus dem abgehauenen Stamm Davids ein
      Reis aufsprießen, »auf welchem wird ruhen der Geist des
      Herrn, der Geist der Weisheit und des Verstandes« . . .
      9, 5 das Volk, das im Finstern wandelt, jubelt dem messiani-
      schen Kind zu, auf dessen Schultern die Herrschaft ist und
      das die göttlichen Namen hat: Wunderbar, Rat, Kraft, Held,
      Ewigvater, Friedefürst, und das regiert von nun an bis in
      Ewigkeit.
      19, 24 Israel selbstdritt mit den Ägyptern und Assyrern ein
      Segen auf Erden.
      2, 2 unter dem Messias werden die Heiden herzulaufen.
      11, 6 die Endzeit wird anbrechen mit ewigem Frieden in der
      Natur, »ein kleiner Knabe wird Kälber und junge Löwen
      miteinander treiben«.

Jes   28, 16 in Zion wird der köstliche Eckstein gelegt.
      33, 24 das sündige Volk, das nicht unter der ewigen Glut
      wohnen kann (Jes 33, 14), wird Vergebung der Sünden haben.
      35, 5 alsdann werden der Blinden Augen aufgetan werden
      und der Tauben Ohren . . .
      26, 19 deine Toten werden leben, deine Leichname werden
      auferstehen!

25, 8 Er wird den Tod verschlingen ewiglich, und der Herr, Herr wird die Tränen von allen Angesichtern abwischen.

35, 10 ewige Freude wird über dem Haupt der Erlösten sein, und Schmerz und Seufzen werden entfliehen. (Die letzten sechs Stellen sind vielleicht von einem anderen Propheten nach der Babylonischen Gefangenschaft, den wir nicht kennen. Sie gehören zu den schönsten Worten des Alten Testaments.)

DAS TROSTBUCH DES JESAJA. Jesaja tritt auf zu einer Zeit tiefster Hoffnungs- und Mutlosigkeit. Er tröstet sein Volk und entzündet in ihm die Glut neuer Hoffnung. Seine Hoffnungen schöpft er aus der Erkenntnis der unvergleichlichen Größe Gottes, der Ohnmacht der Götzen und der Friedlosigkeit der Gottlosen. Er sieht in dem Perserkönig den kommenden Befreier des jüdischen Volks aus babylonischer Gefangenschaft. Er bekommt den Blick geschenkt in das Geheimnis Gottes, durch das stellvertretende Leiden seines Knechts seine Sache wider alle menschliche Berechnung zum Siege zu führen. Keiner der Propheten sieht so klar die Gestalt des kommenden Messias wie er.

1. Er preist die unvergleichliche Größe Gottes.

a) Gott ist der Herr der Natur.

Jes   40, 12 wer mißt die Wasser mit der hohlen Hand und faßt den Himmel mit der Spanne und wägt die Berge mit einem Gewicht?

51, 15 ich bin der Herr, dein Gott, der das Meer bewegt.

b) Gott ist der Herr der Geschichte.

Jes   40, 23 der die Fürsten zunichte macht und die Richter auf Erden eitel macht.

41, 25 ich aber erwecke einen von Mitternacht, und er kommt vom Aufgang der Sonne. Er wird über die Gewaltigen gehen wie über Lehm.

45, 1 so spricht der Herr zu seinem Gesalbten, dem Kores,

den ich bei seiner rechten Hand ergreife, daß ich die Heiden vor ihm unterwerfe. V. 5 ich bin der Herr, sonst keiner mehr, kein Gott ist außer mir. Ich habe dich gerüstet, da du mich noch nicht kanntest.

45, 7 der ich das Licht mache und schaffe die Finsternis, der ich Frieden gebe und schaffe das Übel (gegen die persische Zweigötterlehre vom Gott des Lichts und der Finsternis).

c) Gott ist der verborgene Gott.

Jes   40, 14 wen fragt er um Rat, der ihm Verstand gebe?

45, 15 fürwahr, du bist ein verborgener Gott, du Gott Israels, der Heiland!

d) Gott ist der Gott Israels, der treu zu seinen Verheißungen steht.

Jes   40, 11 Er wird seine Herde weiden wie ein Hirte; er wird die Lämmer in seine Arme sammeln und in seinem Busen tragen, und die Schafmütter führen.

Jes   41, 8 du, Israel, mein Knecht, Jakob, den ich erwählt habe.

41, 13 ich bin der Herr, dein Gott, der deine rechte Hand stärkt und zu dir spricht: Fürchte dich nicht, ich helfe dir!

43, 1 nun spricht der Herr, der dich geschaffen hat, Jakob . . .: Fürchte dich nicht, denn ich habe dich erlöst, ich habe dich bei deinem Namen gerufen, du bist mein. Ich habe Ägypten für dich als Lösegeld gegeben. Ich will vom Morgen deinen Samen bringen.

Jes   43, 15 ich bin der Herr, euer Heiliger, der ich Israel geschaffen habe, euer König.

43, 21 Dies Volk habe ich mir zugerichtet . . . Nicht, daß du mich gerufen hättest oder um mich gearbeitet hättest, sondern mir hast du Arbeit gemacht mit deinen Sünden.

49, 15 kann auch ein Weib seines Kindleins vergessen, daß sie sich nicht erbarme über ihren Sohn? Und ob sie desselben vergäße, so will ich doch dein nicht vergessen. Siehe, in meine Hände habe ich dich gezeichnet, deine Mauern sind immer vor mir.

51, 11 die Erlösten des Herrn werden wiederkehren und gen Zion kommen mit Jauchzen.

2. Er spottet über die Ohnmacht der Götzen und der Weltmacht Babels.

Jes   41, 7 der Zimmermann nahm den Goldschmied zu sich und machten mit dem Hammer das Blech glatt auf dem Amboß und sprachen: Das wird fein stehen.

41, 29 ihre Götzen sind Wind und eitel.

44, 15 von der Zeder, die den Leuten Brennholz gibt, macht er einen Gott und betet's an.

46, 6　sie lohnen dem Goldschmied, daß er einen Gott daraus mache, vor dem sie knien und anbeten.

47, 1　Herunter, du Jungfrau, setze dich in den Staub! Setze dich auf die Erde, nimm die Mühle und mahle Mehl.

47, 13 du bist müde vor der Menge deiner Anschläge. Laß hervortreten und dir helfen die Meister des Himmelslaufs und die Sterngucker . . .

3. Er sagt das Bußwort seinem Volk mit unerbittlicher Schärfe.

Jes　48, 4 ich weiß, daß du hart bist, und dein Nacken ist eine eiserne Ader, und deine Stirn ehern.

48, 8 du hörtest nicht, ich wußte wohl, daß du verachten würdest und von Mutterleib an ein Übertreter genannt bist. Um meines Namens willen bin ich geduldig, daß du nicht ausgerottet werdest.

48, 18 o daß du auf meine Gebote merktest, so würde dein Friede sein wie ein Wasserstrom und deine Gerechtigkeit wie Meereswellen.

52, 11 rührt kein Unreines an, geht aus von mir, reinigt euch, die ihr des Herrn Geräte traget!

58, 6 das ist ein Fasten, das ich erwähle: Laß los, welche du mit Unrecht gebunden hast; laß ledig, welche du beschwerst; gib frei, welche du bedrängst, reiße weg allerlei Last; brich den Hungrigen dein Brot, und die, so im Elend sind, führe ins Haus. So du niemand bei dir beschweren wirst noch mit Fingern zeigen noch übel reden, dann wird dein Licht in der Finsternis aufgehen, und der Herr wird dich immerdar führen . . .

55, 6 suchet den Herrn, solange er zu finden ist, rufet ihn an, solange er nahe ist. Der Gottlose lasse von seinem Wege und der Übeltäter seine Gedanken und bekehre sich zum Herrn, so wird er sich sein erbarmen . . .

56, 10 ihre Wächter sind blind, stumme Hunde, die nicht strafen können, sind faul, liegen und schlafen gerne. Es sind aber gierige Hunde, die nimmer satt werden können.

57, 4　seid ihr nicht die Kinder der Übertretung und ein falscher Same?

57, 10 du zerarbeitest dich in der Menge deiner Wege!

57, 2　die richtig vor sich gewandelt sind, kommen zum Frieden.

48, 22 aber die Gottlosen, spricht der Herr, haben nicht Frieden.

4. Er schaut die Gestalt des Gottesknechts, durch den Gott sein Werk ausrichtet. (Dieser ist das ideale Israel, eine Persönlichkeit, durch die Gott das Erlösungswerk ausführen wird.)

Jes   42, 1 siehe, mein Knecht, an welchem meine Seele Wohlgefallen hat (Mt 3, 17). Ich habe ihm meinen Geist gegeben.
61, 1 der Geist des Herrn Herrn ist über mir . . .
43, 10 mein Knecht, den ich erwählt habe. (Was er ist, ist er durch die Erwählung Gottes, durch den Heiligen Geist.)
42, 1 er bringt das Recht unter die Heiden.
42, 3 er wird das Recht wahrhaftig halten lehren.
42, 4 er wird nicht matt werden, bis daß er auf Erden das Recht anrichte, und die Inseln werden auf sein Gesetz warten. (Lehrt das Recht halten.)
42, 6 er ist das Licht der Heiden.
49, 6 ich habe dich auch zum Licht der Heiden gemacht, daß du seiest mein Heil bis an der Welt Ende. (Das Heil der Heiden.)
50, 4 er hat das wache Ohr, zu hören wie ein Jünger, und die gelehrte Zunge, mit den Müden zur rechten Zeit zu reden. (Der Gehorsame kann recht reden.)
42, 3 das zerstoßene Rohr wird er nicht zerbrechen . . .
42, 7 du sollst öffnen die Augen der Blinden, die Gefangenen aus dem Gefängnis führen.
61, 2 er verkündet ein gnädiges Jahr des Herrn, zu trösten alle Traurigen. (Er ist lind und barmherzig.)
53, 3 er war der Allerverachtetste . . .
53, 4 fürwahr, er trug unsere Krankheit . . ., er ist um unserer Missetat willen verwundet.
53, 10 wenn er sein Leben zum Schuldopfer gegeben hat, wird er Nachwuchs haben . . ., durch seine Erkenntnis wird er, der Gerechte, viele gerecht machen, denn er trägt ihre Sünden . . . (Er leidet stellvertretend und sühnt dadurch die Schuld vieler Sünder.)

JEREMIA (Jahve ist erhaben), Sohn des Priesters Hilkia aus Anathoth, einem Dorf, zwei Stunden nördlich von Jerusalem, vielleicht ein Nachkomme des von Salomo dorthin verbannten Abjathar, wirkt von 626–580. Er

kündet den Untergang Jerusalems an. Von dem unbuß-
fertigen und verstockten Volk nie verstanden, als Va-
terlandsverräter verdächtigt, immer mehr ·angefeindet
und gehaßt, geht der weiche, von der Last seiner Botschaft schier erdrückte Mann gehorsam seinen Weg, das
Wort Gottes so zu sagen, wie er es vernommen hat. Jeremia wird im Todesjahr Assurbanipals, des assyrischen
Großkönigs, berufen, als sich gewaltige politische Um-
gestaltungen anbahnen, als Babylon als Weltmacht
das Erbe Assurs antritt und im Begriff ist, Ägypten niederzuschlagen. Juda wird in dieser Zeit von schwanken-
den Königen regiert, von dem götzendienerischen, verblendeten, verstockten Jojakim, der dem Wort Gottes
dadurch entrinnen will, daß er seinen Träger vernichtet, und dem schwachen Zedekia, der von seinen Ratgebern abhängig ist. Das Volk verwirft Gott in der Not,
sucht bei den Götzen Hilfe und läßt sich von nationali-
stischen Versprechungen zur Selbstüberhebung mit fortreißen. Jerusalem wird erobert, das Volk in die Gefangenschaft geführt, Jeremia bleibt unter dem armseligen
Überbleibsel des Volks unter Gedaljas Statthalterschaft
im Lande. Nach Gedaljas Ermordung zwingen diese Juden Jeremia, mit ihnen nach Ägypten zu ziehen. Ehe
seine Weissagung, daß Nebukadnezar auch Ägypten erobern werde, eintrifft, steinigen sie den Propheten, wie
die Legende berichtet.

1. Er empfängt das Wort Gottes als eine jeden Er-
denmaßstab sprengende ungeheure Wirklichkeit.

Jer 1, 9 der Herr rührte meinen Mund an und sprach: Siehe, ich
lege meine Worte in deinen Mund.
15, 19 du sollst mein Mund sein!
23, 29 ist mein Wort nicht wie Feuer, spricht der Herr, und
wie ein Hammer, der Felsen zerschmeißt?

20, 8 des Herrn Wort ist mir zum Hohn und Spott geworden täglich. Da dachte ich: Wohlan, ich will sein nicht mehr gedenken und nicht mehr in seinem Namen predigen. Aber es ward in meinem Herzen wie ein brennend Feuer, in meinen Gebeinen verschlossen, daß ich's nicht leiden konnte, und wäre schier vergangen.

15, 16 dein Wort ward meine Speise, da ich's empfing; und dein Wort ist meines Herzens Freude und Trost.

2. Jeremia leidet unter dem Wort Gottes, das er empfängt:

a) als Jüngling berufen zu dem ungeheuren Auftrag, seinem Volk das Gericht anzukündigen;

Jer 1, 7 sage nicht: »Ich bin zu jung«, sondern du sollst gehen, wohin ich dich sende.

1, 10 ich setze dich heute über Völker und Königreiche, daß du ausreißen, zerbrechen, verstören und verderben sollst und bauen und pflanzen.

1, 14 von Mitternacht wird das Unglück ausbrechen.

9, 21 der Menschen Leichname sollen liegen wie Mist auf dem Felde.

19, 11 wie man eines Töpfers Gefäß zerbricht, das nicht kann wieder ganz werden, so will ich dies Volk und diese Stadt auch zerbrechen.

1, 16 ich will das Recht lassen über sie gehen um ihrer Bosheit willen, daß sie mich verlassen und räuchern anderen Göttern und beten an ihrer Hände Werk.

2, 13 mein Volk tut eine zwiefache Sünde, mich, die lebendige Quelle, verlassen sie und machen sich ausgehauene Brunnen, die löchrig sind.

8, 7 Ein Storch weiß seine Zeit, mein Volk will das Recht des Herrn nicht wissen.

7, 18 die Kinder lesen Holz, die Väter zünden Feuer an, die Weiber kneten Teig, daß sie der Himmelskönigin Kuchen backen. Siehe, mein Zorn ist ausgeschüttet über diesen Ort, der soll brennen, daß niemand löschen kann.

2, 28 so manche Stadt, so manchen Gott hast du, Juda!

5, 31 die Propheten weissagen falsch, und die Priester herrschen in ihrem Amt.

23, 1 Weh euch Hirten, die ihr die Herde meiner Weide umbringet und zerstreut. (Jeremia muß gegen alle Fronten kämpfen.)

b) als Einsamer, ohne Familie, ohne Freund, ohne Echo bei seinen Hörern, ohne Erhörung seiner Fürbitte bei Gott;

Jer 26, 11 die Priester und Propheten sprachen vor den Fürsten und vor allem Volk: Dieser ist des Todes schuldig (die Priester seine Verwandten).

20, 10 ich höre, wie viele mich schelten . . . Verklagt ihn, sprechen alle meine Freunde und Gesellen.

Jer 11, 18 Der Herr zeigte mir ihr Vornehmen, daß sie mich wie ein armes Schaf zur Schlachtbank führen wollen (zu Anathoth, seinem Heimatort, planen sie, ihn zu ermorden).

6, 10 mit wem soll ich doch reden? Daß doch jemand hören wollte!

34, 15 als Nebukadnezar Jerusalem belagert, lassen sie auf Jeremias Wort ein Freijahr ausrufen für die Leibeigenen. Als nun das babylonische Heer abgezogen ist, schlagen sie wieder um. Jeremia kündet ihnen die Rückkehr der Babylonier an.

7, 16 du sollst für dieses Volk nicht bitten, keine Klage noch Gebet vorbringen, auch nicht sie vertreten vor mir; denn ich will dich nicht hören!

15, 17 ich bin allein geblieben vor deiner Hand. Du bist mir geworden wie ein Born, der nicht mehr quellen will.

c) im Weh seiner Seele;

Jer 4, 19 mir ist so herzlich weh! Meine Seele hört der Posaune Hall und eine Feldschlacht.

8, 23 daß meine Augen Tränenquellen wären, daß ich Tag und Nacht beweinte die Erschlagenen in meinem Volk!

20, 14 verflucht sei der Tag, darin ich geboren bin!

17, 9 es ist das Herz ein trotzig und verzagt Ding, wer kann es ergründen?

d) im Widerstand gegen das Wort von Gott überwunden.

Jer 20, 8 des Herrn Wort ist mir zu Spott und Hohn geworden. Da dachte ich: Wohlan, . . . ich will nicht mehr in seinem Namen predigen. Da ward es in meinem Herzen wie ein brennendes Feuer, daß ich's nicht leiden konnte . . .

20, 7 Herr, du hast mich überredet, und ich habe mich überreden lassen.

15, 20 ich habe dich wider dies Volk zur festen, ehernen Mauer gemacht. Ich bin bei dir, daß ich dir helfe und dich errette!

3. Er leidet für das Wort:

Jer   11, 18 Mordanschlag zu Anathoth.

20, 2 Pashur, der Tempelaufseher, legt ihn in den Stock.

26, 8 es griffen ihn die Priester, Propheten und das ganze Volk und sprachen: Du mußt sterben! Jojakim tötet Uria, der wider Jerusalem weissagte, mit dem Schwert (26, 23). An Jeremia wagt er sich nicht heran.

37, 11 als das Belagerungsheer der Babylonier vorübergehend abgezogen war und Jeremia nach seinem Acker sehen wollte, wird er als Überläufer geschlagen und in die Grube geworfen und lange Zeit gefangengehalten.

38, 6 der schwache Zedekia gibt seinen Ratgebern nach und läßt sie Jeremia in die Schlangengrube werfen. Der Mohr Ebed-Melech spricht für ihn beim König, daß er herausgezogen wird und am Leben bleibt. Trotz aller Leiden bleibt er bei der Verkündigung seiner Gerichtsbotschaft.

44, 18 die Juden, die Jeremia zwingen, mit ihnen nach Ägypten zu ziehen, werfen ihm vor: Seit sie ihm gehorchend der Himmelskönigin absagten, gehe es ihnen so schlecht. (Sie sollen ihn gesteinigt haben, damit er das Eintreffen seiner Weissagungen nicht erlebe.)

furchtlos und treu,

Jer   26, 15 seine Verteidigung vor den Fürsten, die ihn töten wollen, wird zur Anklage.

27, 6 verlangt im Gegensatz gegen die politischen Propheten Unterwerfung unter Nebukadnezar.

27, 6 ich habe all diese Lande in die Hand meines Knechtes Nebukadnezar gegeben, daß sie ihm dienen sollen. (Gott wird von Jeremia als Herr aller Völker und Könige erkannt.)

21, 9 Jeremia fordert die Belagerten auf zur Flucht. »Wer in dieser Stadt bleibt, wird sterben müssen, durch Schwert, Hunger, Pestilenz, wer aber sich hinausbegibt zu den Chaldäern, soll lebendig bleiben.«

vollmächtig Auge in Auge mit den Betroffenen die Gerichte Gottes ankündigend,

Jer   28, 16 dieses Jahr sollst du sterben, denn du hast sie mit deiner Rede vom Herrn abgewendet (Jeremia zu dem falschen Propheten Hananja).

20, 6 du, Pashur, sollst mit deinen Hausgenossen gefangen gehen und nach Babel kommen, daselbst sollst du sterben!

22, 19 er soll wie ein Esel begraben werden, zerschleift und hinausgeworfen vor die Tore Jerusalems (gegen Jojakim).

als ein Getrösteter.

Jer   23, 5 es kommt die Zeit, daß ich dem David ein gerecht Ge-
wächs erwecken will . . ., und man wird ihn nennen: Der
Herr ist unsere Gerechtigkeit.

29, 11 ich weiß wohl, was ich für Gedanken über euch habe,
Gedanken des Friedens und nicht des Leides . . . Ich will
euer Gefängnis wenden und euch wiederum an diesen Ort
bringen. (Im Brief an die Gefangenen zu Babel, in welchem
er sie auch zur Fürbitte für die fremde Obrigkeit ermahnt.
Gott ist nicht an Kanaan gebunden.)

31, 3 der Herr ist mir erschienen von ferne: Ich habe dich
je und je geliebt, drum habe ich dich zu mir gezogen aus
lauter Güte.

31, 31 ich will mit dem Hause Juda einen neuen Bund machen. Ich will mein Gesetz in ihr Herz geben.

4. Jeremia im Neuen Testament.

Mt   16, 14 die Leute sagen, du seiest Jeremia . . .

21, 13 Mein Haus soll ein Bethaus sein, ihr aber habt eine
Mördergrube daraus gemacht (Jer 7, 11).

26, 28 der Neue Bund — Jer 31, 31.

11, 29 ihr werdet Ruhe finden für eure Seelen (vgl. Jer 6, 16.
Jesus verwendet Worte aus Jeremia).

HANANJA (Güte Gottes), ein Lügenprophet, der Zedekia zulieb falsch weissagt und noch im selben Jahre ge-
mäß der Weissagung Jeremias stirbt.

Jer   28, 11 Und Hananja sprach in Gegenwart des ganzen Volkes:
So spricht der Herr: Ebenso will ich zerbrechen das Joch
Nebukadnezars, des Königs zu Babel, ehe zwei Jahre umkommen, vom Halse aller Völker. Und der Prophet Jeremia
ging seines Weges.

28, 15—17 Und der Prophet Jeremia sprach zum Propheten
Hananja: Der Herr hat dich nicht gesandt, und du hast gemacht, daß dies Volk auf Lügen sich verläßt. Darum spricht
der Herr also: Siehe, ich will dich vom Erdboden nehmen;
dies Jahr sollst du sterben; denn du hast sie mit deiner
Rede vom Herrn abgewendet. Also starb der Prophet Hananja desselbigen Jahres im siebenten Monat.

EZECHIEL (HESEKIEL) (Gott stärkt), ist der Sohn einer
von Zadok abstammenden angesehenen Priesterfamilie.

Er ist 599 bei der ersten Eroberung Jerusalems weggeführt und mit 10 000 Juden, der geistigen Führerschaft
seines Volkes, am Chebar, einem Kanal im Norden Me-
sopotamiens, angesiedelt worden. Im fünften Jahr der
Gefangenschaft erscheint ihm der Herr in einem Gesicht in überwältigender Jenseitigkeit und Hoheit, die
in gewaltigem Gegensatz steht zu der Armseligkeit der
Gefangenen, und beruft ihn zum Wächter über sein
Volk. Wie Jeremia in Jerusalem, so muß Ezechiel den
Gefangenen das kommende Gericht über Jerusalem
weissagen. Er tut das in Bildern von großer Eindrucks-
kraft, die aus der Stumpfheit der Gefangenschaft zu
einem wachen Miterleben der Geschehnisse aufrütteln
sollen. So unablässig Ezechiel das Volk im Auge hat, so
weiß er sich doch als Wächter und Seelsorger für den
einzelnen verantwortlich. Er erwartet von der messianischen Zeit eine Umwandlung der Herzen und schaut in
endzeitlichen Bildern ein geistiges Jerusalem ohne Tempel, das, von der Herrlichkeit des Herrn erfüllt, seine
Geistesströme zu den Heiden sendet. Ezechiel wirkt um
das Jahr 570.

1. Seine Berufung übermittelt ihm einen tiefen
Eindruck von der Herrlichkeit des Herrn.

Hes   1 Er sieht im Gesicht den Cherubwagen, der durch alle Lande
zieht.
3, 12 Gelobt sei die Herrlichkeit des Herrn! (Er hört dieses
Wort in einem Getön wie von einem großen Erdbeben.)

2. Der dadurch Wachgerufene erhält das Wächter-
amt über den einzelnen, sein Volk und die heidnischen Nachbarvölker.

Hes   3, 16 des Herrn Wort geschah zu mir und sprach: Du Menschenkind, ich habe dich zum Wächter gesetzt über das Haus
Israel, du sollst aus meinem Mund das Wort hören und sie
warnen.

3, 21 Wo du den Gerechten warnst, daß er nicht sündigen soll, und er sündigt auch nicht, so soll er leben, denn er hat sich warnen lassen, und du hast deine Seele errettet. (Die Treue im Wächterdienst ist zur Rettung der eigenen Seele notwendig.)

33, 31 sie werden deine Worte hören, aber nicht danach tun; wenn es aber kommt, was kommen soll, so werden sie erfahren, daß ein Prophet unter ihnen gewesen ist.

a) Der Wächter erkennt die Bedeutung des einzelnen.

Hes 18, 4 welche Seele sündigt, die soll sterben.

18, 21 wo sich aber der Gottlose bekehrt von allen seinen Sünden, und hält alle meine Rechte, so soll er leben und nicht sterben.

b) Der Wächter über das Volk.

Hes 2, 6 du wohnst unter Skorpionen, sie sind ein ungehorsames Haus.

3, 7 das Haus Israel hat harte Stirnen und verstockte Herzen.

8 Ezechiel sieht die Greueldienste im Tempel (ägyptischer, babylonischer, phönizischer und persischer Götzendienst wird im Hause des Herrn gepflegt).

8, 12 der Herr hat das Land verlassen (so sagen sie, dabei hat das Volk Gott verlassen).

4, 1 ff. Ezechiel muß sinnbildlich die Belagerung Jerusalems darstellen.

5, 11 so spricht der Herr: Ich will nicht gnädig sein!

6, 12 wer fern ist, wird an der Pestilenz sterben, wer nah ist, wird durchs Schwert fallen, wer übrigbleibt, wird Hungers sterben.

7, 19 Silber und Gold wird sie nicht retten am Tage des Zorns.

9, 6 das Gericht fängt an am Hause Gottes, nur die, die seufzen und jammern über die Greuel, werden verschont.

11, 2 Gerichtswort über die Fürsten, weil sie unselige Gedanken und schädliche Ratschläge haben.

12, 12 Gerichtswort über Zedekia, dessen Angesicht verhüllt wird.

15 Jerusalem eine Rebe, deren Holz zu nichts zu gebrauchen ist.

16 Jerusalem ein Findelkind (Vater ein Amoriter, Mutter eine Hethiterin), das, aufgezogen, geschmückt und zur Braut erhoben, die Ehe bricht. (Drei unwürdige politische Bündnisse

mit Ägypten, Chaldäa, Babylon werden mit dem Verlust
des Bundes mit Gott allzu teuer bezahlt.)

Hes   16, 40 wie eine Ehebrecherin wird Jerusalem gesteinigt.
9, 8 die priesterliche Fürbitte Ezechiels wird abgewiesen.

c) der Wächter über die umliegenden heidnischen Völker.

Hes   26, .. Tyrus triumphiert über den Fall Jerusalems: »Ich werde nun voll werden, weil sie wüste ist.«

28, 17 weil sich dein Herz überhebt, darum will ich dich zu
Boden stürzen (Gerichtswort über den König von Tyrus).

29, 10 Ägypten rühmt sich seiner Wasserströme. Sie sollen
vertrocknen.

29, 15 Ägypten soll klein sein gegen andere Königreiche.

32, 1 ff. Ezechiel singt das Grablied über den gefallenen
Großmächten.

3. Ezechiel tut Blicke in die Heilszeit.

Hes   34, 12 wie ein Hirte seine Schafe sucht, also will ich meine
Schafe suchen.

11, 17 ich will euch sammeln aus den Ländern, dahin ihr
zerstreut seid, und will euch das Land Israel geben.

11, 19 Ich will euch ein einträchtiges Herz geben und einen
neuen Geist in euch geben und will das steinerne Herz wegnehmen aus eurem Leibe und ein fleischernes Herz geben.

36, 26 Wiederholung dieser Verheißung. Ich will meinen
Geist in euch geben und will solche Leute aus euch machen,
die in meinen Geboten wandeln und meine Rechte halten
und danach tun.

16, 60 ich will aber gedenken an den Bund, den ich mit dir
gemacht habe zur Zeit deiner Jugend, und will mit dir einen
ewigen Bund aufrichten, daß du erfahren sollst, daß ich der
Herr sei, daß du dich schämst, wenn ich dir alles vergeben
werde.

17, 22 ein Reis aus dem Zedernbaum (Stamm Davids) will
der Herr auf einen hohen Berg pflanzen, daß allerlei Vögel
unter ihm wohnen.

37 die Totenauferstehung (Auferstehung Israels als Volk).

37, 17 Juda und Israel sollen unter dem Knecht David ge-
einigt werden. Der apokalyptische Feind Gog, der aus dem
Norden kommt, wird geschlagen, dann beginnt die endgül-
tige Heilszeit.

40, 2 der sehr hohe Berg (Jes 2).

Hes 40, 5 der neue Tempel.
    47 der Strom, der im Tempel seinen Ursprung nimmt, heilt
    die Bitterwasser der Heiden.

DANIEL (Gott ist Richter) lebt im Bewußtsein seines
Volkes als besonders frommer und gerechter Mann und
wird in der Reihe Noahs und Hiobs Hes 14, 14 genannt.
Er ist ein hochgestellter Beamter am Hof Nebukadnezars. Er ist treu im Glauben selbst unter Verfolgungen
und mit der Gabe ausgerüstet, die Geheimnisse des
kommenden Geschichtsverlaufs zu erkennen. Denn die
letzten Einsichten in den Gang der Geschichte haben nur
die Menschen, die mit Gott leben. In der Verfolgungszeit unter Antiochus Epiphanes werden die Erinnerungen an Daniel lebendig und für das Volk niedergeschrieben zum Trost und zur Weisung. Das Buch war von
großer Bedeutung für seine Zeit. Die Auferstehungshoffnung Dan 12 gibt vielen Kraft zum Martyrium. Der
Blick auf den endlichen Sieg des Gottesreiches stählt die
Ausdauer in trüber Zeit und hält die messianischen Erwartungen wach. Jesus und seine Jünger leben in diesem Buch. (Mt 24, 15; Heb 11, 33. 34.)

1. Daniel ist treu
im Vertrauen auf Gott:

Da   1, 13 vertraut, daß die Gemüsespeise, weil sie im Gehorsam
      gegen das göttliche Gebot genossen wird, ihn ebenso nähre
      wie Fleisch und Wein.
      2, 16 wagt es, den König um Frist zu bitten, weil er Gott
      vertraut, daß er ihm die Deutung des Traumes offenbare.
      3, 17 sein Vertrauen stärkt Sadrach, Mesach und Abednego
      zu gleichem Vertrauen: Siehe, unser Gott, den wir ehren,
      kann uns wohl erretten aus dem glühenden Ofen, dazu auch
      von deiner Hand erretten, und wo er's nicht tun will sollst
      du dennoch wissen, daß wir deine Götter nicht ehren. (Echtes
      Vertrauen, das Gott nicht zwingt, sondern sich demütig unter

ihn beugt, ihm keine Bedingungen stellt, sondern im Leiden
den Gehorsam zur Treue vollendet.)

Da 6, 24 man zog ihn aus der Löwengrube und spürte keinen
Schaden an ihm, denn er hatte Gott vertraut.

im Beten:

Da 6, 11 fiel des Tages dreimal auf seine Knie, betete, lobte
und dankte seinem Gott, wie er bisher zu tun pflegte (als
das Gebet zu Gott bei Todesstrafe verboten ist).
2, 20 Daniel lobt den Gott der Geschichte, den Gott seiner
Väter, den Gott, von dem alle Weisheit kommt.
9, 18 wir sind verstört, wir liegen vor dir mit unserem Gebet nicht auf unsere Gerechtigkeit, sondern auf deine große
Barmherzigkeit.
9, 5 wir haben gesündigt (er schließt sich zusammen mit seinem Volk in demütigem Schuldbekenntnis und in Fürbitte).

im mutigen Bekennen:

Da 1, 8 bat den obersten Kämmerer aus Gewissensgründen um
andere Speise. (Er wird der Sprecher und Führer für seine
Freunde) .
2, 28 vor Nebukadnezar: Es ist ein Gott im Himmel, der
kann verborgene Dinge offenbaren.
4, 24 darum, Herr König, mach dich los von deinen Sünden
durch Gerechtigkeit . . .
5, 22 du, Belsazar, hast dein Herz nicht gedemütigt, obwohl
du solches alles weißt. (Sein Bekennen wird zur Seelsorge an
den Mächtigen.)

2. Gott hält ihm die Treue und gibt ihm Gnade bei Gott und den Menschen, Weisheit und die prophetische Gabe.

Da 1, 17 Gott gab Daniel Verstand in allen Gesichten und Träumen.
1, 9 Gott gab Daniel, daß ihm der oberste Kämmerer gün-
stig und gnädig ward.
2, 48 der König erhöhte Daniel und setzte ihm zum Obersten
über alle Weisen zu Babel.
2, 49 er selbst blieb bei dem König am Hofe. (Daniel erkennt
seine Führung und bleibt am Hofe. Er bittet, seine Freunde
in die Ämter der Landschaft Babel zu setzen.)

Daniels Gesichte und Hoffnungen.

Da 2 der Traum von dem Bild mit den tönernen Füßen, das durch
den Stein zermalmt wird. (Die Weltreiche werden immer

schwächer, bis das ewige Reich ihnen ein Ende setzt, Heb 12,
28 das unbewegliche Reich.)
7 die vier Weltreiche sind gleich vier Tieren.
7, 13 der Menschensohn in des Himmels Wolken gründet
durch das Gericht hindurch das ewige Reich.

Da 7, 14 Gott gab ihm Gewalt, Ehre und Reich, daß ihm alle
Völker und Zungen dienen sollen.
7, 25 das vierte Reich erzeugt den Antichristen, der ein großer Weltherrscher ist.
9, 26 Weissagungen über 62 Jahrwochen, die zur Makkabäer-
zeit auf die Ereignisse unter Antiochus, in der ersten Christenheit auf Christus gedeutet wurden.
12, 2 viele, die unter der Erde sind, werden aufwachen, etliche zum ewigen Leben, etliche zu ewiger Schmach und
Schande. Die Lehrer aber werden leuchten wie des Himmels
Glanz.

NEBUKADNEZAR, genauer Nebukadrezar, 605—562,
nach seinem Sieg über Pharao Necho bei Karchemis der
gewaltigste Herrscher Babylons, das Werkzeug Gottes
(Jer 27, 6: Nebukadnezar, mein Knecht) zum Gericht der
Völker und der abtrünnigen Juden, ist ein brutaler Tyrann, der mit dem Heidentum trotz besserer Erkenntnisse, die aus der Berührung mit gefangenen Juden her-
rühren, verflochten bleibt, sich selbst überhebt und durch
jahrelangen Wahnsinn gedemütigt wird.

1. Nebukadnezar ein brutaler Tyrann.

Da 2, 9 will alle Weisen, weil sie seinen Traum nicht erraten,
umbringen lassen.
3 Er bestimmt den Feuerofen für die glaubenstreuen Freunde
Daniels, die sich weigern, das goldene Standbild anzubeten.
6 Löwengrube für Daniel, dem er Dank schuldete.

2 Kö 25, 7 läßt Zedekia die Augen ausstechen, nachdem seine Kinder vor seinen Augen geschlachtet worden waren, und führt
das ganze Volk der Juden in die Gefangenschaft.

2. Er überhebt sich infolge seiner ungeheuren Erfolge und wird, weil er schon Lichtstrahlen besserer
Erkenntnis hat, hart gestraft.

Da   3, 1 nach der Traumdeutung Daniels, »Du bist das goldene
      Haupt«, läßt er, statt Gott die Ehre zu geben, den er (Da
      2, 47) als Gott über alle Götter erkannt hat, sich ein gol-
      denes Bild setzen, für das er göttliche Ehre verlangt.
      4, 27 nachdem ihm Daniel einen warnenden Traum mutig
      als Bußruf Gottes gedeutet hat, hob er an und sprach: Das
      ist die große Babel, die ich erbaut habe durch meine große
      Macht zu Ehren meiner Herrlichkeit.
      4, 30 von Stund an ward das Wort vollbracht über Nebu-
      kadnezar, und er ward verstoßen von den Leuten hinweg
      und aß Gras wie die Ochsen . . .

      ## 3. Er kommt wieder zu Vernunft, als er sich de-
      mütigt und Gott die Ehre gibt.

Da   4, 31 ich hob meine Augen auf gen Himmel und kam wieder
      zur Vernunft und lobte den Höchsten . . . und ich kam zu
      königlichen Ehren.
      4, 34 Er bekennt: Ich preise den König des Himmels, denn
      all sein Tun ist Wahrheit und seine Wege sind recht, und
      wer stolz ist, den kann er demütigen.

BELSAZAR, der Sohn Nebunaids, des letzten babylonischen Königs (des Nebukadnezar im Buch Daniel), ist
ein verblendeter, übermütiger König, der nichts aus der
Geschichte seines Vaters gelernt hat und in der Trun-
kenheit sich über seine verhängnisvolle Lage infolge
des Angriffs der Perser gegen Babel hinwegtäuscht.
Den Gott, der Gewalt hat, lästert er und entweiht die
Tempelgefäße Jahves. Die ohnmächtigen heidnischen
Götter lobt er. So trifft ihn das Urteil der geheimnisvol-
len Schrift an der Wand: »Gezählt, gewogen und zu
leicht befunden«, das durch das jähe Entsetzen des Königs, durch das zu späte Befragen des Propheten, von
dem er sich rücksichtslos die Wahrheit sagen läßt, nicht
mehr rückgängig gemacht werden kann. In derselben
Nacht kommt Belsazar um bei der Eroberung der Stadt
durch die Perser.

Da 5, 1 Belsazar machte ein herrliches Mahl mit seinen Gewaltigen und soff sich voll mit ihnen.

5, 3 es wurden hergebracht die goldenen Gefäße aus dem Tempel, und der König, seine Weiber tranken daraus.

5, 4 da sie so soffen, lobten sie die goldenen, silbernen Götter.

5, 5 zur selben Stunde gingen hervor Finger wie einer Menschenhand.

5, 6 da entfärbte sich der König, und seine Gedanken erschreckten ihn, daß ihm die Lenden schütterten und die Beine zitterten.

5, 22 Daniel wird gerufen und erinnert ihn an die Selbstüberhebung und den Wahnsinn seines Vaters und spricht: Du, Belsazar, hast dein Herz nicht gedemütigt, ob du wohl solches alles weißt, sondern hast dich wider den Herrn des Himmels erhoben, darum ist gesandt diese Hand . . .

5, 30 aber in derselben Nacht ward der Chaldäer König getötet.

Hosea (Gott hilft), aus vornehmer samaritischer Familie, jüngerer Zeitgenosse des Amos, wird durch das Erlebnis der Untreue seines geliebten Weibes zum Propheten. Ihre Untreue wird ihm zum Gleichnis der Untreue Israels gegenüber seinem Gott. Das innige Liebeswerben Gottes um das treulose Volk hat er in erschütternder Weise zum Ausdruck gebracht. Es ist vergeblich. Das Gericht geht seinen Lauf. Das Nordreich endigt uneins und geschwächt durch Revolutionen infolge der Eroberung Samarias durch den assyrischen Großkönig Tiglath-Pileser im Jahr 722.

1. Hoseas eheliches Leid wird ihm zum Gleichnis für die Untreue seines Volks gegenüber seinem Gott.

Hos 1, 2 der Herr sprach zu ihm: Gehe hin und nimm ein Hurenweib und Hurenkinder, denn das Land läuft vom Herrn weg der Hurerei nach.

1, 3 und er ging hin und nahm Gomer.

1, 4 sie gebar einen Sohn. Der Herr sprach: Heiße ihn Jesreel (der Herr zerstreut).

1, 6 sie gebar eine Tochter. Und er sprach zu ihm: Heiße sie
Lo Ruchama (nicht in Gnaden).

1, 8 sie gebar einen Sohn. Und er sprach: Heiße ihn Lo Ammi
(nicht mein Volk).

2, 7 ihre Mutter spricht: Ich will meinen Buhlen nachlaufen,
die mir geben Brot, Wasser, Wolle . . . (Ägypten und Assyrien, zu denen die Könige Israels in den revolutionären Un-
ruhen des Landes ihre Zuflucht nehmen.)

2. Gott sucht in seiner Treue das treulose Volk in Gericht und Gnade.

Das Gericht.

a) Die Ursache des Gerichts.

Hos 4, 6 du verwirfst Gottes Wort, darum will ich dich auch verwerfen, du vergissest des Gesetzes deines Gottes . . .

Sünden des Priesterstandes.

Hos 4, 8 sie fressen die Sündopfer meines Volkes und sind be-
gierig nach ihren Sünden.

6, 9 die Priester samt ihrem Haufen sind wie die Räuber.

Sünden des Volks.

Hos 4, 1 der Herr hat Ursache, zu schelten (erhebt Anklage):
Es ist keine Treue, keine Liebe, keine Erkenntnis Gottes im
Lande, sondern Gotteslästern, Lügen, Morden, Stehlen und
Ehebrechen hat überhandgenommen, und eine Blutschuld
kommt nach der anderen.

9, 17 Gott wird sie verwerfen, darum daß sie nicht hören
wollen . . .

5, 5 die Hoffart Israels zeugt wider sie . . .

8, 14 Israel vergißt seines Schöpfers und bauet Paläste . . .

4, 12 mein Volk fragt sein Holz; 4, 17 hat sich zu den Götzen
gesellt.

6, 7 sie übertreten den Bund wie Adam, darin verachten sie
mich (falscher Gottesdienst).

8, 4 sie machen Könige ohne mich.

12, 2 sie machen mit Assur einen Bund und bringen Balsam
nach Ägypten (falsche Politik).

7, 16 sie bekehren sich, aber nicht recht.

b) Worin Hosea das Gericht Gottes sieht.

Hos 13, 9 Israel, du bringst dich ins Unglück, denn dein Heil
steht allein bei mir.

13, 11 wohlan, ich gab dir einen König in meinem Zorn und will dir ihn in meinem Grimm wieder wegnehmen.

6, 5 ich hoble (schlage) sie durch meine Propheten und töte sie durch meines Mundes Rede.

5, 14 ich bin Ephraim wie ein Löwe, ich zerreiße sie und gehe davon, ich führe sie weg, und niemand kann sie retten.

3, 4 die Kinder Israel werden lange Zeit ohne König, ohne Fürsten, ohne Opfer, ohne Altar, ohne Leibrock und ohne Heiligtum bleiben.

3. Hosea erwartet als Endergebnis des Gerichts eine gnädige Heimsuchung.

Hos 11, 1 Da Israel jung war, hatte ich ihn lieb und rief ihn, meinen Sohn, aus Ägypten . . . V. 4 ich ließ ihn in Seilen der Liebe gehen (Gott ist treu).

10, 12 säet Gerechtigkeit und erntet Liebe; pflüget ein Neues, weil es Zeit ist, den Herrn zu suchen.

11, 9 meine Barmherzigkeit ist zu brünstig, daß ich nicht tun will nach meinem grimmigen Zorn. Denn ich bin Gott und nicht ein Mensch, und bin der Heilige unter dir.

11, 11 die im Lande Assur werden kommen wie Tauben; und ich will sie in ihre Häuser setzen, spricht der Herr.

13, 14 ich will sie erlösen aus der Hölle und vom Tode erretten . . .

14, 5 ich will ihr Abtreten wieder heilen, ich will Israel wie ein Tau sein, daß er soll blühen wie eine Rose . . .

JOEL (Jahve ist Gott), Sohn Petuels, sieht anläßlich einer Heuschreckenplage die Wetterwolken eines unwiderstehlichen Gerichts kommen. Endzeitliche Heere aus dem Norden, gegen die kein Wehren hilft, dringen gen Zion vor. Veränderungen geschehen im Weltall an Sonne und Mond und hüllen die Erde in Nacht. Er erblickt aber auch einen lichten Bezirk der Gnade zu Jerusalem, wo ein Volk den Geist Gottes bekommt, weil es den Namen des Herrn anruft. Der Eingang in den Gnadenbezirk geschieht durch gründliche Sinnesänderung. So wird Joel ein gewaltiger Bußprediger, der die Botschaft endzeitlichen Gerichts und endzeitlicher Gnade verkündet, um tiefgehende Buße hervorzurufen. Manche Worte im 4. Kapitel weisen auf nachexilische Zeit hin. Die endzeitlichen Gedanken aber, die bei der Heuschreckenplage und ihrer gnädigen Abwendung in Joel lebendig werden, sind altes prophetisches Gut.

1. Das Gericht Gottes.

Jo   1, 5 Wachet auf, ihr Trunkenen, denn es zieht herauf in mein Land ein mächtiges Volk ohne Zahl; das hat Zähne wie Löwen.

2, 1 erzittert, alle Einwohner im Lande, denn der Tag des Herrn kommt und ist nahe, ein finsterer Tag, ein wolkiger Tag, es kommt ein großes und mächtiges Volk. Sie werden durch die Waffen durchbrechen und nicht verwundet werden. Sonne und Mond werden finster. Der Tag des Herrn ist sehr groß und erschrecklich. Wer kann ihn erleiden?

4, 2 ich will alle Heiden zusammenbringen und sie ins Tal Josaphat hinabführen. V. 12 daselbst will ich sitzen, zu richten alle Heiden . . .

2. Rettung nur in sofortiger Umkehr möglich.

Jo   2, 12 Bekehret euch zu mir von ganzem Herzen. Zerreißet eure Herzen und nicht eure Kleider und bekehret euch zu dem Herrn, eurem Gott, denn er ist gnädig und barmherzig . . .

2, 17 die Priester sollen weinen und sagen: Herr, schone deines Volks! Warum willst du lassen unter den Völkern sagen: Wo ist nun ihr Gott?

3. Der Trost der Gnade.

Jo   2, 18 da eiferte der Herr um sein Land und verschonte sein Volk.

2, 21 Fürchte dich nicht, du liebes Land, sondern sei fröhlich und getrost, denn der Herr kann auch große Dinge tun!

2, 22 fürchtet euch nicht, ihr Tiere auf dem Felde.

2, 23 ihr Kinder Zions, freuet euch und seid fröhlich in eurem Gott, der euch Lehrer zur Gerechtigkeit gibt . . . ihr sollt erfahren, daß ich mitten unter euch sei.

3, 1 nach diesem will ich meinen Geist ausgießen über alles Fleisch.

3, 5 und es soll geschehen, wer den Namen des Herrn an-

rufen wird, soll errettet werden. Denn auf dem Berg Zion
und zu Jerusalem wird eine Errettung sein.
4, 16 der Herr wird seinem Volk eine Zuflucht sein.
4, 21 der Herr wird wohnen zu Zion.

AMOS, der Hirte und Maulbeerbaumzüchter auf der
Hochebene am Rand der Wüste zu Thekoa, von wo man
einen weiten Blick hat über das Tote Meer nach Moab,
lebt zur Zeit der siegreichen, von üppiger wirtschaftlicher Blüte begleiteten Regierung Jerobeams II. und
tritt auf im Jahre 752 beim Herbstfest in der Hauptstadt Samaria, wo Üppigkeit der Reichen und Elend der
Armen hart nebeneinander sind. Er ist der Mann der
Stille und des Horchens. So hört er das Gerichtswort
Gottes über die Völker und sein eigenes Volk und verkündet es mit tapferem Gehorsam. Er hat einen weiten
Blick. Sein Gesichtskreis ist durch den göttlichen Hori-
zont geweitet und umfaßt die Völker von Damaskus im
Norden bis zu Juda im Süden, von Gaza im Westen bis
zu Moab im Osten.

1. Amos, der Mann des weiten Blicks.

Am   1, 1 das ist, was Amos gesehen hat (er sieht vom Standpunkt
Gottes aus).
1 u. 2 Sein Gesichtskreis umfaßt Damaskus, Gaza, Tyrus,
Edom, Ammon, Moab, Juda und Israel.

2. Amos, der Mann der Stille und des Horchens, vernimmt Gottes Gerichtswort.

Am   1, 1 der unter den Hirten zu Thekoa war.
7, 14 Amos ein Hirte, der Maulbeeren abliest.
3, 7 der Herr tut nichts, er offenbare denn sein Geheimnis
den Propheten.
3, 8 der Herr redet, wer sollte nicht weissagen?

a) Er vernimmt das Gerichtswort Gottes über die umwohnenden heidnischen Völker.

Am   1, 3 um drei oder vier Frevel willen der Damasker will ich sie nicht schonen, darum, daß sie Gileåd mit eisernen Zacken gedroschen haben (Grausamkeiten im Kriege).

1 u. 2 verkündet den heidnischen Völkern das Gericht über ihre Taten. (Die Gebote Gottes gelten für die Taten der Völker, nicht nur der einzelnen; und sie gelten für alle Völker.)

b) Das Gerichtswort Gottes über Juda und Israel.

Am   2, 4   darum, daß sie des Herrn Gesetz verachten und seine Rechte nicht halten und lassen sich von ihren Lügengöttern verführen, denen schon ihre Väter nachgefolgt sind . . . (Juda).

2, 6   um drei oder vier Frevel willen Israels will ich ihrer nicht schonen, darum, daß sie die Gerechten um Geld und die Armen um ein Paar Schuhe verkaufen, Vater und Sohn gehen zur Dirne, bei den Altären schlemmen sie auf verpfändeten Kleidern. Ich habe aus euren Kindern Propheten erweckt und Nasiräer aus euren Jünglingen, so gebt ihr den Nasiräern Wein und gebietet den Propheten: Ihr sollt nicht weissagen!

6, 6   trinkt Wein aus den Schalen und bekümmert euch nicht um den Schaden Josephs.

8, 5   sprecht: Wann will denn der Neumond ein Ende haben, daß wir Getreide verkaufen, und der Sabbat, daß wir Korn feilhaben mögen und das Maß verringern und den Preis steigern und die Waage fälschen . . ., daß wir die Armen unter uns bringen . . .

5, 21 Ich bin euren Feiertagen gram und verachte sie.

3, 2   aus allen Geschlechtern auf Erden habe ich euch allein erkannt, darum will ich euch heimsuchen in aller eurer Missetat.

5, 27 ich will euch wegführen lassen jenseits Damaskus. (Die Erwählung Israels schützt nicht vor dem Gericht, sondern begründet es.)

4, 6   ich habe euch müßige Zähne gegeben und Mangel an Brot, und doch bekehrtet ihr euch nicht zu mir. (Soziale Ungerechtigkeit, geschlechtliche Ausschweifungen, gewaltsame Verführung von Gott erweckter Jugend, Mundtotmachen der Propheten, schlecht verhüllt durch äußerlichen, genußsüchtigen, prunkhaften Kult, Luxus, der des Volksschadens über selbstsüchtigem Genuß vergißt, Wucher und Verachtung der Strafgerichte Gottes ziehen furchtbare Strafen herbei. Sodom und Gomorra zu den Füßen Thekoas mahnen Amos nicht umsonst an den Gerichtseifer Gottes.)

Am 5, 18 die des Herrn Tag begehren, wissen nicht, was sie tun, denn er ist Finsternis und nicht Licht.

7, 8 Amos sieht im Gesicht die Bleischnur durch Israel ziehen, Gott will nichts mehr übersehen.

7, 17 als der Priester Amazja von Bethel Amos wegen Aufruhrs beim König anzeigt (Bethel ist des Königs Heiligtum, 7, 13), kündet Amos ihm persönlich das Gericht an.

8, 2 er sieht den Korb mit reifem Obst. Da sprach der Herr: Das Ende ist kommen über mein Volk Israel, ich will ihm nichts mehr übersehen. Jerobeam soll durchs Schwert sterben, Israel aus seinem Lande weggeführt werden durch ein Volk, das Gott erwecken wird (6, 14; 7, 11).

8, 11 es kommt die Zeit, daß ich einen Hunger ins Land schicken werde nach dem Wort des Herrn.

3. Amos verkündet auch ein tröstliches Wort.

Am 5, 24 Es soll aber das Recht offenbart werden wie Wasser und die Gerechtigkeit wie ein starker Strom.

9, 11 zur selbigen Zeit will ich die zerfallene Hütte Davids wieder aufrichten. (Durch das Gericht hindurch kommt das Heil.)

OBADJA (Knecht Jahwes), ein Mann, der tief davon durchdrungen ist, daß die Weltgeschichte das Weltgericht ist. Er weissagt das Gericht über Edom, das an Jerusalem unbrüderlich gehandelt hat, als unter dem jüdischen König Joram 852 Philister und Araber Jerusalem eroberten und die Gefangenen an Edom auslieferten.

Am 1, 6 u. 9 um drei oder vier Frevel willen Gazas will ich ihrer nicht schonen, darum, daß sie die Gefangenen alle weggeführt und an Edom überantwortet haben.

Ob 1, 3 der Hochmut deines Herzens hat dich betrogen, weil du in der Felsen Klüften wohnest, in deinen hohen Schlössern. Wenn du gleich in die Höhe führest wie ein Adler und machtest dein Nest zwischen den Sternen, so will ich dich von dort herunterstürzen, spricht der Herr.

JONA (Taube), der Sohn Amitthais, Zeitgenosse Jerobeams II. (2 Kö 14, 25), zum Propheten berufen wider Willen, flieht vor Gott und fällt erst recht in Gottes

Hände. Als er dann nach dem Umweg über die Not in der Tiefe des Meeres gehorcht und Ninive Buße verkündet, ist er mit der Güte Gottes, die der bußfertigen Stadt schont, nicht einverstanden. So zürnt er auch, als Gott ihm den Schatten nimmt. Aus welch sprödem Material muß Gott selbst seine Propheten bilden!

Und doch ist dieser Jona ein Vorbild auf Christus! Er gab sich für die Schiffsleute ins Gericht, um diese zu retten. Gleichwie Jona drei Tage und Nächte in der Tiefe des Meeres zubrachte, so war Christus im Grabe bis zur Auferstehung. Mt 16, 4.

1. Jonas Ungehorsam.

Jon 1, 2 mache dich auf und gehe in die große Stadt Ninive, und er machte sich auf und floh vor dem Herrn.

2. Er setzt seinen Ungehorsam auch nach seiner Buße noch fort.

Jon 4, 1 das verdroß Jona gar sehr und ward zornig.
4, 3 will sterben vor Zorn.

3. Die Folgen seines Ungehorsams.

Jon 1, 6 er schläft, als die Heiden beten und sich vor Gott fürchten. (Ungehorsam stumpft das Gewissen ab und bringt das Gebet zum Schweigen.)
1, 15 sie warfen ihn ins Meer.
4, 8 Lebensüberdruß.

4. Seine Buße.

Jon 2, 8 da meine Seele bei mir verzagte, gedachte ich an den Herrn.
2, 9 seine Erkenntnis: Die da halten an dem Nichtigen, verlassen ihre Gnade.
2, 10 sein Gelübde.

5. Die Geduld Gottes im Leben Jonas.

Gott redet dreimal mit ihm: 1, 2; 3, 2; 4, 9.
4, 2 der von der Geduld Gottes Getragene empört sich gegen die Geduld Gottes mit Ninive.

MICHA (Wer ist wie Gott?), lebt zur Zeit Jothams, Ahas', Hiskias und Manasses. Er ist ein Zeitgenosse Jesajas und vom gleichen sittlichen Ernst erfüllt. — Der Herr sendet seine Jünger zu zweien. — Nur hat er nicht den politischen Blick wie sein großer Zeitgenosse. Seine Aufgabe ist bescheidener. Er verkündet das Gericht über Samaria, dessen Geschick sich bald erfüllt, aber auch über das Heiligtum des Berges Zion, das wegen der Sünden seiner Priesterschaft und des Unrechts seiner Führer zum Steinhaufen wird. Diese Weissagung macht tiefen Eindruck. Hiskia beugt sich unter sie (2 Ch 32, 26), während zu Manasses Zeit der Prophet wohl Verfolgungen erleidet.

Micha sieht eine gewaltige Heilszeit kommen. Der Davidssproß aus Bethlehem, der von Ewigkeit her ist, wird es ausrichten und sein Volk durch Gerichte hindurch reinigen. Auch die Heiden haben am Heil teil, weil Gott in seiner Treue zu seinen Verheißungen steht.

1. Michas Berufsgewißheit.

Mi   3, 5 sie predigen, es solle wohlgehen, wo man ihnen zu fressen gibt (feile Propheten).

3, 11 ihre Priester lehren um Lohn. Ihre Propheten wahrsagen um Geld.

3, 8 ich aber bin voll Kraft und Geistes des Herrn, voll Rechts und Stärke, daß ich Jakob sein Übertreten und Israel seine Sünde anzeigen darf.

2. Michas Bußwort und Gerichtsankündigung.

Mi   2, 1 weh denen, die Schaden zu tun trachten und gehen mit bösen Tücken um, weil sie die Macht haben. Sie reißen Äcker an sich und nehmen Häuser (soziales Unrecht).

Mi   2, 8 sie rauben beides, Rock und Mantel.

3, 10 ihr baut Zion mit Blut und Jerusalem mit Unrecht.

3, 1 ihr Fürsten solltet das Recht wissen, aber ihr hasset das Gute und liebet das Arge, ihr schindet ihnen die Haut ab und freßt das Fleisch meines Volkes.

2, 11 wenn ich ein Irrgeist wäre und Lügenprediger und predigte, wie sie saufen und fressen sollten, das wäre ein Prediger für dieses Volk.

5, 11 ich will die Zauberer bei dir ausrotten, deine Bilder und Götzen, daß du nicht mehr sollst anbeten deiner Hände Werk . . . deine Ascherabilder . . . (Götzendienst).

6, 7 soll ich meinen ersten Sohn für meine Übertretung geben? (Manasse ließ seinen Sohn durchs Feuer gehen.)

6, 16 man hält die Weise Omris und alle Werke Ahabs (zusammenfassend).

7, 2 die frommen Leute sind weg in diesem Lande . . . der Beste unter ihnen ist wie ein Dorn. Niemand glaube seinem Nächsten, denn der Sohn verachtet den Vater . . . und des Menschen Feinde sind sein eigenes Hausgesinde (Gericht).

1, 5 Welches ist die Übertretung Jakobs? Ist's nicht Samaria? Welches sind die Höhen Judas? Ist's nicht Jerusalem? (Die Stadt ist zusammengeballte Sünde.)

1, 3 der Herr wird ausgehen von seinem Orte und herabfahren und treten auf die Höhen im Lande, daß die Berge vor ihm schmelzen wie Wachs vor dem Feuer.

5, 10 ich will die Städte deines Landes ausrotten und alle deine Festen zerbrechen.

1, 6 ich will Samaria zum Steinhaufen im Felde machen.

3, 12 Zion wird um euretwillen wie ein Acker gepflügt werden.

6, 14 du sollst nicht genug zu essen haben und sollst verschmachten.

2, 4 meines Volkes Land wird eines fremden Herrn.

3, 4 darum, wenn ihr nun zum Herrn schreien werdet, wird er euch nicht erhören.

4, 10 du mußt zur Stadt hinaus und auf dem Felde wohnen und gen Babel kommen.

3. Michas Heilsverkündigung.

Mi   2, 12 ich will dich, Jakob, versammeln ganz und die übrigen in Israel zuhauf bringen. Es wird ein Durchbrecher vor ihnen herauffahren, sie werden durchbrechen und zum Tor ausziehen, ihr König wird vor ihnen hergehen und der Herr vornean.

4, 1 in den letzten Tagen wird der Berg, darauf des Herrn Haus ist, höher denn alle Berge, und die Völker werden herzulaufen und viel Heiden, aus Zion wird das Gesetz ausgehen, und des Herrn Wort aus Jerusalem.

4, 7 ich will die Lahmen machen, daß sie Erben haben sollen, und der Herr wird König sein auf dem Berge Zion von nun an bis in Ewigkeit.

5, 1 du Bethlehem Ephrata . . . aus dir soll mir der kommen, der in Israel Herr sei, welches Ausgang von Anfang und von Ewigkeit her gewesen ist.

7, 11 Gottes Wort wird weit auskommen.

4, 3 sie werden ihre Schwerter zu Pflugscharen und ihre Spieße zu Sicheln machen.

4. Micha wartet dieses Heils in Geduld und im Glauben an Gottes Treue. Sein letztes Wort ist ein Lobpreis.

Mi   7, 7 ich will auf den Herrn schauen und des Gottes meines Heils warten, mein Gott wird mich erhören.

7, 18 wo ist solch ein Gott, wie du bist, der die Sünde vergibt und erläßt die Missetat den übrigen seines Erbteils, der seinen Zorn nicht ewiglich behält, denn er ist barmherzig. Du wirst dem Jakob die Treue und Abraham die Gnade halten, wie du unseren Vätern vorlängst geschworen hast.

NAHUM (Tröstung), aus Elkosch rechnet mit dem lebendigen Gott als dem alleinigen Herrn der Geschichte, der sie nach sittlichen Maßstäben lenkt als der Gott des Gerichts. Er tritt auf nach der Zerstörung No Ammons (Theben) durch Assurbanipal von Assyrien im Jahre 663 zu einer Zeit, da Jerusalem unter Manasse an Assyrien Tribut zahlt. Er kündet der allseits gefürchteten Weltmacht und ihrer unbezwinglichen Wasserfeste, der üppigen und sittenlosen Weltstadt Ninive, das Gericht Gottes an. In gewaltigen Bildern sieht der Prophet die Heere Gottes heraufziehen und die Weltstadt erobern. Gott ist der Richter einer Weltmacht, die von keiner menschlichen Macht mehr zur Rechenschaft gezogen werden kann.

Gott läßt keinen Frevel ungestraft.

Na   1, 2 der Herr ist ein eifriger Gott, ein Rächer . . . der es seinen Feinden nicht vergessen wird.

1, 3 der Herr ist geduldig und von großer Kraft, vor welchem niemand unschuldig ist . . . des Weg in Wetter und Sturm ist.

1, 6 wer kann vor seinem Zorn stehn?

a) Wider Sanherib.

Na   1, 11 von dir (Ninive) ist gekommen der Schalksrat (Sanherib), der Böses wider den Herrn gedachte.

1, 14 der Herr hat geboten, daß deines Namens kein Same
mehr soll bleiben. Vom Hause deines Gottes will ich dich
ausrotten. Götzen und Bilder will ich dir zum Grabe machen.

b) Wider Ninive.

Na   3, 4 das alles um der großen Hurerei willen und Zauberei . . .., womit sie Land und Leute zu Knechten gemacht hat.

3, 13 dein Volk soll zu Weibern werden.

3, 16 deine Händler werden wie Käfer davonfliegen.

3, 15 das Feuer wird dich fressen, und das Schwert wird dich
töten.

3, 19 deine Wunde wird unheilbar sein!

2, 4 die Schilde seiner Starken sind rot, seine Wagen leuchten wie Feuer, glänzen wie Fackeln, fahren einher wie die
Blitze (Gottes Heer).

2, 7 die Tore an den Wassern werden geöffnet, der Palast
wird untergehen.

HABAKUK (Umarmung, Luther: Herzer), ist ein leidenschaftlich bewegter Mann, der die weltgeschichtlichen
Ereignisse seiner Zeit mit Gott bespricht. Er klagt seine
Angst und Not in herzlichem Gebet und bekommt pro-
phetische Aufschlüsse über den Gang der Gerichte Got-
tes, in denen sich zugleich für die Gerechten, die an der
Glaubenstreue festhalten, die bewahrende Gnade offenbart. Seine Seele ist voll endzeitlicher Spannung.
Habakuk ist ein Zeitgenosse Nahums und in ähnlicher
Stimmung. Er lebt, kurz bevor Nebukadnezar im Jahre
605 Pharao Necho bei Karkemis besiegt, in der Zeit, da
Juda zwischen den beiden Mühlsteinen Ägypten und
Assyrien zermalmt zu werden droht. Er sieht ein neues
Volk, die Chaldäer, auf den Plan treten, die eine Zucht-
rute sind für die Assyrer. Er verkündet den Assyrern
das Gericht. Die Stunde, da die Großmächte stürzen,
sieht er im fahlen Licht der Endzeit.

1. Sein Gerichtswort an die Assyrer.

Hab 2, 19 weh dem, der zum Holz spricht: Wach auf!

1, 6 siehe, ich will die Chaldäer erwecken, ein bitteres und ein schnelles Volk.

2, 8 du hast viele Heiden beraubt, sie werden dich wieder berauben.

2, 12 weh dem, der die Stadt mit Blut baut!

2, 17 der Frevel am Libanon wird dich überfallen (die Assyrer hieben den Wald vom Libanon kahl).

1, 10 Alle Festungen werden ihnen ein Scherz sein.

1, 11 ihre Macht wird ihr Gott sein!

3, 3 Gott kam von Mittag, sein Glanz war wie Licht, vor ihm her ging Pestilenz.

2. Sein Zwiegespräch mit Gott.

Hab 1, 2 Herr, wie lange soll ich schreien und du willst nicht hören?

1, 12 aber du, Herr, mein Gott, mein Heiliger, der du von Ewigkeit her bist, laß uns nicht sterben! Laß sie uns nur züchtigen!

3, 2 Wenn Trübsal da ist, so gedenke der Barmherzigkeit!

3, 2 Herr, mache dein Werk lebendig mitten in den Jahren!

3. So wird Habakuk getröstet.

Hab 2, 3 u. 4 die Weissagung wird ja noch erfüllt werden zu seiner Zeit und wird endlich frei an den Tag treten und nicht ausbleiben. Ob sie aber verzieht, so harre ihrer, sie wird gewiß kommen und nicht verziehen. Siehe, wer halsstarrig ist, der wird keine Ruhe in seinem Herzen haben. Der Gerechte wird seines Glaubens leben.

2, 20 der Herr ist in seinem heiligen Tempel. Es sei stille vor ihm alle Welt.

3, 18 aber ich will mich freuen des Herrn und fröhlich sein in Gott, meinem Heil. Denn der Herr ist meine Kraft.

ZEPHANJA (Jehova verbirgt), aus hohem Hause (Königssproß), wird tief gedemütigt durch das prophetische Schauen des Gerichtstages Gottes anläßlich des Skythensturmes im Jahre 630 vor der Josianischen Reform. Das Gericht geht über alle Völker, über alles Hohe und Sichere. Die einzige Rettung vor dem Gericht sieht Zephanja in der Demut. Nach dem Gericht wird Gott angebetet von den Heiden. Der durch das Gericht geläuterte Rest des Judenvolks bildet den Kern der Gottesgemeinde auf Erden.

1. Des Herrn Tag.

Ze   1, 14 Des Herrn großer Tag ist nahe; er ist nahe und eilt sehr. Es werden die Starken alsdann bitterlich schreien. Denn dieser Tag ist ein Tag des Grimms, ein Tag der Trübsal und Angst, ein Tag des Wetters und Ungestüms . . . ein Tag der Drommete wider die festen Städte und hohen Schlösser. Ich will den Leuten bange machen . . . darum, daß sie wider den Herrn gesündigt haben. Ihr Blut soll ausgeschüttet werden, als wäre es Staub . . . Es wird sie ihr Silber und Gold nicht erretten können am Tage des Zorns des Herrn, sondern das ganze Land soll durch das Feuer seines Eifers verzehrt werden; denn er wird plötzlich ein Ende machen mit allen, die im Lande wohnen.

a) geht über alle Völker:

Ze   2, 4 Gaza muß verlassen, Askalon muß wüste werden . . . Moab soll wie Sodom und die Kinder Ammon wie Gomorra werden. Das soll ihnen begegnen für ihre Hoffart. Schrecklich wird der Herr sein. Er wird alle Götter auf Erden vertilgen. Ihr Mohren sollt durch mein Schwert erschlagen werden. Er wird seine Hand strecken gen Mitternacht und Assur umbringen. Ninive wird er öde machen, dürr wie eine Wüste.

b) auch über Jerusalem und seine Führer.

Ze   3, 1 Weh der greulichen, unflätigen, tyrannischen Stadt! Sie will nicht gehorchen, noch sich züchtigen lassen, sie will auf den Herrn nicht trauen, noch sich zu ihrem Gott halten. Ihre Fürsten sind unter ihnen brüllende Löwen und ihre Richter Wölfe am Abend, die nichts bis auf den Morgen übriglassen. Ihre Propheten sind leichtfertig und Verächter; ihre Priester entweihen das Heiligtum und deuten das Recht freventlich.

2. Die Rettung im Gericht liegt in der Demut vor Gott.

Ze   2, 3 suchet den Herrn, alle ihr Elenden im Lande! . . . Suchet Gerechtigkeit, suchet Demut, auf daß ihr am Tage des Zorns des Herrn möget verborgen werden.

3, 11 ich will die stolzen Heiligen von dir tun, daß du nicht mehr sollst dich überheben auf meinem heiligen Berge!

3, 12 ich will lassen in dir übrigbleiben ein armes, geringes Volk, die werden auf den Namen des Herrn trauen!

3, 16 fürchte dich nicht, denn der Herr, dein Gott, ist bei dir, ein starker Heiland!

2, 11 es sollen ihn anbeten alle Inseln der Heiden.

3, 9 ich will den Völkern reine Lippen geben, daß sie alle sollen des Herrn Namen anrufen und ihm einträchtig dienen!

HAGGAI (der Festliche), tritt im Jahre 520 auf, als der Tempelbau infolge der politischen Unsicherheit und des Erlahmens der Heimgekehrten liegengeblieben war. Seine Reden muntern zum Tempelbau auf und haben nach Esr 5, 1 und 6, 14 den Erfolg, daß die Juden sich ermannen und den Bau vollenden.

Haggai ist ein schlichter Mann, und seine Verkündigung ist schlicht, aber kraftvoll. Er leitet die geringen Zeiten, die wirtschaftlichen Verluste, die den Vorwand geben, den Bau liegenzulassen, eben davon ab, daß den Juden infolge ihrer Nachlässigkeit im Tempelbau der Segen Gottes fehle. Nicht, weil geringe Zeiten sind kann man keine großen Opfer für Gott bringen, sondern, weil man keine Opfer bringt, sind geringe Zeiten. Als sie sich dann ans Werk machen, kommt über Haggai die Ahnung künftiger Herrlichkeit dieses unscheinbaren Tempelbaues. Er sieht über dem schlichten Gebäude den Glanz messianischer Herrlichkeit. In Haggai wohnt die Kraft des Glaubens, dem geringe Dinge die Möglichkeit eröffnen, daß Gott seine Herrlichkeit offenbaren kann.

1. Ermunterung zum Bau.

Hag 1, 4 eure Zeit ist da, daß ihr in getäfelten Häusern wohnt — und dies Haus muß wüste stehen.

1, 5 schauet, wie es euch geht. Ihr säet viel und bringt wenig ein ... Wer Geld verdient, legt's in einen löchrigen

Beutel. Warum das? Darum, daß mein Haus wüste steht und
ein jeglicher eilt auf sein Haus.
1, 12 da gehorchte Serubabel den Worten des Propheten
Haggai, und das Volk fürchtete sich vor dem Herrn.

2. Die messianische Herrlichkeit.

Hag   2, 6 es ist noch ein kleines dahin, daß ich Himmel und Erde
bewegen werde. Ja, alle Heiden will ich bewegen. Da soll
dann kommen aller Heiden Bestes; und ich will dies Haus
voll Herrlichkeit machen. Es soll die Herrlichkeit des letzten
Hauses größer werden als die des ersten gewesen ist, und ich
will Frieden geben an diesem Ort. Zur selben Zeit will ich
dich, Serubabel, wie einen Siegelring halten, denn ich habe
dich erwählt. (Serubabel ein Stammvater Jesu.)

SACHARJA, (Esr 5, 1) (Jahve gedenkt), ein Zeitgenosse Haggais, lebt in einer Zeit, da der unmittel-
bare Strom des göttlichen Wortes nicht mehr so stark
fließt. Er sieht Nachtgesichte, deren Deutung ihm ein
Engel gibt. Angefochten in seiner Sendung, beruft
er sich darauf, daß man erfahren wird, daß er von
Gott gesandt ist (Sach. 6, 15). Der Inhalt seiner Ge-
sichte ist ein ernstes Gerichtswort über sein Volk, das
sein trauriges Geschick verdient hat. Das Volk soll sich
reinigen von seiner Gottlosigkeit im Handel. Sein Prie-
sterstand braucht Entsühnung. Sacharja verkündet
auch ein tröstliches Wort in der Verheißung einer
kommenden geistigen Macht, eines Priesterkönigtums.
Das, was in Christus Wirklichkeit wurde, sieht er
schon in Serubabel und Josua erfüllt.

Sein Bußwort:

Sach   1, 3 kehret euch zu mir, so will ich mich zu euch kehren!
Seid nicht wie eure Väter, welche nicht gehorchten und ach-
teten nicht auf mich.
5, 2 Fluchbrief über alle Gottlosen.
5, 8 Gottlosigkeit gleich dem Weib im Epha, dem Getreide-
maß, eingeschlossen, wird nach Sinear, dem Land des un-
redlichen Handelns, entführt (V. 11).

7, 11 u. 12 sie verstockten ihre Ohren, daß sie nicht hörten, und machten ihre Herzen wie einen Demant. Daher so großer Zorn vom Herrn Zebaoth auf uns gekommen ist.

3, 2 Der Priester wird entsühnt durch Gott: Ist dieser nicht ein Brand, aus dem Feuer gerettet? . . . Tut die unreinen Kleider von ihm. Und er sprach zu ihm: Siehe, ich habe deine Sünde von dir genommen und habe dich mit Feierkleidern angezogen. (Zu dem Hohenpriester Josua, der so die göttliche Bestätigung seines Amtes bekommt.)

Sein Trostwort:

Sach 2, 9 ich will eine feurige Mauer umher sein und will mich herrlich darin erzeigen.

2, 12 wer euch antastet, der tastet meinen Augapfel an.

2, 14 freue dich, Tochter Zion, ich komme und will bei dir wohnen!

3, 9 ich will die Sünde des Landes wegnehmen auf einen Tag.

4, 6 es soll nicht durch Heer oder Kraft, sondern durch meinen Geist geschehen.

6, 9 Krönung des Priesterkönigs.

8, 23 Die Heiden kommen und sagen: Wir wollen mit euch gehen, denn wir hören, daß Gott mit euch ist.

Sacharja, ist nach Jes 8, 2 der Freund des Jesaja. Er erwartet das Kommen eines demütigen Messiaskönigs, der ein Friedensreich begründet. Sacharja hat in hohem Maße die Gabe der Weissagung.

Sach 9, 9 aber du, Tochter Zion, freue dich sehr . . . siehe, dein König kommt zu dir, ein Gerechter und ein Helfer, arm, und reitet auf einem Esel . . .

11, 12 sie wogen dar, wieviel ich galt, dreißig Silberlinge (der Entschädigungspreis für einen getöteten Sklaven).

MALEACHI (mein Bote) (vielleicht nicht ein Eigenname), wirkt um 470 in der von Babel zurückgekehrten Judenschaft, die den Tempel erbaut hat und sich unter dem

Statthalter einer gewissen Ruhe erfreut. Es ist eine Zeit geringer Dinge. Man denkt klein von Gott. Das wirkt sich im Darbringen unwürdiger Opfer aus. Man hat die Distanz zu den Heiden verloren, geht Mischehen mit ihnen ein und entläßt das Weib seiner Jugend. Man ist ohne jeden seelischen Aufschwung. Mit diesem seelisch schlaffen, Gott gegenüber lauen Geschlecht, das frech und unbekümmert sündigt, nimmt nun Maleachi den Kampf auf und verkündigt ihm das Bußwort.

1. Das Bußwort.

Israels mangelhafter Gottesdienst:

Mal 1, 8 einem Fürsten wagt man das nicht zu schenken, was man Gott als Opfer zu bieten wagt.

2, 11 Juda entheiligt, was dem Herrn heilig ist, und buhlt mit eines fremden Gottes Tochter.

3, 14 es ist umsonst, daß man Gott dient, sagen sie.

3, 2 Wer wird den Tag seiner Zukunft erleiden, denn er ist wie das Feuer eines Goldschmieds und wie die Seife der Wäscher.

3, 5 ich will ein schneller Zeuge sein wider die Zauberer, die Ehebrecher und Meineidigen und wider die, so Gewalt und Unrecht tun den Tagelöhnern, Witwen und Waisen und den Fremdling drücken und mich nicht fürchten.

3, 7 ihr seid von eurer Väter Zeit an immer abgewichen von meinen Geboten . . .

3, 10 Bringet den Zehnten ganz in mein Kornhaus, auf daß in meinem Hause Speise sei, und prüfet mich darin, ob ich nicht des Himmels Fenster auftun werde und Segen herabschütten die Fülle.

3, 19 es kommt der Tag, der soll brennen wie ein Ofen, da werden alle Gottlosen und Verächter Stroh sein.

2. Die Verheißung.

Mal 3, 1 Siehe, ich will meinen Engel senden, der vor mir her den Weg bereiten soll. Bald wird kommen zu seinem Tempel der Herr, den ihr suchet, und der Engel des Bundes, des ihr begehret. Siehe, er kommt, spricht der Herr Zebaoth.

3, 23 siehe, ich will euch senden den Propheten Elia, ehe kommt der große und schreckliche Tag des Herrn, der soll das Herz der Väter bekehren zu den Kindern.

1, 11 vom Aufgang der Sonne bis zum Niedergang soll mein
Name herrlich werden unter den Heiden.

3, 20 euch aber, die ihr meinen Namen fürchtet, soll aufgehen die Sonne der Gerechtigkeit und Heil unter ihren Flügeln.

Die alttestamentlichen Gestalten stehen noch im Däm-
merlicht. Sie sehen noch nicht die Sonne des Heils. Nur
einzelne Strahlen der Offenbarung treffen ihr inneres
Auge. Aber die Besten stehen auf hoher Warte und
schauen aus nach dem Sonnenaufgang. Und ihre Seele
ist eingetaucht in das Morgenrot der messianischen Zeit.

II. TEIL

DIE GESTALTEN
DES NEUEN TESTAMENTS

8. ADVENTSGESTALTEN

ZACHARIAS (griechische Form für Sacharja), ist ein Priester aus der Ordnung Abia. Er ist fromm und untadelig in allen Geboten. Der Schmerz seines Lebens ist seine Kinderlosigkeit, die er nach der Meinung seines Volkes als eine Strafe Gottes ansehen muß. Sein Gebet bewegt sich oft um diese Not. Aber er ist allmählich abgestumpft. Er erwartet nichts mehr von seinem Gebet. Er erwartet auch nicht mehr die Erfüllung der messianischen Verheißungen, obwohl seine Seele nicht von ihnen loskommen kann. Deshalb erschrickt er, als die sichtbare Antwort aus der Welt Gottes in der Engelserscheinung einbricht, und kann auch jetzt noch nicht glauben. So verstummt er, während in seiner Seele die Erregung sich speichert wie ein gestauter Strom. Als das Kind geboren ist und im Tempel dargestellt wird, da bricht sich dieser Strom seiner Seele in begeisterten prophetischen Worten Bahn, die ein einzigartiger Heroldsruf des Evangeliums sind. Das kommende Heil besteht in der Einlösung der den Vätern gegebenen Verheißungen durch die Treue Gottes. Es ist Vergebung der Sünden, Gerechtigkeit, Heiligkeit und Frieden. Johannes ist der Wegbereiter des Herrn.

1. Zacharias ist fromm und untadelig im Gesetz, voll heißen Sehnens nach Kindersegen, nach Erfüllung der messianischen Verheißung, und doch allmählich ungläubig und hoffnungslos geworden.

Lk   1, 6 sie waren beide fromm und wandelten in allen Geboten und Satzungen untadelig.

1, 13 dein Gebet ist erhört, dein Weib wird einen Sohn gebären.

1, 68 er hat besucht und erlöset sein Volk, wie er vorzeiten geredet hat durch den Mund seiner Propheten.

1, 18 Wobei soll ich das erkennen? Denn ich bin alt.

1, 20 du wirst verstummen, weil du meinen Worten nicht geglaubt hast.

2. Er erfaßt unter dem Gericht der Stummheit das nahe Kommen des den Vätern verheißenen messianischen Heils und wird der erste Sänger des Neuen Bundes.

Lk   1, 68 Gelobet sei der Herr, der Gott Israels, denn er hat besucht und erlöset sein Volk und hat uns aufgerichtet ein Horn des Heils.

1, 72 daß er gedächte an seinen Bund und an den Eid, den er geschworen hat unserem Vater Abraham.

1, 77 und Erkenntnis des Heils gebest seinem Volk, das da ist in Vergebung ihrer Sünden.

Lk   1, 76 du, Kindlein, wirst vor dem Herrn hergehen, daß du seinen Weg bereitest.

1, 74 daß wir ihm dienten ohne Furcht unser Leben lang in Heiligkeit und Gerechtigkeit, die ihm gefällig ist.

ELISABETH (Gott ist getreu), das Weib des Priesters Zacharias, aus aaronitischem Stamm, leidet unter der Schmach der Kinderlosigkeit, die als Strafe Gottes angesehen wird, und demütigt sich darunter. Im Gegensatz zum Unglauben ihres Mannes hält sie am Glauben fest, daß bei Gott kein Ding unmöglich ist. Sie nimmt die endliche wunderbare Hilfe ganz aus der Gnade Gottes, der sie angesehen hat. Sie lebt in seliger Freude darüber, daß sie geglaubt hat und nicht zuschanden geworden ist, und in Erwartung der Wunder Gottes dahin. So bekommt sie die prophetische Gewißheit, daß ihr in Maria die Mutter des Messias begegnet. Sie nimmt Maria drei Monate bei sich auf. Beide Frauen preisen den Herrn in innigen Psalmen.

1. Sie leidet unter ihrer Schmach und wird darinnen tief gedemütigt.

Lk 1, 7 sie hatten kein Kind, denn Elisabeth war unfruchtbar, und waren beide wohlbetagt.
1, 25 also hat mir der Herr getan in den Tagen, da er mich angesehen hat, daß er meine Schmach unter den Menschen von mir nehme.
1, 43 woher kommt mir das, daß die Mutter meines Herrn zu mir kommt?

2. Sie ist fromm und hält am Glauben fest, daß Gott, wenn er sie ansieht, ihr helfen kann.

Lk 1, 6 sie waren beide fromm.
1, 45 selig bist du, die du geglaubt hast (so spricht sie zu Maria aus eigener Erfahrung).
1, 25 der Herr hat mich angesehen.

3. Sie wird erfüllt mit dem Geist der Weissagung und erkennt in Maria die Mutter des Messias.

Lk 1, 41 Elisabeth ward des Heiligen Geistes voll.
1, 42 Gebenedeit bist du unter den Weibern!
1, 43 die Mutter meines Herrn.

MARIA (Mirjam, Bitterkeit, Betrübnis) (vielleicht als Verwandte Elisabeths aus priesterlichem Hause), ist die reine, holdselige, demütig gehorsame, glaubende, in den Verheißungen der Väter lebende, still besinnliche Magd, die Gottes Gnade erwählt hat, die Mutter seines eingeborenen Sohnes zu werden. Sie erlebt in tiefer Beseligung die Freude, Mutter des Herrn zu sein, und jubelt sie im Psalm hinaus. Sie hat an ihrem Sohn eine Stütze bis zu seinem 30. Jahr und vertraut ihm, daß er zu allen Sachen Rat weiß. Sie erlebt mit tiefem Schmerz, daß ihr Sohn ganz anders ist als sonst ein Mensch und ihrer mütterlichen Leitung entgleitet, weil er ganz auf den himmlischen Vater hört. Sie macht vergeblich den Versuch, ihn in den schützenden Kreis der Familie zurückzuholen und muß ihn zum Kreuze ziehen lassen. Dort geht das Schwert durch ihr Herz, von dem Simeon gesprochen hat. Sie ist mit Johannes, der Sohnesstatt an ihr vertritt, unter der Schar der ersten Jünger. So hat sie sich durchgerungen von der Mutterliebe zum Glauben an den Heiland.

1. Sie ist von Gott erwählt, Mutter des Eingeborenen zu sein;

Lk   1, 30 Fürchte dich nicht, du hast Gnade bei Gott gefunden!

a) sie ist rein und holdselig;

Lk   1, 34 wie soll das zugehen, sintemal ich von keinem Manne weiß?
1, 28 gegrüßet seist du, Holdselige!

b) sie lebt in den Verheißungen der Väter;

Lk   1, 54 Er denket der Barmherzigkeit, wie er geredet hat unseren Vätern, Abraham und seinem Samen ewiglich.

c) sie ist gläubig;

Lk   1, 37 bei Gott ist kein Ding unmöglich.
1, 45 selig bist du, die du geglaubt hast.

d) sie ist demütig und gehorsam;

Lk   1, 52 er stößt die Gewaltigen vom Stuhl und erhebt die Niedrigen (sie erkennt den Grundsatz der göttlichen Regierung).
1, 48 er hat die Niedrigkeit seiner Magd angesehen.
1, 38 siehe, ich bin des Herrn Magd, mir geschehe, wie du gesagt hast.

e) sie bewegt alles still in ihrem Herzen.

Lk   2, 19 Maria behielt alle diese Worte und bewegte sie in ihrem Herzen.
2, 51 Seine Mutter behielt alle diese Worte in ihrem Herzen.

2. Sie erlebt die beseligende Freude, Mutter des Herrn zu sein, und jubelt sie in ihrem Psalm hinaus.

Lk   1, 46 Maria sprach: Meine Seele erhebt den Herrn, und mein Geist freut sich Gottes, meines Heilandes, denn er hat die

Niedrigkeit seiner Magd angesehen, denn von nun an werden mich selig preisen alle Kindeskinder, denn er hat große
Dinge an mir getan.

3. Sie traut Jesus, der ihre Stütze ist bis zu seinem 30. Lebensjahr, zu, daß er in allen Verlegenheiten helfen kann, so daß sie auch wunderliche Anordnungen befolgt.

Joh   2, 3 Die Mutter Jesu spricht zu ihm: Sie haben nicht Wein.
        2, 5 Seine Mutter spricht zu den Dienern: Was er euch sagt,
        das tut!

4. Maria erlebt, wie die Weissagung Simeons sich schrittweise erfüllt.

Lk   2, 34 dieser wird gesetzt zu einem Fall und Auferstehen vie-
        ler in Israel und zu einem Zeichen, dem widersprochen wird
        . . . und es wird ein Schwert durch deine Seele dringen.
Lk   2, 48 Mein Sohn, warum hast du uns das getan? Siehe, dein
        Vater und ich haben dich mit Schmerzen gesucht.
Joh   2, 4 Weib (soviel wie Frau), was habe ich mit dir zu schaffen?
Lk   8, 19 es gingen aber hinzu seine Mutter und Brüder und
        konnten vor dem Volk nicht zu ihm kommen. Und es ward
        ihm angesagt: Deine Mutter und Brüder stehen draußen und
        wollen dich sehen. Er aber antwortete und sprach zu ihnen:
        Meine Mutter und Brüder sind diese, die Gottes Wort hören
        und tun.
Mk   3, 21 da es die Seinen hörten (daß sie vor dem Volk nicht
        Raum hatten, zu essen), gingen sie aus und wollten ihn hal-
        ten, denn sie sprachen: Er ist von Sinnen.
Joh   19, 25 es stand aber bei dem Kreuze Jesu seine Mutter.
        19, 26 der Herr sorgt für sie: Weib, siehe, das ist dein Sohn!
        Danach zu dem Jünger: Siehe, das ist deine Mutter. Und von
        der Stunde an nahm sie der Jünger zu sich.

5. Maria kommt von der Mutterliebe zum Glauben an den Erlöser.

Ap   1, 14 diese waren alle stets beieinander mit Beten und Fle-
        hen samt den Weibern und Maria, der Mutter Jesu, und sei-
        nen Brüdern.

JOSEPH, ein Davidide (Stammbaum bei Matthäus: die
rechtliche Sohnesfolge, und bei Lukas: die blutmäßige

Verwandtschaft), ist ein schlichter Zimmermann. Er ist fromm und wartet auf die Erfüllung der messianischen Verheißungen. Er umgibt Maria mit reiner, rücksichtsvoller Liebe. Er ist gewissenszart, beherrscht und von einem männlichen Gerechtigkeitsgefühl beseelt. An der herben, wortkargen, männlichen Art seines Sohnes Jakobus (Jak 1, 2 achtet für eitel Freude, wenn ihr in mancherlei Anfechtungen fallet) sieht man das Wesen des Vaters. Gott kann in Träumen zu ihm reden. Er gehorcht blindlings und sofort. So beschirmt er die Kindheit Jesu mit väterlicher Kraft und Fürsorge. Er muß in den Jünglingsjahren Jesu gestorben sein, denn er tritt in der heiligen Geschichte nach dem ersten Tempelgang mit dem zwölfjährigen Sohn völlig zurück.

1. Joseph ist Bauhandwerker und wohnt in dem wirtschaftlich aufblühenden Norden, wo er leicht Verdienst findet. Er weiß, daß die Heimat seiner Väter Bethlehem ist, wo er noch Grundstücke besitzt.

Lk 2, 4 Da machte sich auf auch Joseph aus Galiläa, aus der Stadt Nazareth, in das jüdische Land, zur Stadt Davids, die da heißt Bethlehem, darum, daß er von dem Hause und Geschlechte Davids war.

2. Joseph ist ein frommer Mann, in dem die messianischen Verheißungen seines Volkes, zumal er Davidide ist, lebendig sind.

Mt 1, 20 Du Sohn Davids.
1, 19 Joseph aber, ihr Mann, war fromm.
Lk 2, 41 Sie gingen alle Jahre gen Jerusalem auf das Osterfest.

3. Er ist gewissenszart, beherrscht und von einem männlichen Gerechtigkeitsgefühl beseelt.

Mt 1, 19 Er wollte Maria nicht in Schanden bringen, gedachte aber, sie heimlich zu verlassen.
1, 25 Er erkannte sie nicht, bis sie ihren ersten Sohn gebar.

4. Er gehorcht den Weisungen, die ihm Gott im Traume gibt.

Mt 1, 20 Da erschien ihm ein Engel des Herrn im Traum und sprach: Fürchte dich nicht, Maria, dein Gemahl, zu dir zu nehmen.

2, 13 Da erschien der Engel des Herrn dem Joseph im Traum und sprach: Stehe auf, nimm das Kindlein und seine Mutter zu dir und fliehe nach Ägyptenland und bleib alsda, bis ich dir sage.

2, 19 Da Herodes gestorben war, da erschien der Engel des Herrn dem Joseph im Traum in Ägyptenland und sprach: Stehe auf und nimm das Kindlein und seine Mutter zu dir und ziehe hin in das Land Israel: Sie sind gestorben, die dem Kindlein nach dem Leben standen. Und er stand auf und nahm das Kindlein und seine Mutter zu sich und kam in das Land Israel.

2, 22 Und im Traum empfing er Befehl von Gott und zog in die Örter des galiläischen Landes und kam und wohnte in der Stadt Nazareth.

SIMEON (Erhörung), ist ein ehrwürdiger, frommer Greis. Er nimmt Gottes Wort ernst, lebt im Gehorsam des Wortes Gottes und hat Gemeinschaft mit Gott. Die Wirklichkeit Gottes ist für ihn so stark, daß er die gottferne Wirklichkeit seines Volkes und der Welt nur mit schmerzlicher Sehnsucht nach der Gottesherrschaft ertragen kann. So lebt er in gläubiger Erwartung in den großen Verheißungen der Schrift. Er ist innerlich gewiß geworden, noch das Kommen des Heils sehen zu dürfen. Der zweite Jesaja mit seinem weltweiten Missionsgedanken und seinem Wissen um den leidenden Gottesknecht hat seinen Hoffnungen Richtung gegeben. Er erwartet den Heiland als ein Licht, das die Heiden erleuchtet, und weiß, daß der Heilstag Gottes für die ganze Welt anbrechen wird. Er sieht mit prophetischem Blick, daß das Kommen des Reiches Gottes die Menschen seines Volks vor die Entscheidung stellen und

Widerspruch finden wird. Er weiß, daß sich Gottes Reich unter Kämpfen und Leiden durchsetzen wird, die die Seele der Mutter Maria treffen werden. Die Mutter hat den Sohn zu opfern für den Sieg Gottes. Simeon steht unter der Führung des Heiligen Geistes und gehorcht seinen Anregungen. Er bekommt erleuchtete Glaubensaugen, daß er in dem hilflosen Jesuskind den kommenden Retter sehen kann.

1. Simeon ist fromm und gottesfürchtig, lebt in Gemeinschaft mit Gott, traut den Verheißungen seines Worts, leidet daher unter der Gottferne der Welt und wartet auf das Kommen des göttlichen Heils.

Lk 2, 25 Ein Mensch war zu Jerusalem, mit Namen Simeon; und derselbe Mensch war fromm und gottesfürchtig und wartete auf den Trost Israels, und der Heilige Geist war in ihm.

Lk 2, 26 Dem Wartenden war die Gewißheit geworden, daß er vor seinem Tode den Heiland sehe.

2. Er lebt in den Weissagungen Jesajas.

Lk 2, 32 Der Messias ein Licht, zu erleuchten die Heiden (Jes 42, 6; 49, 6).
2, 34 Der Messias ein Zeichen, dem widersprochen wird (Jes. 8, 14).
2, 35 Es wird ein Schwert durch deine Seele dringen (Jes 53).

3. Er bekommt Antwort auf sein Fragen und Warten und gehorcht der Führung des Heiligen Geistes.

Lk 2, 26 Ihm war eine Antwort geworden von dem Heiligen Geist, er sollte den Tod nicht sehen, er hätte denn zuvor den Christus des Herrn gesehen.
2, 27 Er kam aus Anregen des Geistes in den Tempel.

4. Darum erkennt er mit dem durch den Umgang mit Gottes Wort geschärften Blick des Glaubens in dem Kinde den Heiland der Welt und sieht seinen kommenden Weg.

Lk   2, 28 Nahm ihn auf seine Arme, lobte Gott und sprach: . . .
      Meine Augen haben deinen Heiland gesehen.

HANNA (Huld), ist eine Greisin, deren Leben durch den
frühen Tod ihres Mannes in tiefes Leid geführt und
von Gott getröstet worden ist. Gott ist ihr Lebensinhalt
geworden. Sie läßt im Tempel sein Wort zu sich reden,
spricht im Gebet mit Gott und dient ihm in freiem Verzichten. So hat sie das geisterhellte Auge, die Bedeutung
der Stunde, da Jesus im Tempel dargestellt wird, zu erkennen. Die Woge der Freude, die über sie kommt, erweckt sie zum Lobpreis und zum Bekenntnis vor der
Gemeinde der auf Gott Wartenden.

1. Hanna ist in tiefem Leid durch Gott getröstet.

Lk   2, 36 hatte gelebt sieben Jahre mit ihrem Manne und war
      nun eine Witwe bei vierundachtzig Jahren; die kam nimmer
      vom Tempel.

2. Sie dient Gott.

Lk   2, 37 Sie diente Gott mit Fasten und Beten Tag und Nacht.

3. So erkennt sie im Jesuskind den Messias, preist Gott und bekennt den Erlöser.

Lk   2, 38 Sie trat auch hinzu zu derselben Stunde und pries den
      Herrn und redete von ihm zu allen, die da auf die Erlösung
      warteten.

JOHANNES DER TÄUFER (griechische Form für das he-
bräische Johanan — Gott ist gnädig), ist aufgewachsen
im Kreis derer, die auf die Erlösung warten, deren Gedanken von den Weissagungen Jesajas bestimmt sind.
Infolge der wunderbaren Geschehnisse bei seiner Geburt ist er von Kind an in die Richtung auf Gott gewiesen und sich einer besonderen Sendung bewußt. Auf
diese Sendung bereitet er sich vor in der Wüste, indem
er mit den großen Worten des zweiten Jesaja sich be-

schäftigt. Im 15. Jahr des Kaisers Tiberius tritt er in der Jordangegend hervor im Bewußtsein, auf Gottes Befehl der Wegbereiter des nahen Messias zu sein.

In seiner äußeren Gestalt und Lebensweise ist er der Wüstensohn, der zur Welt der Zivilisation in einen starken Gegensatz tritt und so die Aufmerksamkeit erregt.

Die Wegbereitung besteht in der Aufforderung zur Umkehr zu Gott, vor dem unser Leben in Vergangenheit, Gegenwart und Zukunft als ein Ganzes daliegt. Umkehr zu Gott bedeutet deshalb ein In-Ordnung-Bringen der Vergangenheit und Zukunft. Das geschieht durch Gottes Gnadenangebot in der Wassertaufe zur Vergebung der Sünde und durch den gehorsamen Wandel, zu dem der Mensch frei wird, weil er von der Last der sündigen Vergangenheit erlöst ist. Wer Gott um die Frucht der Buße in einem gehorsamen Leben betrügt, auf den wartet das göttliche Gericht, vor dem weder die Zugehörigkeit zum auserwählten Volk, die Blutsverwandtschaft mit Abraham, noch die Zugehörigkeit zur gesetzesstrengen Gruppe der Pharisäer und dem priesterlichen Adel der Sadduzäer retten kann.

Die Wegbereitung ist in allem ihrem Tun Hinweis auf den kommenden Messias. Der auf den Messias hinweisend ausgestreckte Finger gehört zur Gestalt des Täufers und kann von ihr nicht weggedacht werden. Der eigentlich Wirkende in der Vergebung der Sünden und in der Reinigung vom verwerflichen Tun, im Ausführen der großen Scheidungen des Gerichts ist der Kommende. In seinem Wissen um die nur vorläufige Aufgabe ist die tiefe Demut des Täufers begründet, die jedes Endgültigsein ablehnt.

Johannes erkennt als erster in Jesus den Messias auf

Grund der Überlieferung seines Elternhauses und der
göttlichen Bestätigung bei der Taufe Jesu. Der Wegbereiter wird zum Zeugen Jesu. Damit ist sein Werk vollbracht.

Im Wissen um das Dasein des gewaltigen Erlösers stei-
gert sich der Mut des Täufers zum todverachtenden
Heldentum. Er verläßt die Wüste und sagt dem Gewalt-
herrscher Herodes das Bußwort. Als er im Gefängnis
um Gottes willen schmachtet, hofft er auf das Eingreifen des Christus. Als nichts erfolgt, gerät er in Anfechtung, ob der stille Helfer Jesus auch der ist, der die Ten-
ne fegen und die Spreu verbrennen wird. Er richtet entschlossen seine Zweifelsfragen an Christus selbst und
bekommt die Antwort mit den Worten, die an Jesaja
(Kap. 61 u. 35) anklingen: Der große Helfer ist da, zu
helfen, nicht zu richten. Selig ist, der sich nicht an ihm
ärgert, wenn sein Weg eigene Wünsche durchkreuzt.
Der Täufer stirbt still und getrost im Kerker auf den
einer Weinlaune entsprungenen Befehl des Herodes.
Christus nennt ihn den größten Propheten, den wieder-
gekommenen Elia, und knüpft mit seinem Werk da an,
wo der Täufer aufgehört hat.

1. Die Umwelt, aus der Johannes hervorwächst (siehe Zacharias und Elisabeth).

Lk 2, 38 Alle, die da auf die Erlösung zu Jerusalem warteten.
1, 15 Er wird groß sein vor dem Herrn; Wein und starkes
Getränk wird er nicht trinken und wird noch im Mutterleibe
erfüllt werden mit dem Heiligen Geist. Und er wird der
Kinder Israel viele zu Gott, ihrem Herrn, bekehren. Und er
wird vor ihm hergehen im Geist und Kraft des Elia, zu bekehren die Herzen der Väter zu den Kindern und die Ungläubigen zu der Klugheit der Gerechten, zuzurichten dem
Herrn ein bereitet Volk. (Der Engel zu Zacharias.)
1, 65 Diese ganze Geschichte ward ruchbar auf dem ganzen
jüdischen Gebirge. Und alle, die es hörten, nahmen's zu Her-

zen und sprachen: Was meinst du, will aus dem Kindlein werden? Denn die Hand des Herrn war mit ihm.

2. Johannes der Wegbereiter des Messias.

a) durch die Weissagung zur Wegbereitung gerufen (Lk 1, 15).

Jes 40, 3 Es ist eine Stimme eines Predigers in der Wüste: Bereitet dem Herrn den Weg.

b) Durch den Befehl Gottes mit der Wegbereitung beauftragt.

Lk 3, 1 Im fünfzehnten Jahr des Kaisers Tiberius, da Hannas und Kaiphas Priester waren, da geschah der Befehl Gottes zu Johannes, des Zacharias Sohn, in der Wüste.

c) Die Form seines Auftretens als Wegbereiter ist die des Nasiräers und der Propheten.

Mt 3, 4 Er aber, Johannes, hatte ein Kleid von Kamelhaaren und einen ledernen Gürtel um die Lenden; seine Speise aber war Heuschrecken und wilder Honig.

2 Kö 1, 8 Er hatte eine rauhe Haut an und einen ledernen Gürtel um seine Lenden (von Elia).

4 M 6, 1–21 Nasiräer (Gottgeweihte), siehe Lk 1, 15 Wein wird er nicht trinken.

d) Die Wegbereitung besteht in der Taufe der Buße zur Vergebung der Sünden und zum Gehorsam.

Mt 3, 7 Als er nun viele Pharisäer und Sadduzäer sah zu seiner Taufe kommen, sprach er zu ihnen: Ihr Otterngezücht, wer hat denn euch gewiesen, daß ihr dem künftigen Zorn entrinnen werdet? Sehet zu, tut rechtschaffene Frucht der Buße. Denkt nur nicht, daß ihr bei euch wollt sagen, wir haben Abraham zum Vater. Ich sage euch: Gott vermag dem Abraham aus diesen Steinen Kinder zu erwecken. Es ist schon die Axt den Bäumen an die Wurzel gelegt. Darum, welcher Baum nicht gute Frucht bringt, wird abgehauen und ins Feuer geworfen.

Lk 3, 10–14 Das Volk fragte ihn: Was sollen wir denn tun? Er antwortete: Wer zwei Röcke hat, der gebe dem, der keinen hat, und wer Speise hat, tue auch also. Zu den Zöllnern sprach er: Fordert nicht mehr, denn gesetzt ist. Zu den Kriegsleuten: Tut niemand Gewalt noch Unrecht. Lasset euch genügen an eurem Solde.

Mt   3, 6 Sie ließen sich taufen von ihm im Jordan und bekannten
     ihre Sünden.

Lk   3, 3 Er predigte die Taufe der Buße zur Vergebung der Sün-
     den.

e) Sein Hinweis auf den Kommenden. Der Wegbereiter wird zum Zeugen Jesu und vollendet damit sein Werk.

Lk   3, 16 Ich taufe euch mit Wasser; es kommt aber ein Stärkerer
     nach mir, der wird euch mit dem Heiligen Geist und mit
     Feuer taufen.

Joh 1, 26 Er ist mitten unter euch getreten, den ihr nicht kennt.
     Der ist's, der nach mir kommen wird, welcher vor mir gewe-
     sen ist, des ich nicht wert bin, daß ich seine Schuhriemen
     auflöse.

Lk   3, 17 In seiner Hand ist die Wurfschaufel, und er wird seine
     Tenne fegen und wird den Weizen in seine Scheune sammeln,
     und die Spreu wird er mit ewigem Feuer verbrennen.

Joh 1, 29 Johannes sieht Jesum zu ihm kommen und spricht:
     Siehe, das ist Gottes Lamm, welches der Welt Sünde trägt!
     Dieser ist's, von dem ich gesagt habe, nach mir kommt ein
     Mann, der vor mir gewesen ist; denn er war eher denn ich.
     1, 32 Johannes zeugte und sprach: Ich sah, daß der Geist
     herabfuhr wie eine Taube vom Himmel und blieb auf ihm.
     Und der mich sandte, sprach zu mir: Auf welchen du sehen
     wirst den Geist herabfahren und auf ihm bleiben, der ist's,
     der mit dem Heiligen Geist tauft. Und ich sah es und zeugte,
     daß dieser ist Gottes Sohn.
     1, 36 Als er sah Jesum wandeln, sprach er zu zwei seiner
     Jünger: Siehe, das ist Gottes Lamm.

3. Die Demut des Täufers.

Lk   3, 16 Es kommt ein Stärkerer nach mir, dem ich nicht ge-
     nugsam bin, daß ich ihm die Schuhriemen auflöse.

Joh 1, 20 Und er bekannte und leugnete nicht: Ich bin nicht Chri-
     stus. Er sprach: Ich bin eine Stimme eines Predigers in der
     Wüste.
     3, 30 Er muß wachsen, ich aber muß abnehmen (als ihm ge-
     sagt wird, daß Jesus großen Zulauf hat).
     3, 29 Wer die Braut hat, der ist der Bräutigam. Der Freund
     aber des Bräutigams steht und hört ihm zu und freut sich
     hoch über des Bräutigams Stimme. Diese meine Freude ist
     nun erfüllt.

4. Der Mut des Täufers entspringt aus seinem Auftrag.

Lk 3, 7 Ihr Otterngezücht (seine Sprache mit Pharisäern und Sad-
duzäern).

Mt 14, 4 Johannes zu Herodes: Es ist nicht recht, daß du deines
Bruders Weib habest.

5. Die Abendschatten im Leben des Täufers und das Licht Jesu.

Mt 11, 2 Da Johannes im Gefängnis die Werke Christi hörte,
ließ er ihm sagen: Bist du, der da kommen soll, oder sollen
wir eines anderen warten?
11, 4 Jesus antwortete und sprach zu ihnen: Gehet hin und
saget Johannes wieder, was ihr sehet und höret: die Blinden
sehen, und die Lahmen gehen . . . und selig ist, wer sich
nicht an mir ärgert.
14, 10 Herodes schickte hin und enthauptete Johannes im
Gefängnis. Da kamen seine Jünger und nahmen seinen Leichnam und begruben ihn und kamen und verkündeten das
Jesu.

6. Das Wort Jesu über den Täufer.

Mt 11, 9 Er ist mehr denn ein Prophet. Unter allen, die von
Weibern geboren sind, ist nicht aufgekommen, der größer
sei denn Johannes der Täufer. Der aber der Kleinste ist im
Himmelreich, ist größer denn er . . . Er ist Elia, der da soll
zukünftig sein.

7. Ein Nachklang seines Wirkens.

Ap 18, 25 Apollos wußte allein von der Taufe des Johannes.
19, 3 Jünger in Ephesus, die nur mit der Taufe des Johannes
getauft sind.

JESUS CHRISTUS, wahrer Mensch und wahrer Gott. Sein Bild sprengt in jedem Zug den Rahmen der Menschlichkeit und ist doch in diesen Rahmen durch die Selbsterniedrigung völlig eingeschlossen. Aber eben die Selbsterniedrigung Jesu beweist, daß er der ganz andere ist, den Gott erhöht hat, weil er in göttlicher Gestalt ist. Er ist Gottes letztes Wort, das fleischgewordene Wort. In ihm bekommt alles Geschaffene seinen Sinn, auf ihn zielt die Schrift. Er ist der Welten Heil und Richter.

1. Jesus Christus ist in göttlicher Gestalt und Gott gleich (Phil. 2, 6).

a) Das Zeugnis der Engel.

Mt   1, 20 Der Engel des Herrn zu Joseph: Das in ihr geboren ist, das ist von dem Heiligen Geist.

Lk   1, 32 Der Engel zu Maria: Er wird groß sein und ein Sohn des Höchsten genannt werden.
2, 11 Euch ist heute der Heiland geboren.
24, 5 Die Engel am Grabe Jesu: Was suchet ihr den Lebendigen bei den Toten? Er ist nicht hier, er ist auferstanden.

Ap   1, 11 Engel zu den Jüngern: Dieser Jesus, welcher von euch ist aufgenommen gen Himmel, wird kommen, wie ihr ihn gesehen habt gen Himmel fahren.

b) Das Zeugnis des Vaters.

Mk   1, 11 Da geschah eine Stimme vom Himmel: Du bist mein lieber Sohn, an dem ich Wohlgefallen habe.

Mt   17, 5 Eine Stimme aus der Wolke sprach: Dies ist mein lieber Sohn, an dem ich Wohlgefallen habe; den sollt ihr hören.

Joh   12, 28 Da kam eine Stimme vom Himmel: Ich habe ihn verklärt und will ihn abermals verklären. (Zeugnis durch Stimme vom Himmel.)
10, 38 Glaubet doch den Werken, wollt ihr mir nicht glauben, auf daß ihr erkennet und glaubet, daß der Vater in mir ist, und ich in ihm.

3, 2 Niemand kann die Zeichen tun, die du tust, es sei denn Gott mit ihm.

10, 25 Die Werke, die ich tue in meines Vaters Namen, die zeugen von mir.

5, 36 Die Werke, die mir der Vater gegeben hat, daß ich sie vollende, eben diese Werke zeugen von mir, daß mich der Vater gesandt hat. (Das Zeugnis der Werke.)

Mt   28, 9 Der Auferstandene begegnet den Jüngern.

Mk   16, 9 Jesus aber, da er auferstanden war, erschien er am ersten der Maria Magdalena.

Lk   24, 31 Da wurden ihre Augen geöffnet, und sie erkannten ihn, und er verschwand vor ihnen.

24, 36 Jesus trat mitten unter sie und sprach zu ihnen: Friede sei mit euch.

Joh   20, 19 Der Auferstandene erscheint den Jüngern.

20, 26 Dem Thomas.

21 Der Auferstandene am See Genezareth. (Zeugnis durch Auferweckung.)

c) Das Selbstzeugnis Jesu.

In Worten.

Joh   8, 58 Ehe Abraham ward, bin ich.

Mt   11, 27 Alle Dinge sind mir übergeben von meinem Vater. Niemand kennet den Sohn denn nur der Vater; und niemand kennet den Vater denn nur der Sohn.

5, 22 Ich aber sage euch: (Jesus der Herr der Schrift.)

7, 23 Jesus richtet am Jüngsten Tage.

10, 32 Wer mich bekennet vor den Menschen, den will ich bekennen vor meinem himmlischen Vater.

26, 63 Der Hohepriester: Ich beschwöre dich vor dem lebendigen Gott, daß du uns sagest, ob du seiest Christus, der Sohn Gottes. Jesus sprach zu ihm: Du sagst es. Von nun an wird's geschehen, daß ihr sehen werdet des Menschen Sohn sitzen zur Rechten der Kraft und kommen in den Wolken des Himmels.

28, 18 Mir ist gegeben alle Gewalt im Himmel und auf Erden . . . Taufet sie im Namen Gottes des Vaters, des Sohnes und des Heiligen Geistes . . . und siehe, ich bin bei euch alle Tage, bis an der Welt Ende.

In Taten.

Mt   9, 6 Er vergibt dem Gichtbrüchigen die Sünden: auf daß ihr aber wisset, daß des Menschen Sohn Macht habe, auf Erden Sünden zu vergeben, sprach er zu dem Gichtbrüchigen: Stehe auf, hebe dein Bett auf und gehe heim. Und er stand auf.

8, 23 Jesus stillt den Sturm (er ist der Herr über die Natur).

11, 5 Die Blinden sehen, die Lahmen gehen, die Aussätzigen werden rein, die Tauben hören, die Toten stehen auf.

9, 25 Das Töchterlein des Jairus.

Lk   7, 14 Jüngling zu Nain.

Joh 11, 43 Lazarus.

d) Das Zeugnis der Apostel.

Mt   16, 16 (Petrus) Du bist Christus, des lebendigen Gottes Sohn.

Ap   2, 32 Diesen Jesus hat Gott auferweckt. Des sind wir alle Zeugen.

3, 15 Den Fürsten des Lebens habt ihr getötet. Den hat Gott auferweckt von den Toten. Des sind wir Zeugen.

4, 10 Im Namen Jesus Christus von Nazareth, den Gott von den Toten auferweckt hat, steht dieser allhier gesund.

7, 55 (Stephanus) Ich sehe den Himmel offen und des Menschen Sohn zur Rechten Gottes stehen.

10, 38 Petrus zu Cornelius: Gott hat diesen Jesus von Nazareth gesalbt mit dem Heiligen Geist und Kraft, der umhergezogen ist und hat wohlgetan und gesund gemacht alle, die vom Teufel überwältigt waren; denn Gott war mit ihm. Und wir sind Zeugen alles des, was er getan hat.

2 Pe 1, 16 Wir sind nicht klugen Fabeln gefolgt, da wir euch kundgetan haben die Kraft und Zukunft unseres Herrn Jesus Christus, sondern wir haben seine Herrlichkeit selber gesehen.

Joh   1, 14 (Johannes) Das Wort ward Fleisch und wohnte unter uns. Und wir sahen seine Herrlichkeit, eine Herrlichkeit als des eingeborenen Sohnes vom Vater, voller Gnade und Wahrheit.

1, 1 Im Anfang war das Wort, und das Wort war bei Gott, und Gott war das Wort, und alle Dinge sind durch dasselbe gemacht. Und ohne dasselbe ist nichts gemacht, was gemacht ist.

1 Joh 1, 1 Das da von Anfang war, das wir gehört haben, das wir gesehen haben mit unseren Augen, das wir beschaut haben und unsere Hände betastet haben, vom Wort des Lebens.

Ap   22, 7 Paulus: Eine Stimme sprach zu mir: Saul, Saul, was verfolgst du mich? Ich antwortete aber: Herr, wer bist du? Und er sprach zu mir: Ich bin Jesus von Nazareth, den du verfolgst.

Rö   1, 3 Sein Sohn, der geboren ist von dem Samen Davids nach dem Fleisch und kräftig erwiesen ein Sohn Gottes nach dem

Geist seit der Zeit, da er auferstanden ist von den Toten, Jesus Christus, unser Herr.

1 Kr 15, 3 Ich habe euch gegeben, was ich auch empfangen habe: daß Christus gestorben sei für unsere Sünden nach der Schrift, daß er begraben sei und daß er auferstanden sei am dritten Tage nach der Schrift . . .

Kol 1, 16 Durch ihn ist alles geschaffen, was im Himmel und auf Erden ist. Es ist alles durch ihn und zu ihm geschaffen.

2, 9 In ihm wohnt die ganze Fülle der Gottheit leibhaftig.

Heb 1, 3 Er ist der Glanz seiner Herrlichkeit und das Ebenbild seines Wesens, und er trägt alle Dinge mit seinem kräftigen Wort und hat gemacht die Reinigung unserer Sünden durch sich selbst, und hat sich gesetzt zur Rechten der Majestät in der Höhe.

2. Er erniedrigte sich selbst
und nahm Knechtsgestalt an,

Mt 20, 28 Des Menschen Sohn ist nicht gekommen, daß er sich dienen lasse, sondern daß er diene.

Lk 22, 27 Ich bin unter euch wie ein Diener.

Joh 13, 3 Als Jesus wußte, daß ihm der Vater alles in seine Hände gegeben . . . hob er an, den Jüngern die Füße zu waschen.

ward wie ein anderer Mensch,

Lk 2, 51 Er ging mit ihnen hinab und war ihnen untertan.

Mt 3, 13 läßt sich taufen mitten unter den Sündern.

11, 19 Sie sagen: Siehe, der Zöllner und Sünder Geselle. (Unter den Sündern.)

4, 3 Der Versucher trat zu ihm.

Lk 4, 13 Da der Teufel die Versuchung vollendet hatte, wich er von ihm eine Zeitlang.

Mt 16, 23 Hebe dich weg von mir, Satan!

Heb 4, 15 Versucht allenthalben gleich wie wir, doch ohne Sünde. (Versucht wie wir.)

Mk 1, 35 Des Morgens vor Tage stand er auf, ging hinaus. Und Jesus ging in eine wüste Stätte und betete daselbst.

7, 34 Sah auf gen Himmel, seufzte.

Joh 11, 41 Jesus hob seine Augen empor und sprach: Vater!

Mt 26, 39 Betet in seiner schweren Stunde in Gethsemane. (Betet wie wir.)

an Gebärden als ein Mensch erfunden.

Mt 4, 2 Es hungerte ihn.

21, 18 Es hungerte ihn.

Joh   19, 28 Mich dürstet.
Mt   8, 24 Er schlief.
Lk   12, 50 Wie ist mir so bange, bis die Bluttaufe vollendet
      werde!
Mt   26, 37 Er fing an zu trauern und zu zagen.
      26, 38 Bleibet hier und wachet mit mir. (Sucht Gemeinschaft
      mit Menschen in seiner Not.)

Er ward gehorsam:

Joh   4, 34 Meine Speise ist die, daß ich tue den Willen des, der
      mich gesandt hat, und vollende sein Werk.

in der Liebe zu seinem Volk,

Mt   10, 5 Gehet nicht auf der Heiden Straße, sondern geht hin zu
      den verlorenen Schafen aus dem Hause Israel.
      15, 26 Es ist nicht fein, daß man den Kindern ihr Brot nehme.
      23, 37 Wie oft habe ich deine Kinder versammeln wollen,
      wie eine Henne ihre Küchlein versammelt.

in der Liebe bis zum Tod,

Mt   11, 28 Kommet her zu mir, alle (schrankenlose Liebe).
Lk   7, 37 Die große Sünderin.
Mk   10, 21 Jesus sah ihn an und liebte ihn.
Joh   13, 1 Wie er geliebt hatte die Seinen, so liebte er sie bis
      ans Ende.
      15, 13 Niemand hat größere Liebe denn die, daß er sein Le-
      ben läßt für seine Freunde.
Mt   26, 50 Mein Freund (zu Judas nach seinem Verräterkuß).
Lk   23, 34 Vater, vergib ihnen, denn sie wissen nicht, was sie
      tun (Feindesliebe).

in dem Eifern für die Wahrheit,

Mk   10, 21 Sagt dem reichen Jüngling die Wahrheit.
Mt   21, 12 Im Eifer für das Haus des Herrn reinigt er den Tem-
      pel.
      23, 13 Wehe euch, ihr Schriftgelehrten und Pharisäer!
      26, 64 Ihr werdet sehen des Menschen Sohn sitzen zur Rech-
      ten der Kraft.

bis zum Tod am Kreuz.

Mk   14, 36 Nicht was ich will, sondern was du willst.
Mt   16, 21 Von der Zeit an fing Jesus an und zeigte seinen
      Jüngern, wie er müßte viel leiden und getötet werden (er
      sieht das Kreuz klar vor Augen).

Lk	22, 14—20 Einsetzung des heiligen Abendmahls (er selbst gibt seinen Leib in den Tod für die Menschen).
	24, 26 Mußte nicht Christus solches leiden und zu seiner Herrlichkeit eingehen?
Joh	19, 17 Und er trug sein Kreuz. Allda kreuzigten sie ihn.
	19, 30 Es ist vollbracht! (Sein Sterben ist nicht nur Leiden, sondern höchste Tat.)

Darum hat ihn auch Gott erhöht

Mt	28, 18 mir ist gegeben alle Gewalt im Himmel und auf Erden.
Lk	24, 51 er schied von ihnen und fuhr auf gen Himmel.
1 Joh	2, 1 wir haben einen Fürsprecher bei dem Vater, Jesus Christus, der gerecht ist.
Rö	8, 34 welcher ist zur Rechten Gottes und vertritt uns.
2 Kr	5, 10 wir müssen alle offenbar werden vor dem Richtstuhl Christi . . .
Off	5, 7 das Lamm öffnet das Buch mit den sieben Siegeln (in ihm bekommt der Weltplan seinen Sinn).

und hat ihm einen Namen gegeben, der über alle Namen ist,

Lk	24, 47 predigen lassen in seinem Namen Buße und Vergebung der Sünden.
Joh	16, 23 so ihr den Vater etwas bitten werdet in meinem Namen, so wird er's euch geben.
Off	1, 11 ich bin das A und das O, der Erste und der Letzte.
Ap	4, 12 es ist in keinem anderen Heil, ist auch kein anderer Name unter dem Himmel den Menschen gegeben, darin wir sollen selig werden.
	4, 10 im Namen Jesus von Nazareth steht dieser allhier gesund.

daß in dem Namen Jesu sich beugen sollen alle derer Knie, die im Himmel und auf Erden und unter der Erde sind.

Ps	110, 1 setze dich zu meiner Rechten, bis ich alle deine Feinde zum Schemel deiner Füße lege.
Off	1, 7 es werden ihn sehen alle Augen und die ihn zerstochen haben, und es werden heulen alle Geschlechter der Erde. Ja, Amen.
	7, 9 die große Schar aus allen Heiden und Völkern schrien mit großer Stimme und sprachen: Heil sei dem, der auf dem Stuhl sitzt, unserem Gott und dem Lamm.

Simon Petrus, der Jünger Jesu, ist wankelmütig, rasch begeistert, aber auch rasch entmutigt, Bekenner und Verleugner zugleich. Er ist schnell mit dem Wort, nimmt den Mund voll und hält nicht, was er verspricht. Aus diesem wankelmütigen Menschen soll ein Fels werden durch die Kraft Christi. Und er ist es geworden. Er hat die erste Gemeinde in Jerusalem gegründet und das Evangelium zu den Heiden getragen. Er wirkt später in Babylon, schreibt von dort durch Silas den 1. Petrusbrief. In der Neronischen Verfolgung soll er in Rom umgekommen sein. (Simon = Erhörung, Petrus = Felsenmann.)

I. Sein Werden.

1. Er lernt Jesus kennen durch Vermittlung seines Bruders Andreas, der ein Johannesjünger war, und bekommt von Jesus das Programm seines Lebens.

Joh 1, 41 Andreas findet am ersten seinen Bruder Simon und spricht zu ihm: Wir haben den Messias gefunden, und führte ihn zu Jesu. Da ihn Jesus sah, sprach er: Du bist Simon, Jonas Sohn (Jonas - Taube), du sollst Kephas heißen (ein Fels).

2. Er scheint aber Jesus nicht nachgefolgt zu sein, vielleicht aus materiellen Sorgen heraus. Wir treffen ihn bei seinem Fischergerät entmutigt, weil er nichts gefangen hat. Nun wird er von Jesus selbst berufen durch den wunderbaren Fischzug.

Lk 5, 5 Auf dein Wort will ich das Netz auswerfen. (Er glaubt.)
5, 8 Herr, gehe hinaus von mir, ich bin ein sündiger Mensch! (Er tut Buße für seinen Unglauben und Sorgengeist.)

5, 10 Er erhält die Verheißung: »Fürchte dich nicht, von nun an wirst du Menschen fangen«, und verläßt alles und folgt Jesu nach.

3. Er wird mit den Jüngern ausgesandt, um die Botschaft vom Himmelreich zu den verlorenen Schafen von Israel zu bringen.

Mt   10, 7 Gehet hin und predigt und sprecht: Das Himmelreich ist nahe herbeigekommen.

Lk   10, 17 Sie kamen wieder mit Freuden und sprachen: Herr, es sind uns auch die Teufel untertan in deinem Namen.

4. Er erlebt die Wunderwerke Christi und verzagt doch, wenn er einer großen Not gegenübersteht.

Mt   8, 14 Heilung seiner Schwiegermutter durch Jesus.
      8, 25 Die Jünger sprachen: Herr, hilf uns, wir verderben! (Sturm auf dem Meer.)

Lk   8, 51 Er wird Zeuge der Auferweckung des Jairus Töchterlein: Jesus ließ niemand hineingehen denn Petrus, Jakobus und Johannes.

Mt   14, 25 Nach der Speisung der Fünftausend begegnet ihnen Jesus auf dem See Genezareth.
      14, 28 Petrus antwortete ihm und sprach: Herr, bist du es, so heiß mich zu dir kommen auf dem Wasser. Er sah aber einen starken Wind, da erschrak er und hob an zu sinken, schrie und sprach: Herr, hilf mir! Jesus ergriff ihn und sprach zu ihm: O du Kleingläubiger, warum zweifeltest du?
      17, 1 Nach sechs Tagen nahm Jesus zu sich Petrus, Jakobus und Johannes, führte sie auf einen hohen Berg und ward vor ihnen verklärt. Petrus aber sprach: Hier ist gut sein. Lasset uns Hütten bauen.
      17, 16 Der Vater des besessenen Sohnes: Ich habe ihn zu deinen Jüngern gebracht, sie konnten ihm nicht helfen. Jesus aber sprach: O du ungläubige und verkehrte Art, wie lange soll ich bei euch sein? Wie lange soll ich euch dulden?

5. Sein Hochmut und sein Rechnen auf Lohn.

Lk   9, 46 Es kam auch ein Gedanke unter sie, welcher unter ihnen der Größte wäre.

Mt   19, 27 Petrus sprach: Siehe, wir haben alles verlassen und sind dir nachgefolgt. Was wird uns dafür?
      18, 21 Da trat Petrus zu ihm und sprach: Herr, wie oft muß

ich meinem Bruder, der an mir sündigt, vergeben? Ist's genug siebenmal?

Joh   13, 8 Da sprach Petrus zu ihm: Nimmermehr sollst du mir die Füße waschen (Demut am falschen Platz).

6. Er bekennt, daß Jesus der Christus ist, wird von Jesus gepriesen, aber er will Jesus abhalten von seinem Leidensweg.

Mt   16, 16 Du bist Christus, des lebendigen Gottes Sohn.

16, 17 Selig bist du, Simon, Jonas Sohn, Fleisch und Blut haben dir das nicht geoffenbart, sondern mein Vater im Himmel.

16, 22 Petrus nahm ihn zu sich, fuhr ihn an und sprach: Herr, schone deiner selbst. Das widerfahre dir nur nicht.

16, 23 Jesus wandte sich um und sprach zu Petrus: Hebe dich, Satan, von mir! du bist mir ärgerlich; du meinst nicht, was göttlich, sondern was menschlich ist.

7. Sein Hochmut kommt vor dem Fall.

Joh   13, 24 Petrus winkt Johannes, daß er forschen sollte, wer der Verräter wäre (er überhebt sich über Judas).

13, 37 verspricht Jesus: Ich will mein Leben für dich lassen.

Mt   26, 33 Petrus: Wenn sich auch alle an dir ärgern, so will ich doch mich nimmermehr an dir ärgern.

26, 35 Petrus: Wenn ich mit dir sterben müßte, so will ich dich doch nicht verleugnen.

26, 37 Jesus nahm zu sich Petrus . . . fing an zu trauern und zu zagen.

26, 40 Er kam zu den Jüngern und fand sie schlafend und sprach zu Petrus: Könnt ihr nicht eine Stunde mit mir wachen? (Der für ihn sterben wollte, kann nicht einmal für ihn wachen.)

Joh   18, 10 Petrus haut dem Malchus das Ohr ab (trotzig).

Mt   26, 56 Da verließen ihn alle Jünger und flohen (verzagt).

26, 58 Petrus aber folgte ihm nach von ferne bis in den Palast des Hohenpriesters und setzte sich zu den Knechten, auf daß er sähe, auf was es hinaus wollte (waghalsig).

26, 70 Er verleugnet den Herrn vor einer Magd: Ich weiß nicht, was du sagst.

26, 71 Es sah ihn eine andere und sprach zu denen, die da waren: Dieser war auch mit Jesus von Nazareth. Er leugnete abermals und schwur dazu: Ich kenne den Menschen nicht.

26, 74 Da hob er an, sich zu verfluchen und zu schwören: Ich kenne den Menschen nicht. Und alsbald krähte der Hahn.

8. Buße, Annahme, Prüfung, Neueinsetzung in sein Amt und Bereitung zum Martyrium.

Lk 22, 61 Der Herr wandte sich und sah Petrus an. Und Petrus gedachte an des Herrn Wort, wie er zu ihm gesagt hatte: Ehe denn der Hahn kräht, wirst du mich dreimal verleugnen.

Mt 26, 75 Er ging hinaus und weinte bitterlich.

Mk 16, 7 Gehet hin, saget es seinen Jüngern und Petrus. (Jesus nimmt den Sünder an.)

1 Kr 15, 5 Er ist gesehen worden von Kephas, danach von den Zwölfen.

Joh 21, 7 Er gürtete das Hemd um sich und warf sich ins Meer (dem Auferstandenen entgegen).

21, 15 Simon Jona, hast du mich lieber, denn mich diese haben? Er spricht zu ihm: Ja, Herr, du weißt, daß ich dich liebhabe. Spricht er zu ihm: Weide meine Lämmer.

21, 17 Petrus war traurig, daß er zum dritten Male sagte: Hast du mich lieb? und sprach zu ihm: Herr, du weißt alle Dinge, du weißt, daß ich dich liebhabe. Spricht Jesus zu ihm: Weide meine Schafe.

21, 18 Da du jünger warest, gürtetest du dich selbst und wandeltest, wo du hin wolltest; wenn du aber alt wirst, wirst du deine Hände ausstrecken, und ein anderer wird dich gürten und führen, wo du nicht hin willst.

II. Sein Wirken.

1. Petrus gründet die erste Gemeinde durch sein mutiges Bekenntnis und leitet sie mit Vollmacht, Wort und Gebet.

a) Sein Bekennermut.

Ap 1, 15 Petrus fordert auf, für Judas einen Ersatz zu wählen.

2, 14 Da trat Petrus auf mit den Elfen, erhob seine Stimme und redete zu ihnen: Ihr Juden, liebe Männer, und alle, die ihr zu Jerusalem wohnet, das sei euch kundgetan, und lasset meine Worte zu euren Ohren eingehen.

2, 38 Tut Buße und lasset euch taufen auf den Namen Jesu Christi.

3, 6 Im Namen Jesu Christi von Nazareth: Stehe auf und wandle!

4, 10 Euch und allem Volk von Israel sei kundgetan, daß in dem Namen Jesus Christus von Nazareth, welchen ihr gekreuzigt habt, welchen Gott von den Toten auferweckt hat,

steht dieser allhier vor euch gesund. (Sein Bekennermut vor
dem Volk und Hohen Rat.)

b) Seine Vollmacht.

Ap   5, 3   Vollmacht zu richten, gegenüber Ananias und Saphira.
9, 34 Vollmacht zu heilen den lahmen Äneas.
9, 40 Erweckung der Tabea.
5, 15 daß wenn Petrus käme, sein Schatten ihrer etliche über-
schattete.

c) Gott bekennt sich zu ihm durch wunderbare Er-rettung.

Ap   5, 19 Der Engel des Herrn tat in der Nacht die Türen des
Gefängnisses auf.
12, 7 Der Engel des Herrn kam daher, und die Ketten fielen
ihm von seinen Händen.

d) Seine weise Selbstbeschränkung auf das Aller-wichtigste.

Ap   6, 4   Er beschränkt sich in seiner Arbeit auf Wort und Gebet
und läßt die Armenpfleger wählen.

2. Seine Berufung zur Mission an den Heiden.

Ap   10, 15 Was Gott gereinigt hat, das mache du nicht gemein.
10, 34 Petrus im Haus des Kornelius: Nun erfahre ich mit der
Wahrheit, daß Gott die Person nicht ansieht, sondern in
allerlei Volk, wer ihn fürchtet und recht tut, der ist ihm
angenehm.
Ap   11, 18 Er legt seine Freiheit den Heiden gegenüber der Gemeinde in Jerusalem dar, daß sie schwiegen und lobten Gott
und sprachen: So hat Gott auch den Heiden Buße gegeben
zum Leben.

3. Der alte Wankelmut kommt wieder zum Vor-schein.

Ap   15, 7   Petrus tritt für Paulus und die Heidenmission ein auf
dem Apostelkonzil.
Ga   2, 12   Paulus widersteht dem Petrus, weil er zuerst mit den
Heiden aß, dann aber, als die strengen Judenchristen aus
dem Kreis des Jakobus von Jerusalem kamen, sich den Heiden entzog.
Er läßt sich sein Unrecht von Paulus sagen.

4. In seinen Briefen spiegelt sich seine Lebenserfahrung wider.

1 Pe   1, 2 Berufen nach der Vorsehung Gottes, des Vaters, zum
Gehorsam und zur Besprengung mit dem Blute Jesu Christi.
1, 7 Ermunterung, für Jesus zu leiden (Kap. 4, 12).
3, 10 Wer leben will, der schweige seine Zunge.
3, 15 Seid allezeit bereit zur Verantwortung jedermann.

2 Pe   1, 18 Die Stimme haben wir gehört vom Himmel, da wir
mit ihm waren auf dem heiligen Berg.
3, 12 Er mahnt zum Warten und Eilen zu der Zukunft des
Tages des Herrn.
3, 15 Wie auch unser lieber Bruder Paulus geschrieben hat.

MATTHÄUS (Gabe Gottes), auch Levi genannt (Mk 2,
14), Sohn des Alphäus, ist ein gewaltiger Mann, in dem
sich die Hoheit Jesu in der Niedrigkeit spiegelt. Er ist
einer der großen Religionslehrer der Menschheit. Matthäus führt in seinem Leben das Thema Buße und Glauben mit entschlossenem Ernst durch. Seine Berufungs-
geschichte gibt ihm Standort und Gesichtspunkt, von
dem aus er das Evangelium verkündet. Sein heißes Wollen zum Gehorsam gegen Gottes Willen läßt ihn die
Worte Jesu, die die Bosheit ablehnen, besonders festhalten. Die Begründung des Glaubens an Christus durch
das Wunderwirken Gottes in Christus ist ihm sehr wich-
tig. Darum erzählt er die wunderbare Geburt Jesu und
berichtet von den Taten des Herrn. Darum legt er Wert
auf den Schriftbeweis, der Gottes Wirken in den Linien
der Verheißung dartut. Die Demut Jesu und sein Gehorsam gegen die von der Schrift gewollte Niedrigkeit
hat es ihm besonders angetan.
Er schenkt der nationalen Frage Israels starke Beachtung und erkennt seine hohe Berufung an. Es bewegt
ihn kein Gegensatz gegen die Religion Israels, sondern
nur gegen seine Sünde, die ihm infolge seiner Verwer-

fung des Messias das Gericht bringt. Darum ist er frei
von sektiererischem Zank wie von sektiererischem Stolz,
weil ihm der Gehorsam gegen Gottes Willen das wich-
tigste ist.

So begründet er mit seinem Evangelium die palästinen-
sische Gemeinde, und der Blick auf sie wird immer wieder sichtbar. Mit seinem Wort gibt er der ersten Gemeinde Weg und Richtung.

Er gibt seinen Bericht als frohe Botschaft Gottes in ruhi-
ger Abgeklärtheit.

**1. Matthäus wird durch den Ruf Jesu vom Zoll
weggerufen in seine Nachfolge. Er erlebt die Gnade
Gottes und wendet sich mit entschlossenem Glauben an Christus in völliger Buße von seinem bis-
herigen Leben ab.**

Mt   9, 9 Da Jesus von dannen ging, sah er einen Menschen am
      Zoll sitzen, der hieß Matthäus; und sprach zu ihm: Folge
      mir! Und er stand auf und folgte ihm.
Lk   5, 28 Er verließ alles und folgte ihm nach.
Mt   9, 11 Da das die Pharisäer sahen, sprachen sie: Warum ißt
      euer Meister mit den Zöllnern und Sündern? (Seine Berufung
      schlug der pharisäischen Selbstgerechtigkeit ins Gesicht.)

**2. So wird er auf Grund seiner Lebenserfahrung
Verkünder der frohen Botschaft von Christus und
fordert Glauben und Buße.**

a) Er begründet den Glauben an Christus.

Mt   1 Die wunderbare Geburt Christi.
      4, 23 Jesus heilte allerlei Seuche und Krankheit im Volk. Und
      sie brachten zu ihm allerlei Kranke, mit allerlei Seuchen und
      Qual behaftet, die Besessenen, die Mondsüchtigen und die
      Gichtbrüchigen; und er machte sie alle gesund.
      Die Kapitel 8 u. 9. 14. 15 Die Taten Jesu (Durch Gottes Wun-
      dertat).
      2, 23 Auf daß erfüllt würde, was da gesagt ist durch die
      Propheten: Er soll Nazarenus heißen.
      8, 17 Auf daß erfüllt würde, was da gesagt ist durch den

Propheten Jesaja: Er hat unsere Schwachheiten auf sich genommen, und unsere Seuchen hat er getragen.

21, 4 Das geschah aber alles, auf daß erfüllt würde, was gesagt ist durch den Propheten, der da spricht: Saget der Tochter Zion, siehe, dein König . . .

26, 56 Aber das ist alles geschehen, auf daß erfüllt würden
die Schriften der Propheten. Da verließen ihn alle Jünger und
flohen. (Durch den Schriftbeweis.)

11, 6 Selig ist, der sich nicht an mir ärgert! (Hoheit in der
Niedrigkeit.)

3, 15 Jesus: Laß es also sein! Also gebührt es uns, alle Gerechtigkeit zu erfüllen.

8, 20 Des Menschen Sohn hat nicht, da er sein Haupt hinlege.

11, 29 Ich bin sanftmütig und von Herzen demütig.

26, 37 fing an zu trauern und zu zagen.

27, 46 Mein Gott, mein Gott, warum hast du mich verlassen!
(Durch den Hinweis auf die Demut Jesu. Matthäus hebt die
Züge der Niedrigkeit Jesu so stark hervor, daß das Sieghafte
der Kreuzes- und Auferstehungsgeschichte zurücktritt.)

**b) Er ruft zu entschlossenem Gehorsam auf in Ab-
wehr gegen das Böse; indem er gerade die Worte
Jesu wiedergibt, die den radikalen Kampf gegen
die Sünde verlangen.**

Mt 5, 13 Ihr seid das Salz der Erde; — das unbrauchbare Salz
wird verworfen.

7, 23 Die den Willen Gottes nicht tun, werden verdammt.

12, 31 Die Lästerung des Geistes führt zur Verstockung.

16, 24 Es wird die Verleugnung des Ichlebens verlangt — wer
versagt, verliert sein Leben.

18, 6 Wer die Kleinen zum Bösen verleitet, ist der aller-
schwersten Strafe schuldig.

Mt 18, 35 Wer nicht vergibt, bekommt nicht vergeben.

22, 11 Alle werden zur Hochzeit eingeladen. Wer aber kein
hochzeitliches Kleid hat, wird verworfen.

**3. Er weist der Gemeinde Christi ihren Platz an
innerhalb Israels in Treue gegen Gottes Verheißung, ruft sie aber zur Abkehr von der Sünde Israels, die das Gericht unabwendbar macht und beruft sie zur Heidenmission.**

Mt 5, 18 Nicht der kleinste Buchstabe noch ein Strichlein vom
Gesetz wird zergehen, bis es alles geschehe.

10, 5 Gehet nicht auf der Heiden Straße und ziehet nicht in
der Samariter Städte. Sondern gehet hin zu den verlorenen
Schafen aus dem Hause Israel.

15, 24 Ich bin nicht gesandt denn nur zu den verlorenen Schafen von dem Hause Israel.

23 Wehe euch, Schriftgelehrte und Pharisäer. Ihr seid Kinder
derer, die die Propheten getötet haben. Wohlan, erfüllet auch
ihr das Maß eurer Väter.

23, 37 Jerusalem, die du tötest die Propheten und steinigst,
die zu dir gesandt sind (die Sünde Israels).

27, 25 Da antwortete das ganze Volk und sprach: Sein Blut
komme über uns und unsere Kinder.

28, 11 Die Hohenpriester wissen durch die Hüter des Grabes
von seiner Auferstehung und glauben doch nicht.

28, 19 Darum gehet hin und lehret alle Völker.

4. Der scharfe Geist des Matthäus liebt, um die Hoheit Jesu in der Niedrigkeit deutlich zu machen, den Kontrast, den Gegensatz in der Darstellung.

Mt 3, 1 f. Taufe Jesu, das beseligende Hören der Gottesstimme:
Dies ist mein lieber Sohn — unmittelbar darauf folgt Mt 4 die
Versuchung durch den Satan.

11, 25 Lobpreis des Vaters, daß er das Evangelium den Un-
mündigen geoffenbart hat.

12, 31 Das Wort gegen die Lästerung des Heiligen Geistes.

17, 2 Verklärung — 17, 17 Glaubenslosigkeit der Jünger, die
den Besessenen nicht heilen können.

16, 17 Selig bist du, Simon, Jonas Sohn.

16, 23 Sprach zu Petrus: Hebe dich, Satan, von mir!

26, 7 Die Tat der Liebe (Salbung) — 26, 14 der Verrat des
Judas.

JOHANNES UND JAKOBUS, Söhne des Zebedäus und der
Salome (vgl. Mt 27, 56 mit Mk 15, 40), einer Mutter,
die das Höchste für ihre Söhne erstrebt, die in messianischen Hoffnungen glüht und diese Erwartungen in die
Herzen ihrer Kinder gepflanzt hat. Johannes hat ein
Ohr für das Reden Gottes in seiner Zeit. So finden wir
ihn unter den Jüngern des Täufers. Als er von ihm den

Hinweis auf das Lamm Gottes empfängt, macht er sich auf die Suche nach Jesus. Er ist seines Handwerks ein Fischer, arbeitet mit seinem Vater zusammen und hilft mit seinem Bruder dem Simon Petrus. Beim wunderbaren Fischzug werden sie von Jesus in seine Nachfolge berufen. Johannes ist ein Feuergeist und von einem verzehrenden Eifer für die Ehre Gottes erfüllt. Er bekommt mit seinem Bruder Jakobus zusammen von Jesus den Namen »Boanerges«, d. i. »Donnerskinder« (Mk 3,17). Aus diesem seinem Wesen erklärt sich, daß er der Prophet der ersten Christenheit wird, der den Kampf zwischen Gott und dem Satan und den endgültigen Sieg des Reiches Gottes erschaut. Sein Feuergeist kommt auch in seiner Arbeit in der Gemeinde zum Vorschein. Er ist ein Kämpfer gegen die Gnosis und gegen die ungläubigen Juden.

Dieser Feuergeist wird von Jesus verklärt. Christus tritt in den Mittelpunkt seines Lebens. Er wird der Jünger, »den Jesus liebhatte«. Im engeren Kreis mit Petrus und Jakobus zusammen erlebt er die Verklärung Jesu und Gethsemane mit. Beim letzten Mahle Jesu sitzt er neben dem Meister. Er allein harrt bei Jesus aus in seinen Leiden, er begleitet den Herrn in den hohenpriesterlichen Palast und steht unter dem Kreuz. Ihm gibt Jesus seine Mutter als Vermächtnis und seiner Mutter ihn zum Sohn.

Johannes wird durch den Umgang mit Jesus zum Zentralblick des Glaubens geführt, in dem Hoffnung und Liebe beschlossen sind. Johannes denkt vom Mittelpunkt Christus aus. Er ist so nah der Glut Jesu, daß ihm die bunte Fülle des Lebens zu gewaltigen Kontrasten zusammenschmilzt. (Licht — Finsternis, Geist — Fleisch, Gott — Satan, Glaube — Unglaube, Lieben —

Hassen.) Im Dienst der Gemeinde schreibt er seine Offenbarung und reinigt ihr Hoffen. Er schreibt seine Briefe und begründet die Bruderliebe. Zuletzt verfaßt er in Ergänzung der anderen Evangelien sein Evangelium als Missionsschrift an die ungläubigen Juden, »auf daß auch sie glauben, Jesus sei der Christus, der Sohn Gottes« (Joh 20, 31). Hochbetagt ist er nach den übereinstimmenden Nachrichten des zweiten Jahrhunderts n. Chr. in Ephesus eines natürlichen Todes gestorben (Joh 21, 23). Jakobus, der weiter nicht hervortritt, stirbt im Jahre 44 n. Chr. den Märtyrertod durch das Schwert des Herodes Agrippa. Die Juden haben Gefallen an seinem Tode.

I. Sein Weg zu Jesus.

1. Seine Eltern: Seine Mutter pflanzt die messianische Erwartung in sein jugendliches Herz.

Lk 5, 10 Jakobus und Johannes, die Söhne des Zebedäus, Simons Gesellen.

Mt 20, 20 Da trat zu ihm die Mutter der Kinder des Zebedäus mit ihren Söhnen, kniete vor ihm nieder und bat: Laß diese meine zwei Söhne sitzen in deinem Reich, einen zur Rechten und einen zur Linken.

2. Sein Suchen nach dem Messias.

Joh 1, 35 es stand Johannes und zwei seiner Jünger. Und als er sah Jesum wandeln, sprach er: Siehe, das ist Gottes Lamm. Und die zwei Jünger hörten ihn reden und folgten Jesu nach. Jesus wandte sich um und sprach zu ihnen: Was suchet ihr? Sie kamen und sahen's und blieben bei ihm. Es war aber um die zehnte Stunde. Einer aus den zweien war Andreas.

3. Seine Berufung.

Lk 5, 11 Nach dem großen Fischzug führten sie die Schiffe zu Lande und verließen alles und folgten ihm nach.

II. Seine natürliche Art wird von Jesus verklärt.

1. Seine natürliche Art: Er ist ein Feuergeist.

Mk 3, 17 Jesus gab ihnen den Namen »Boanerges«, Donnerskinder.

Lk 9, 54 Da das seine Jünger Jakobus und Johannes sahen (daß die Samariter ihn nicht annahmen), sprachen sie: Herr, willst du, so wollen wir sagen, daß Feuer vom Himmel falle und verzehre sie, wie Elia tat. Jesus aber wandte sich und bedrohte sie und sprach: Wisset ihr nicht, welches Geistes Kinder ihr seid?

Mk 10, 35 Da gingen zu ihm Jakobus und Johannes und sprachen: Gib uns, daß wir sitzen einer zu deiner Rechten und einer zu deiner Linken in deiner Herrlichkeit. Jesus sprach zu ihnen: Ihr wisset nicht, was ihr bittet. Könnt ihr den Kelch trinken, den ich trinke, und euch taufen lassen mit der Taufe, mit der ich getauft werde? Sie sprachen zu ihm: Ja, wir können es wohl.

2. Wie Jesus diese Art reinigt und verklärt.

a) Er empfängt Jesu Wort, sieht Jesu Herrlichkeit und glaubt an ihn.

Joh 2, 11 Er offenbarte seine Herrlichkeit, und seine Jünger glaubten an ihn.

6, 68 Du hast Worte des ewigen Lebens, und wir haben geglaubt und erkannt, daß du bist Christus, der Sohn des lebendigen Gottes.

1, 14 Das Wort ward Fleisch und wohnte unter uns, und wir sahen seine Herrlichkeit, eine Herrlichkeit als des eingeborenen Sohnes voller Gnade und Wahrheit.

20, 8 Da ging auch der andere Jünger hinein, der am ersten zum Grabe kam, und sah und glaubte es. (Johannes ist der erste, der an den Auferstandenen glaubt.)

b) Jesus reinigt sein Wollen.

Lk 9, 55 Wisset ihr nicht, welches Geistes Kinder ihr seid? Des Menschen Sohn ist nicht gekommen, der Menschen Seelen zu verderben, sondern zu erhalten.

Joh 13, 1 Wie er geliebt hatte die Seinen, so liebte er sie bis ans Ende.

13, 34 Ein neu Gebot gebe ich euch, daß ihr euch untereinander liebet, wie ich euch geliebt habe.

c) Jesus reinigt sein Hoffen.

Mk 10, 39 Ihr werdet zwar den Kelch trinken, den ich trinke, und getauft werden mit der Taufe, mit der ich getauft werde, zu sitzen aber zu meiner Rechten und zu meiner Linken, steht mir nicht zu, euch zu geben, sondern welchen es bereitet ist.

d) Jesus zieht ihn in seine nächste Umgebung.

Joh 13, 23 Es war einer unter seinen Jüngern, der zu Tische saß, an der Brust Jesu, welchen Jesus liebhatte.
19, 26 Der Jünger, den Jesus liebhatte.

Lk 8, 51 Jesus ließ niemand hineingehen denn Petrus, Jakobus und Johannes. (Johannes wird Augenzeuge der Auferweckung von Jairi Töchterlein.)

Mt 17, 1 Jesus nahm zu sich Petrus, Jakobus und Johannes und führte sie beiseite auf einen hohen Berg und ward verklärt vor ihnen.
26, 37 nahm zu sich Petrus und die zwei Söhne des Zebedäus und fing an zu trauern und zu zagen.

e) Johannes antwortet auf die Liebe Jesu mit besonderer Treue.

Joh 18, 15 Simon Petrus folgte Jesus nach und ein anderer Jünger. Dieser Jünger war dem Hohenpriester bekannt und ging mit Jesus hinein in des Hohenpriesters Palast.
19, 26 Da nun Jesus seine Mutter sah und den Jünger dabeistehen, den er liebhatte, spricht er zu seiner Mutter: Weib, siehe, das ist dein Sohn. Danach spricht er zu dem Jünger: Siehe, das ist deine Mutter. Und von der Stunde an nahm sie der Jünger zu sich.
21, 7 Da spricht der Jünger, welchen Jesus liebhatte, zu Petrus: Es ist der Herr. (Johannes erkennt den Auferstandenen vor den anderen Jüngern.)

III. Sein Werk.

1. Seine Gemeinschaft mit Petrus.

Ap 3, 1 Petrus aber und Johannes gingen miteinander hinauf in den Tempel (Heilung des Lahmen).
4, 19 Petrus und Johannes vor dem Hohen Rat.
8, 14 Da die Apostel hörten, daß Samarien das Wort Gottes angenommen hatte, sandten sie zu ihnen Petrus und Johannes.

Ga 2, 9 Kephas und Johannes, die für Säulen angesehen waren.

2. Er schreibt die Offenbarung und leitet die Hoffnung der Urgemeinde in die rechte Bahn.

Off 22, 20 Amen! Ja, komm, Herr Jesu! (Seine Hoffnung ist bestimmt durch die Erwartung des wiederkommenden Herrn.)
13, 4—8 Das Tier aus dem Meer, der Antichrist, der die Macht

um der Macht willen begehrt und in Verbindung mit dem falschen Prophetentum, das der Erhöhung des Menschen dient, die Heiligen teils verführt, teils mit Gewalt zum Abfall bringen will.

5, 8 Das Lamm Gottes steht im Mittelpunkt der Weissagung.
6, 1 Es öffnet die Siegel des Weltplanes Gottes.
19, 20 Der Sinn der Weltgeschichte ist der Kampf des Christus mit dem Antichristen. Christus siegt in diesem Kampfe.
7, 9 Die Gemeinde Christi besteht aus Juden und Heiden.
21, 22 In der Gottesstadt ist kein Tempel. Gott ist ihr Tempel und das Lamm. (Verurteilung der Judenschaft und Abtun ihres Gottesdienstes.)

3. Johannes schreibt seine Briefe, bekämpft die Gnosis und begründet die Liebe aus dem Glauben an den Sohn Gottes, der in das Fleisch gekommen ist.

1 Joh 4, 2 Ein jeglicher Geist, der nicht bekennt, daß Jesus Christus ist in das Fleisch gekommen, der ist nicht von Gott.
2, 4 Wer sagt, ich kenne ihn, und hält seine Gebote nicht, der ist ein Lügner.
2, 23 Wer den Sohn leugnet, der hat auch den Vater nicht.
4, 19 Lasset uns ihn lieben, denn er hat uns zuerst geliebt.
4, 21 Dies Gebot haben wir von ihm, daß, wer Gott liebt, daß der auch seinen Bruder liebt. (Die spezielle Anleitung zum Werk fehlt, es ist weder von Geld noch Ehe, noch Gemeinde die Rede. Mit dem Liebesgebot ist alles gesagt.)

4. Johannes schreibt in seinem Alter das Evangelium, um Glauben an den Sohn Gottes zu erwecken.

Joh 20, 31 Diese aber sind geschrieben, daß ihr glaubet, Jesus sei der Christus, der Sohn Gottes, und daß ihr durch den Glauben das Leben habt in seinem Namen. (Dieser Gesichtspunkt bestimmt die Auswahl der Geschichten und Reden Jesu.)
18, 6 Als Jesus zu ihnen sprach: Ich bin's, wichen sie zurück und fielen zu Boden.

Joh 19, 30 Es ist vollbracht. (Johannes stellt die Einheit zwischen Wirken und Leiden Jesu dar. Er betont den Sieg und die Herrlichkeit Jesu und ergänzt somit Matthäus, der die Entsagung und das Leiden Jesu schildert.)

PHILIPPUS, der Apostel, stammt aus der zweisprachigen Stadt Bethsaida in Galiläa, in der griechisch und
aramäisch gesprochen wurde. Die Evangelien zeichnen
nur einige Striche von ihm. Er soll in Phrygien missio-
niert und dort den Märtyrertod gefunden haben.

1. Er wird von Jesus gefunden.

Joh   1, 43 Jesus findet Philippus und spricht zu ihm: Folge mir
      nach! Philippus aber war von Bethsaida, aus der Stadt des
      Andreas und Petrus. (Er wird Mt 10, 3; Mk 3, 18; Lk 6, 14;
      Ap 1, 13 mit den anderen Jüngern zusammen genannt.)

2. Philippus findet andere und führt sie zu Jesus.

Joh   1, 45 Philippus findet Nathanael und spricht zu ihm: Wir
      haben den gefunden, von welchem Mose im Gesetz und die
      Propheten geschrieben haben, Jesus, Josephs Sohn von Naza-
      reth. Philippus spricht zu ihm: Komm und sieh es!

3. Er wird von anderen gefunden, die zu ihm Ver-
trauen fassen.

Joh   12, 20 Es waren aber etliche Griechen, die traten zu Philip-
      pus, baten ihn und sprachen: Herr, wir wollten Jesum gerne
      sehen. Philippus kommt und sagt das Andreas, und Philippus
      und Andreas sagen's weiter Jesu.

4. Er ist ein großer Frager und wird von Jesus ge-
fragt.

Joh   14, 8 Spricht zu ihm Philippus: Herr, zeige uns den Vater,
      so genügt uns. Jesus spricht zu ihm: So lange bin ich bei
      euch, und du kennst mich nicht, Philippus? Wer mich siehet,
      der siehet den Vater. Wie sprichst du denn, zeige uns den
      Vater?
      6, 5 Da hob Jesus seine Augen auf und sieht, daß viel Volks
      zu ihm kommt, und spricht zu Philippus: Wo kaufen wir
      Brot, daß diese essen? Das sagte er aber, ihn zu versuchen,
      denn er wußte wohl, was er tun wollte. Philippus antwor-
      tete ihm: Für zweihundert Groschen Brot ist nicht genug
      unter sie, daß ein jeglicher unter ihnen ein wenig nehme.
      (Philippus bekommt die Antwort durch Gottes Wundertat
      über allen rechnenden Verstand, der nie genug Hilfsmittel
      findet, hinaus.)

NATHANAEL (Gabe Gottes), ein Herrnjünger, der nur bei Johannes erwähnt wird, wahrscheinlich in den anderen Apostelverzeichnissen Bartholomäus genannt. Er ist ein echter Wahrheitssucher.

1. Nathanael, ein Gottsucher in echter Hingabe.

Joh 1, 48 Ehe dich Philippus rief, da du unter dem Feigenbaum warst, sah ich dich. (Er hat wohl unter dem vor Blicken schirmenden dichten Blätterdach des Feigenbaumes gebetet.) 1, 47 Jesus sah Nathanael zu sich kommen und spricht von ihm: Siehe, ein echter Israelite, in welchem kein Falsch ist.

2. Weil er die Wahrheit sucht, ist er kritisch.

Joh 1, 46 Nathanael sprach zu ihm: Was kann von Nazareth Gutes kommen? (Nathanael erwartet den Messias nicht aus der jüdischen Diaspora in Galiläa, sondern aus dem Stammland Judäa.)

3. Als Wahrheitssucher ist er bereit, zu prüfen.

Joh 1, 46 Philippus spricht zu ihm: Komm und sieh es! Jesus sah Nathanael zu sich kommen.

4. Der Wahrheitssucher begegnet dem, der die Wahrheit ist, er ist sofort überwältigt von Jesu Hoheit und ist bereit, ihn als Messias anzuerkennen.

Joh 1, 49 Nathanael antwortete und spricht zu ihm: Rabbi, du bist der Gottessohn, du bist der König von Israel. Jesus spricht zu ihm: Du glaubst, weil ich dir gesagt habe, daß ich dich gesehen habe unter dem Feigenbaum (Fernblick Jesu); du wirst noch Größeres denn das sehen.

THOMAS, der Apostel Jesu, ist ein nüchterner Wirklichkeitsmensch, der der erkannten Wahrheit sofort seinen Gehorsam schenkt. Er ist ein verstandsscharfer, grüblerischer Frager, bis er nach dem Ausgang Jesu auf Golgatha keine Antwort mehr auf sein Fragen erwartet. Der Zweifel quält ihn, isoliert ihn von den anderen Jüngern und bringt ihn der Verzweiflung nahe. Bot-

schaft und Zeugnis der anderen Jünger, die den Verein-
samten suchen, bringen ihn in die Gemeinschaft zurück.
Argwöhnisch gegen seine eigene Erkenntnis, stellt er
die Bedingung, daß der Eindruck des Gesichtssinnes
durch den Tastsinn bestätigt und dadurch ihm völlige
Gewißheit werde. Der Auferstandene kommt seinem
ehrlichen Zweifel entgegen. Im überirdischen Licht
Christi erkennt das scharfe Auge des Thomas die göttliche Hoheit des auferstandenen Herrn. Thomas soll
später nach dem Osten gewandert sein und die noch
heute bestehende Kirche der indischen Thomaschristen
gegründet haben.

1. Thomas, der nüchterne Wirklichkeitsmensch, der
richtig erkennen will, um richtig zu handeln.

Joh   11, 16 Da sprach Thomas, der genannt ist Zwilling, zu den
Jüngern: Laßt uns mit ihm ziehen, daß wir mit ihm sterben!
(Er sieht klar den düsteren Ausgang Jesu voraus und zieht
als treuer Gefolgschaftsmann aus dieser Erkenntnis die Fol-
gerung, zur letzten Hingabe bereit zu sein.)

2. Der grüblerische Frager.

Joh   14, 5 Spricht zu ihm Thomas: Herr, wir wissen nicht, wo du
hingehst, wie können wir den Weg wissen?

3. Der Zweifler, der sich von der Jüngergemein-
schaft trennt und der Verzweiflung nahe ist.

Joh   20, 24 Thomas aber, der Zwölf einer, war nicht bei ihnen,
da Jesus kam.

Joh   20, 25 Er sprach zu ihnen: Es sei denn, daß ich in seinen
Händen sehe die Nägelmale und lege meine Finger in die
Nägelmale und lege meine Hand in die Seite, will ich's nicht
glauben. (Er stellt Bedingungen, auf welche Weise er zur
Gewißheit kommen will.)

4. Er wird durch die Herablassung Jesu zu seinem
ehrlichen Zweifel der gläubige Bekenner der Gottheit Christi.

Joh   20, 27 Christus spricht zu Thomas: Reiche deine Finger her
und siehe meine Hände, und reiche deine Hand her und lege

sie in meine Seite, und sei nicht ungläubig, sondern gläubig!
Thomas antwortete und sprach zu ihm: Mein Herr und mein
Gott!
Spricht Jesus zu ihm: Dieweil du mich gesehen hast, Thomas,
so glaubst du. Selig sind, die nicht sehen und doch glauben.
(Der Zweifler darf Gott keine Bedingungen stellen, sondern
kann nur dadurch seinen Zweifel überwinden, daß er gehor-
sam auf die Bedingungen Gottes eingeht.)

JUDAS, der Sohn des Iskarioten (Joh. 6, 71, die Familie
stammt wohl aus dem Dorf Kariot), wurde von Jesus
zum Jünger gewählt und war bereit, alles zu verlassen,
um ihm nachzufolgen. Vielleicht war er vor seiner Umkehr ein Dieb aus selbstsüchtiger Begehrlichkeit heraus.
Jesus schenkt ihm Vertrauen, um ihn von seiner bösen
Neigung zu heilen, und übergibt ihm die Jüngerkasse.
Obwohl Judas täglich erlebt, wie Gott der Jüngerschaft
alles darreicht, was sie zum Lebensunterhalt nötig hat,
wie der wunderbare Fischzug getan wird und unter den
Händen Jesu das Brot sich mehrt, kommt er doch nicht
los von seiner ungläubigen Geldsorge und Habgier. Mit
kleinen Entwendungen aus der Jüngerkasse fängt er
an, in die alte Sünde sich verstricken zu lassen. Für sich
selbst wird er immer unersättlicher und heimst Gelder
ein unter frommem Vorwand der Armenpflege, für Jesus wird ihm alles zu viel. Als er seine selbstsüchtigen
Hoffnungen auf irdische Messiasherrlichkeit zerschlagen sieht, sucht er sich schadlos zu halten, indem er sich
auf die Seite der Feinde Jesu schlägt. Weil er unter den
klaren, durchdringenden Augen des Herrn seine Sünde
festhält, muß er sich immer mehr verschließen gegen
alle göttlichen Einwirkungen und öffnet sich damit dem
Satan, der sein Herz erfüllt. Zu feige, um sich offen als
Feind Jesu zu bekennen, spielt er ein Doppelspiel bis
zum Verräterkuß im Garten Gethsemane. Jesus läßt ihn

sich selbst entlarven beim heiligen Abendmahl, trauert
um das verlorene Kind und wirbt um ihn mit einem
letzten Wort der Liebe. Als Judas die Folgen seiner Tat
sieht, erwacht er aus seiner Verblendung und erkennt
die Furchtbarkeit seines Verrats. Er bringt die dreißig
Silberlinge den Hohenpriestern und legt Zeugnis für die
Unschuld Jesu ab. Als er aber seinen Verrat nicht mehr
ungeschehen machen kann, verzweifelt er und richtet
sich selbst.

1. Judas wird von Jesus erwählt und berufen zur Jüngerschaft.

Joh	15, 16 Ihr habt mich nicht erwählt, sondern ich habe euch erwählt.
	12, 6 Er war ein Dieb und hatte den Beutel und trug, was gegeben ward.
Mt	19, 27 Siehe, wir haben alles verlassen und sind dir nachgefolgt, was wird uns dafür?
Lk	22, 35 So oft ich euch ausgesandt habe ohne Beutel, habt ihr auch je Mangel gehabt? Sie sprachen: Nie (Judas sollte durch das Vertrauen und die Wunderhilfen Jesu von seinem irdischen Sinn geheilt werden.)

2. Judas läßt sich von seiner Habsucht nicht lösen und unterliegt in den satanischen Versuchungen. So läßt er sich Schritt für Schritt mehr verstricken und von der Finsternis beeinflussen, bis er aus dem Haß des überführten Sünders heraus und aus Habsucht zum Verräter wird.

Joh	12, 5 Judas: Warum ist diese Salbe nicht für dreihundert Groschen verkauft und den Armen gegeben?
	13, 2 Bei dem Abendessen, da schon der Teufel hatte dem Judas, dem Ischariot, ins Herz gegeben, daß er ihn verriet.
Lk	22, 3 Es war aber der Satanas gefahren in den Judas, genannt Ischariot, der da war aus der Zahl der Zwölf Und er ging hin und redete mit den Hohenpriestern. Und sie wurden froh und gelobten, ihm Geld zu geben. Und er versprach es und suchte Gelegenheit, daß er ihn überantwortete ohne Lärm.

3. Das Ringen Jesu um Judas.

Joh   13, 21 Da Jesus solches gesagt hatte, ward er betrübt im Geist und sprach: Wahrlich, wahrlich, ich sage euch, einer unter euch wird mich verraten. Da sahen sich die Jünger untereinander an, und ward ihnen bange, von welchem er redete. (Jesus war so liebevoll zu Judas, daß keiner der Jünger am Verhalten Jesu merkte, welchen er als Verräter erkannt hatte.)

Lk   22, 22 Wehe dem Menschen, durch welchen er verraten wird!

Joh   13, 26 Jesus tauchte den Bissen ein und gab ihn Judas, dem Ischariot (eine besondere Freundlichkeit des Hausvaters). Und nach dem Bissen fuhr der Satan in ihn. Da sprach Jesus zu ihm: Was du tust, das tue bald. Das aber wußte niemand vom Tisch, wozu er's ihm sagte. Da er nun den Bissen genommen hatte, ging er alsobald hinaus. Und es war Nacht.

Mt   26, 25 Da antwortete Judas und sprach: Bin ich's, Rabbi? Er sprach zu ihm: Du sagst es (Überführung).

Joh   17, 12 Jesus nennt Judas das verlorene Kind.

Mt   26, 47 Da kam Judas, der Zwölf einer, und mit ihm eine große Schar mit Schwertern und mit Stangen. Und der Verräter hatte ihnen ein Zeichen gegeben und gesagt: Welchen ich küssen werde, der ist's, den greifet. Jesus aber sprach zu ihm: Mein Freund, warum bis du gekommen?

4. Die Verzweiflung des Judas.

Mt   27, 3 Da das sah Judas, der ihn verraten hatte, daß er verdammt war zum Tode, gereute es ihn, und brachte wieder die dreißig Silberlinge den Hohenpriestern und Ältesten und sprach: Ich habe übel getan, daß ich unschuldig Blut verraten habe. Sie sprachen: Was geht uns das an? Da siehe du zu. Und er warf die Silberlinge in den Tempel, hob sich davon, ging hin und erhängte sich selbst. (Reue, Wiedergutmachung, Schuldbekenntnis vor Menschen lösen nicht von der Last der Sünde, wenn nicht der Weg zu Christus gefunden wird.)

HERODES DER GROSSE, 37—4 vor Christus (unsere Zeitrechnung ist einige Jahre zu spät angesetzt), fragt nicht nach Gott, sondern nur nach Erwerb und Verteidigung der Macht. Dazu ist ihm jedes Mittel recht, auch vielfältiger Mord. Durch Mord und Verstümmelung der Priesterkönige aus dem glorreichen Haus der Makkabäer erringt er mit List und Grausamkeit die Herrschaft und heiratet die Makkabäererbin Mariamne. Der, welcher, um seine Herrschaft zu erhalten, aus Argwohn seine Frau und drei seiner Söhne tötet, schreckt auch vor dem Kindermord in Bethlehem nicht zurück. Mit prunkvollen Bauten stolzer Burgen, mächtigen Hafenanlagen (Cäsarea) und der Erneuerung des Tempels gewann er das tyrannisierte, vom Steuerdruck ausgesogene Volk so wenig wie die Priesterschaft und die Frommen. Er starb, von allen gehaßt, durch Zersetzung seiner Säfte einen langsamen Tod.

1. Seine Angst um seine Macht.

Mt   2, 3 Er erschrak, als er von der Geburt des Messias hörte.

2. Seine Listigkeit.

Mt   2, 4 Er erforschte von den Schriftgelehrten, wo Christus sollte geboren werden.
2, 7 Er erlernte von den Weisen mit Fleiß, wann der Stern erschienen wäre.
2, 8 Wies sie gen Bethlehem und sprach: Forschet fleißig nach dem Kindlein; wenn ihr's findet, so sagt mir's wieder, daß ich auch komme und es anbete.

3. Seine Grausamkeit.

Mt   2, 16 Da Herodes sah, daß er von den Weisen betrogen war, ward er sehr zornig, schickte aus und ließ alle Kinder zu

Bethlehem töten und an seinen ganzen Grenzen, die da zweijährig und darunter waren, nach der Zeit, die er mit Fleiß von den Weisen erlernt hatte.

DER HAUPTMANN VON KAPERNAUM ist ein volksfremder Offizier des römischen Besatzungsheeres. Er ist mächtig angezogen vom Gottesglauben der Juden. Er baut ihnen eine Schule aus eigenen Mitteln. Er hält strenge Zucht und ist doch menschenfreundlich zu seinen Untergebenen. Er ist so demütig, daß er sich als Heide für unwürdig hält, zu Jesus zu gehen und Jesus in sein Haus zu bitten. Der menschenfreundliche Mann hat Freunde, die für ihn zu Jesus gehen. Er ist so gläubig, daß er Jesus es zutraut, mit einem Kommando der Krankheit zu gebieten. Der Herr wundert sich über seinen Glauben und preist ihn, weil er dem Glauben Israels überlegen ist. Am Hauptmann von Kapernaum erkennt der Herr, daß die Heiden vor Israel Kinder des Reiches Gottes werden.

1. Mächtig angezogen vom Gottesglauben der Juden, bringt er als Mann der Tat dafür Opfer.

Lk   7, 5 Die Schule hat er uns erbaut.

2. Er hält als Offizier stramme Zucht, ist aber dabei menschenfreundlich zu seinen Untergebenen.

Lk   7, 8 Ich habe Kriegsknechte unter mir. Spreche ich zu einem: Gehe hin, so geht er hin, und zum anderen: Komm her, so kommt er.
7, 2 Eines Hauptmanns Knecht lag todkrank, den er werthielt.
7, 3 Er sandte die Ältesten der Juden zu ihm und bat ihn, daß er seinen Knecht gesund mache.

3. Er ist demütig.

Lk   7, 6 Sandte Freunde zu ihm und ließ ihm sagen: Bemühe dich nicht, ich bin nicht wert, daß du unter mein Dach gehest, darum habe ich auch mich selbst nicht würdig geachtet, daß ich zu dir käme.

4. Er ist gläubig.

Lk   7, 7 Sprich ein Wort, so wird mein Knecht gesund.
7, 9 Da Jesus das hörte, verwunderte er sich über ihn und
sprach zum Volk: Ich sage euch, solchen Glauben habe ich in
Israel nicht gefunden.

5. Der Blick Jesu auf den Vorsprung der Heiden.

Mt   8, 11 Viele werden kommen vom Morgen und vom Abend
und mit Abraham . . . im Himmelreich sitzen, aber die Kinder des Reichs werden ausgestoßen in die Finsternis.

DER GICHTBRÜCHIGE. Seine jahrelange Krankheit
hängt mit der Sünde zusammen und hat ihn in die Sünde des Murrens wider Gott hineingerissen. Als es nun
für ihn nur noch eine Hilfe gibt, die Hilfe Gottes durch
Jesus, da fällt ihm seine Sünde schwer aufs Herz, weil
sie ihn von der helfenden Kraft Gottes trennt. Er glaubt,
daß Jesus ihm helfen kann, und will deshalb um jeden
Preis zu Jesus gebracht werden. Er durchbricht alle Hindernisse, die ihn von Jesus trennen. Der Herr vergibt
ihm zuerst seine Sünde, dann heilt er ihn.

1. Der Sünder im Licht der Vergebung.

Mt   9, 2 Sei getrost, mein Sohn, deine Sünden sind dir vergeben.

2. Der durch jedes Hindernis brechende Glaube an Jesus.

Lk   5, 19 Da sie vor dem Volk nicht fanden, an welchem Ort
sie ihn hineinbrächten, stiegen sie auf das Dach und ließen
ihn durch die Ziegel hernieder vor Jesum. Da er ihren Glauben sah . . .

3. Der Geheilte.

Lk   5, 24 Daß ihr wisset, daß des Menschen Sohn Macht hat, auf
Erden Sünden zu vergeben, sprach er zu dem Gichtbrüchigen:
Ich sage dir, stehe auf und hebe dein Bettlein auf und gehe
heim. Und alsbald stand er auf vor ihren Augen und hob
das Bettlein auf, darauf er gelegen hatte, und ging heim und
pries Gott.

JAIRUS, ein Oberster der Schule, findet in der Angst um sein sterbendes Kind den Weg zu Jesus und traut dem Heiland zu, daß er das Kind auferwecken kann, während Frau und Gesinde mit dem sicheren Tode rechnen und die Klageweiber und Trauermusik bestellen.

1. Er vertraut Jesus.

Mk 5, 23 Jairus bat ihn sehr und sprach: Meine Tochter ist in den letzten Zügen. Du wollest kommen und deine Hand auf sie legen, daß sie gesund werde und lebe. Und er ging mit ihm.

2. Seine Umgebung ist ungläubig.

Mk 5, 35 Da kamen etliche vom Gesinde des Obersten der Schule und sprachen: Deine Tochter ist gestorben; was bemühest du weiter den Meister?

Lk 8, 52 Jesus sprach: Weinet nicht, sie ist nicht gestorben, sondern schläft. Und sie verlachten ihn. Er aber trieb sie alle hinaus.

3. Sein Glaube wird gestärkt.

Mk 5, 36 Und Jesus sprach zum Obersten der Schule: Fürchte dich nicht, glaube nur!

4. Sein Glaube hilft ihm.

Lk 8, 54 Jesus erweckt das Kind. Und seine Eltern entsetzen sich.

DER REICHE JÜNGLING

1. Er ist ernst im Fragen nach dem einen, was not ist.

Mk 10, 17 Es lief einer herzu, kniete vor ihm und fragte ihn: Guter Meister, was soll ich tun, daß ich das ewige Leben ererbe?

2. Er fragt bei dem, der die rechte Antwort geben kann.

Mt 19, 17 Jesus: Niemand ist gut, denn der einige Gott. (Ein richtendes Wort gegen seinen Tugendstolz und ein Hinweis, daß er es in Jesus mit Gott zu tun hat.)

Mk 10, 21 Jesus sah ihn an und liebte ihn.

Mt   19, 17 Willst du zum Leben eingehen, so halte die Gebote. (Jesus will ihn damit zur Sündenerkenntnis führen.)

Mk   10, 21 Jesus sprach zu ihm: Eins fehlt dir. Gehe hin, verkaufe alles, was du hast, und gib's den Armen, so wirst du einen Schatz im Himmel haben, und komm, folge mir nach und nimm das Kreuz auf dich.

3. Er hält sich selbst für gut.

Mt   19, 20 Da sprach der Jüngling zu ihm: Das habe ich alles gehalten von meiner Jugend auf, was fehlt mir noch? (Er sieht nicht seine Gebundenheit.)

4. Er versagt, als der Herr ihn von seiner Gebundenheit ans Irdische loslösen will.

Mk   10, 22 Er aber ward unmutig über die Rede und ging traurig davon, denn er hatte viele Güter.

DER HAUPTMANN UNTER DEM KREUZ ist wohl ein Heide, aber ein Tatsachenmensch, der vom Sterben Jesu und seinen Begleiterscheinungen überwältigt wird und sich zur Gottessohnschaft Jesu bekennt.

Mt   27, 54 Der Hauptmann und die bei ihm waren und bewahrten Jesum, da sie sahen das Erdbeben und was da geschah, erschraken sie sehr und sprachen: Wahrlich, dieser ist Gottes Sohn gewesen.

BARTIMÄUS (Sohn des Timäus), blinder Bettler, der am Ausgang von Jericho am Wege sitzt und bettelt. Im heißen Verlangen, sehend zu werden, wird er hellhörig für alles, was er von den Taten Jesu vernimmt. Er glaubt, daß Jesus der Messias ist, und wünscht, ihm zu begegnen. So wartet er, bis Jesus an ihm vorüberkommt. Als er hört, daß Jesus durch Jericho zieht, schreit er um Hilfe. Er gibt Jesus den messianischen Namen und bittet ihn um sein Erbarmen. Er läßt sich auch durch Drohungen nicht einschüchtern und fährt fort mit verstärktem Geschrei. Als Jesus seinetwegen stillsteht und ihn zu sich ruft, wirft er seinen Mantel von sich, um ungehindert zu Jesus gehen zu können. Nach seiner Heilung folgt er dem Herrn nach.

1. Der Mensch der Sehnsucht hört vom Helfer.

Mk   10, 47 Da er hörte, daß es Jesus von Nazareth war.

2. Er glaubt, daß Jesus ihm helfen kann.

Mk   10, 47 Er gibt Jesus den messianischen Namen: Er fing an zu schreien und zu sagen: Jesu, du Sohn Davids, erbarme dich mein.
10, 52 Jesus sprach zu ihm: Gehe hin, dein Glaube hat dir geholfen.

3. Er verdoppelt seine Anstrengung im Rufen, um den Widerstand der Menschen zu überwinden.

Mk   10, 48 Viele bedrohten ihn, er solle stilleschweigen. Er aber schrie viel mehr: Du Sohn Davids, erbarme dich mein.

4. Er wirft alles fort, was ihn hindert, als Jesus seinetwegen stehenbleibt und ihn rufen läßt.

Mk   10, 50 Er warf sein Kleid von sich, stand auf und kam zu Jesu.

5. Er folgt ihm nach.

Mk   10, 52 Alsbald ward er sehend und folgte ihm nach auf dem Wege.

SALOME (siehe Johannes und Jakobus), Mutter der beiden, wahrscheinlich Schwester der Maria, wie man aus den Vergleichen der folgenden Stellen schließt.

Mk   15, 40 Maria Magdalena . . . und Salome.
Mt   27, 56 Maria Magdalena . . . und die Mutter der Kinder des Zebedäus.
Joh   19, 25 seiner Mutter Schwester.

MARIA MAGDALENA stammt aus Magdala. Sie wird durch Jesus von schwerer Besessenheit geheilt und darf im Kreis der Frauen, die ihm dienten, ihm nachfolgen.

Sie liebt Jesus und kann sich nicht von ihm trennen, auch nicht von seinem Leichnam, glaubt aber nicht. Jesus gibt ihr vor allen anderen die Gewißheit seiner Auferstehung, indem er sie beim Namen ruft.

1. Maria Magdalena durch Jesus geheilt.

Lk   8, 2 Maria, die da Magdalena heißt, von welcher waren sieben Teufel ausgefahren.

2. Sie darf ihm nachfolgen.

Lk   8, 1 Die Zwölf mit ihm, darunter etliche Weiber, die er hatte gesund gemacht . . ., nämlich Maria.

Mk   15, 47 Maria Magdalena schaute zu, wo er hingelegt ward.

Mt   28, 1 Als der erste Tag der Woche anbrach, kam Maria Magdalena, das Grab zu besehen.

3. Sie hängt am irdischen Jesus und glaubt nicht, daß er auferstanden ist und lebt.

Joh   20, 2 Sie glaubt weder beim offenen Grab,
20, 12 noch beim Sehen der beiden Engel im Grabe,
20, 14 noch als sie Jesum stehen sieht. Sie weiß nicht, daß es Jesus ist. (Der Unglaube macht blind.)

4. Der Herr führt sie zum Glauben.

Joh   20, 16 Spricht Jesus zu ihr: Maria. Da wandte sie sich um und spricht zu ihm: Rabbuni! Spricht Jesus zu ihr: Rühre mich nicht an!

5. Sie wird die erste Osterbotin.

Joh   20, 18 Maria Magdalena kommt und verkündigt den Jüngern: Ich habe den Herrn gesehen, und solches hat er zu mir gesagt.

MARIA VON BETHANIEN, die Schwester des Lazarus, des Freundes Jesu, und der Martha. Sie nimmt Jesus auf in ihrem Haus, sie hört auf sein Wort, glaubt, daß er Krankheit heilen kann, ringt sich durch zum völligen Glauben, daß er auch der Herr über den Tod ist. Von anderen läßt sie sich tadeln und bleibt still dabei, weil sie alles dem Urteil dessen anheimstellt, der da recht richtet. Diese feine, stille Frauenseele ahnt die Hoheit Jesu, glaubt an ihn und gibt ihm alles hin zu einer Zeit, da die Jünger noch zweifeln und leidensscheu vor der letzten Hingabe fliehen.

1. Sie hört auf sein Wort, und damit gibt sie ihm mehr als die Bereitschaft zum Dienen, und wird entgegen dem Tadel der Martha von ihm gepriesen.

Lk 10, 39 Maria setzte sich zu Jesu Füßen und hörte seiner Rede zu.

10, 40 Marthas Tadel.

10, 42 Eins aber ist not: Maria hat das gute Teil erwählt, das soll nicht von ihr genommen werden.

2. Sie glaubt an ihn als den großen Heiland der Kranken und ehrt ihn.

Joh 11, 32 Als nun Maria kam, da Jesus war, und sah ihn, fiel sie zu seinen Füßen und sprach zu ihm: Herr, wärest du hier gewesen, mein Bruder wäre nicht gestorben!

3. Sie geht mit ihm zu Grabe. Ohne Zweifel und Bedenken zum Ausdruck zu bringen, wie ihre Schwester Martha, erhebt sie ihre Seele zu völligem Glauben.

Joh 11, 40 So du glauben würdest, du solltest die Herrlichkeit Gottes sehen (Jesus zu Martha).

4. Sie dankt ihm.

Joh 12, 3 Da nahm Maria ein Pfund Salbe von ungefälschter köstlicher Narde und salbte die Füße Jesu und trocknete mit ihrem Haar seine Füße.

12, 7 Als Judas sie tadelt, spricht Jesus: Laß sie mit Frieden, solches hat sie behalten zum Tag meines Begräbnisses.

Mk 14, 8 Sie hat getan, was sie konnte.

14, 9 Wahrlich, ich sage euch, wo dies Evangelium gepredigt wird, da wird man auch das sagen zu ihrem Gedächtnis, was sie jetzt getan hat.

MARTHA (Herrin), wohl die Älteste der drei Geschwister, nimmt, rasch entschlossen, Jesum, als er nach Bethanien kommt, in ihr Haus auf. Sie ist eifrig im haus-

fraulichen Dienen. Jesu Besuch ist ihr vor allem eine
hausfrauliche Aufgabe. Sie versteht Maria nicht, daß
sie zuhört und nicht zugreift, und macht ihrem Tadel
Jesu gegenüber Luft, nicht ohne in Selbstgefälligkeit ein
Lob für ihre Tüchtigkeit zu erwarten. Der Herr lehrt
sie, daß das Hören seines Worts das allernötigste ist.
Durch den Tod des Lazarus wird das »Eins ist not«
Martha nachdrücklich eingeprägt. Jesus hebt sie am
Grabe des Lazarus zu völligerem Glauben empor, daß
sie ihn als Messias bekennt. Doch kann sie es noch
nicht fassen, daß seine Macht der Verwesung überlegen
ist. Der Tod setzt ihrem Glauben noch eine Schranke,
die Jesus durch seine Auferweckungstat durchbricht.
Beim Mahl in Bethanien dient Martha ihrem Herrn zum
letztenmal, gereinigt von Selbstüberhebung und Verachtung der anderen, im Wissen um das eine, das not ist,
und im seligen Glauben an den Lebensfürsten.

1. Sie bietet Jesus ihre Gastfreundschaft an.

Lk   10, 38 Da war ein Weib, mit Namen Martha, die nahm ihn
auf in ihr Haus.

2. Ihr hausfrauliches Dienen ist getrübt durch
Selbstgefälligkeit und Verachtung der Schwester
und durch Verständnislosigkeit für das Wort Jesu.

Lk   10, 40 Herr, fragest du nicht danach, daß mich meine Schwester läßt allein dienen? Sage ihr doch, daß sie es auch an-
greife.

3. Ihre Erziehung durch den Meister zum rechten
Dienen durch die Anerkennung des einen, das not
ist, und den Glauben an seine todüberwindende
Herrlichkeit.

Lk   10, 41 Martha, Martha, du hast viel Sorge und Mühe, eins
aber ist not. Maria hat das gute Teil erwählt, das soll nicht
von ihr genommen werden.

Joh   11, 14 Lazarus ist gestorben (der Tod des Lazarus läßt Mar-
      tha die Richtigkeit dieses Herrnwortes erkennen).

      11, 27 Herr, ja, ich glaube, daß du bist Christus, der Sohn
      Gottes.

      11, 39 Spricht zu ihm Martha: Herr, er stinkt schon, denn er
      ist vier Tage gelegen (Marthas Zweifel).

      11, 40 Jesus spricht zu ihr: Habe ich dir nicht gesagt, so du
      glauben würdest, du solltest die Herrlichkeit Gottes sehen?

      12, 2 Daselbst machten sie ihm ein Abendmahl, und Martha
      diente; Lazarus aber war deren einer, die mit ihm zu Tische
      saßen.

LAZARUS (Gotthilf), der Bruder der Maria und Martha,
tritt persönlich kaum hervor. Er war wie Maria gläubig,
sonst hätte er die Stimme des Herrn, die ihn aus dem
Grabe rief, nicht gehört. Jesus nennt ihn Freund und
liebt ihn. An seinem Grabe gehen dem Herrn die Augen
über.

Joh   11, 5 Jesus aber hatte Martha lieb und ihre Schwester und
      Lazarus.

      11, 3 Sie ließen ihm sagen: Herr, siehe, den du lieb hast,
      der liegt krank.

      11, 11 Jesus spricht: Lazarus, unser Freund, schläft, aber ich
      gehe hin, ihn aufzuwecken.

      11, 43 Er rief mit lauter Stimme: Lazarus, komm heraus! Und
      der Verstorbene kam heraus.

      12, 2 Lazarus war deren einer, die mit ihm zu Tische saßen.

      12, 10 Die Hohenpriester trachteten danach, daß sie auch La-
      zarus töteten, denn um seinetwillen gingen viele Juden hin
      und glaubten an Jesum.

ZACHÄUS, ein Oberbeamter der römischen Generalzoll-
pächter für Judäa. Er ist Jude, aber als römischer Beamter bei seinen Volksgenossen verhaßt. Sein Reichtum
ist nicht ohne Betrug zustande gekommen. Sein Sehnen,
Jesum, den Freund der Zöllner und Sünder, zu sehen,
stößt auf Hindernisse. Er überwindet sie und läßt sich
nicht durch Menschen von Jesus fernhalten. Ihn, den
keiner seiner Mitbürger sehen und beachten wollte,

sieht Jesus, ruft ihn an und kehrt bei ihm ein. Der Eindruck dieser Liebe und Freundlichkeit des Herrn ist so gewaltig, daß Zachäus Buße tut, sich von seinen Sünden trennt, sein Unrecht bekennt und wieder gut macht. Der geldliebende Mensch ist plötzlich los vom Mammon, weil er in Jesus etwas Besseres gefunden hat, nämlich das ewige Heil.

1. Zachäus, der Zöllner und Sünder.

Lk   19, 7 Sie murrten alle, daß er bei einem Sünder einkehrte.
19, 8 So ich jemand betrogen habe, das gebe ich vielfältig wieder.

2. Sein Sehnen, Jesum zu sehen, und Überwindung der Hindernisse.

Lk   19, 3 Er begehrte Jesum zu sehen, wer er wäre, und konnte nicht, denn er war klein von Person.
19, 3 Er konnte nicht vor dem Volk. (Die Menschen, die ihm im Wege standen, waren zu groß.)

3. Die Freundlichkeit des Herrn, der den Verlorenen sucht, findet, anredet und bei ihm einkehrt.

Lk   19, 5 Als Jesus kam an die Stätte, sah er auf und ward sein gewahr und sprach zu ihm: Zachäus, steige eilend hernieder, denn ich muß heute in deinem Hause einkehren.

4. Diese Freundlichkeit führt Zachäus zur Buße. Er bekennt und macht wieder gut.

Lk   19, 8 Zachäus sprach zu dem Herrn: Siehe, Herr, die Hälfte meiner Güter gebe ich den Armen, und so ich jemand betrogen habe, das gebe ich vierfältig wieder.

DER SCHÄCHER ZUR RECHTEN

Die Liebe Jesu gewinnt ihm das Herz ab und bewegt es:

a) zur Buße,

Lk   23, 34 Jesus sprach: Vater, vergib ihnen, denn sie wissen nicht, was sie tun.

23, 40 Du fürchtest dich auch nicht vor Gott, der du doch in gleicher Verdammnis bist? Und wir zwar sind billig darin, denn wir empfangen, was unsere Taten wert sind; dieser aber hat nichts Ungeschicktes getan. (Er fürchtet Gott und die Verdammnis, kann deshalb die Lästerung des anderen Schächers nicht hören, er hält unter den Qualen der Kreuzigung seine Strafe für gerecht und bekennt das öffentlich.)

b) zum Glauben.

Lk 23, 42 Er sprach zu Jesu: Herr, gedenke an mich, wenn du in dein Reich kommst. Und Jesus sprach zu ihm: Wahrlich, ich sage dir, heute wirst du mit mir im Paradiese sein. (Er wagt es, Jesus anzusprechen, ihm, dem Gekreuzigten, den messianischen Namen zu geben, von seinem Reich zu reden und seiner Liebe zuzutrauen, daß sie in ihrer Herrlichkeit eines bußfertigen Hingerichteten gedenkt. Der Schächer ist der erste Gläubige, der an den Gekreuzigten glaubt, und er glaubte, ohne etwas von Ostern gesehen zu haben.)

DER SCHÄCHER ZUR LINKEN ist der Mensch der Selbsthilfe und Gewalttat. Er verschließt sich gegen die Liebe Jesu mit verdoppeltem trotzigem Haß und entlädt seinen ohnmächtigen Zorn mit wilden Lästerworten auf Christus, weil er, statt die Gewalt an sich zu reißen und sich selbst und ihm zu helfen, geduldig leidet.

Lk 23, 39 Aber der Übeltäter einer, die da gehängt waren, lästerte ihn und sprach: Bist du Christus, so hilf dir selbst und uns.

KLEOPHAS, einer der Emmausjünger.

1. Traurig flieht er von Jerusalem.

Lk 24, 17 Was seid ihr traurig? Da antwortete Kleophas: Bist du allein unter den Fremdlingen in Jerusalem, der nicht wisse, was in diesen Tagen drinnen geschehen ist?

2. Er sagt seinen Kummer Jesu.

Lk 24, 20 Unsere Hohenpriester haben ihn gekreuzigt. Wir aber hofften, er sollte Israel erlösen.

3. Er läßt sich von Jesus um seines Unglaubens willen schelten.

Lk   24, 25 O ihr Toren und träges Herzens, zu glauben all dem, was die Propheten geredet haben!

4. Er kann sich nicht von Jesus trennen und bittet ihn, zu bleiben. Jesus öffnet ihm die Schrift und offenbart sich ihm.

Lk   24, 29 Sie nötigten ihn und sprachen: Bleibe bei uns. Er nahm das Brot, dankte, brach's und gab's ihnen. Da wurden ihre Augen geöffnet.

5. Sie verkündigen, alle Müdigkeit vergessend, den Jüngern seine Auferstehung.

Lk   24, 33 Sie standen auf zur selben Stunde, kehrten wieder gen Jerusalem, fanden die Elf und erzählten ihnen, wie er von ihnen erkannt wäre an dem, da er das Brot brach.

HERODES ANTIPAS, Sohn des großen Herodes, Vierfürst über Galiläa und Peräa (4—39 n. Chr.), ist der Landesfürst Jesu. Er kommt in die Gewalt der ehebrecherischen Herodias, der Enkelin des alten Herodes und der Mariamne, die in ihrem unbändigen Willen zur Macht ihren Mann (auch einen Herodes) verläßt, um Fürstin zu werden. Er läßt Johannes den Täufer, der den Mut hat, seinen Ehebruch zu strafen, verhaften und in die Burg Machärus einsperren. Er bekommt Achtung vor seiner Frömmigkeit und hört gern auf ihn. Durch List und Spekulation auf die Sinnlichkeit ihres Mannes überwindet Herodias seine Bedenken gegen die Tötung des Täufers. Er läßt Johannes hinrichten. Vor Jesus hat er die abergläubische Furcht des bösen Gewissens, weil er meint, in ihm sei der Täufer auferstanden. Jesus wird in Fesseln ihm vorgeführt, weil Pilatus in seiner Abneigung, selbst das Urteil über Jesus zu fällen, es ihm zuschieben und ihm zugleich eine Freundlichkeit erweisen will. Herodes verspottet Jesus und sendet ihn zurück, um das Recht des Statthalters öffentlich zu ehren. Über Jesus werden Pilatus und Herodes Freunde. Infolge einer Verleumdung durch Herodes Agrippa kommt er um sein Königreich und stirbt mit Herodias in der Verbannung zu Lyon.

1. Herodes Antipas, sinnlich, stolz, grausam und listig, ist ein Erbe herodianischer Art.

Mt   14, 3 Herodes hatte Johannes gegriffen, gebunden und in das Gefängnis gelegt von wegen Herodias, seines Bruders Weib, denn Johannes hatte zu ihm gesagt: Es ist nicht recht, daß du sie habest. (Sein stolzes Ich ist beleidigt.)

14, 5 Er hätte ihn gern getötet, fürchtete sich aber vor dem Volk, denn sie hielten ihn für einen Propheten.

14, 6 Da tanzte die Tochter der Herodias vor ihnen. Das gefiel Herodes wohl.

Lk   13, 32 Jesus nennt Herodes einen Fuchs.

Mk   8, 15 Hütet euch vor dem Sauerteig des Herodes (Jesus warnt vor ihm und dem Geist seines Hofes.)

2. Er ist nachgiebig gegen seine Umgebung und kommt ganz in die Gewalt der Herodias und der Hofkamarilla, weil er mit ihnen sündigt.

Mt   14, 7 Er verhieß der Tochter mit einem Eid, er wolle ihr geben, was sie fordern würde. Und wie sie zuvor von ihrer Mutter angestiftet worden war, sprach sie: Gib mir her auf einer Schüssel das Haupt Johannes des Täufers. Und der König ward traurig, doch um des Eides willen und derer, die mit ihm zu Tische saßen, befahl er's ihr zu geben.

Lk   23, 11 Aber Herodes mit seinem Hofgesinde verachtete und verspottete Jesum.

3. Er hat gute Regungen und einzigartige Gelegenheiten, ein anderer zu werden.

Mk   6, 20 Herodes fürchtete Johannes; denn er wußte, daß er ein frommer und heiliger Mann war; und verwahrte ihn und gehorchte ihm in vielen Sachen und hörte ihn gern.

Mt   14, 2 Und er sprach zu seinen Knechten: Dieser (Jesus) ist

Johannes der Täufer; er ist von den Toten auferstanden,
darum tut er solche Taten (es schlägt ihm das Gewissen).

Lk   23, 8 Da Herodes Jesum sah, ward er sehr froh, denn er
hätte ihn längst gern gesehen — denn er hatte viel von ihm
gehört — und hoffte, er würde ein Zeichen von ihm sehen.
Und er fragte ihn mancherlei; er antwortete ihm aber nichts.

4. Das Böse gewinnt den Sieg.

Mt   14, 10 Er schickte hin und enthauptete Johannes im Gefängnis.
Lk   23, 11 Er verwirft Jesum.

JOSEPH VON ARIMATHIA, Mitglied des Hohen Rats,
wohl neu zugezogen von Arimathia nach Jerusalem, ist
ein stiller Jesusjünger. Er tritt nach Jesu Tod hervor und
wagt es, Pilatus um den Leichnam Jesu zu bitten. Bei
der Abstimmung über Jesus stimmt er gegen das Todes-
urteil. Er begräbt den Herrn in seinem neuen Felsengrab.

1. Ein heimlicher Jesusjünger.

Mk   15, 43 Es kam Joseph von Arimathia, ein ehrbarer Ratsherr,
welcher auch auf das Reich Gottes wartete.
Mt   27, 57 Am Abend kam ein reicher Mann von Arimathia, der
hieß Joseph, welcher auch ein Jünger Jesu war.
Lk   23, 51 Einer, der auch auf das Reich Gottes wartete.
Joh   19, 38 Der ein Jünger Jesu war, doch heimlich aus Furcht
vor den Juden.

2. Er bekennt sich zu Jesus. Er wagt es, Pilatus um den Leichnam Jesu zu bitten, und begräbt ihn in seinem neuen Felsengrab.

Lk   23, 51 Er hatte nicht gewilligt in ihren Rat und Handel.
Mk   15, 43 Der wagte es und ging hinein zu Pilatus und bat um
den Leichnam Jesu.
15, 46 Er kaufte eine Leinwand und wickelte ihn in die Leinwand und legte ihn in ein Grab, das war in einen Felsen
gehauen, und wälzte einen Stein vor des Grabes Tür.
Joh   19, 41 Im Garten ein neues Grab, in welches niemand je
gelegt war.
19, 38 Beim Begräbnis wirkt er mit dem ihm nahestehenden
Nikodemus zu sammen.

NIKODEMUS ist ein angesehener Verwalter eines hohen Amts und pharisäischer Schriftgelehrter. Er kommt bei der Nacht zu Jesus aus Furcht, Schwierigkeiten bei seiner Behörde, die Jesus ablehnt, zu bekommen. Er redet von einer Mehrzahl von seinesgleichen, die bereit sind, Jesum als ihren Lehrer anzuerkennen. Der Herr spricht mit ihm über die Neugeburt aus dem Heiligen Geist, der durch den Glauben an Jesus zu uns kommt und uns innerlich erneuert.

Infolge dieser Begegnung tritt Nikodemus mannhaft auf gegen eine ungerechte Behandlung Jesu. Nach dem Tode Jesu bekennt er sich zu ihm und bereitet ihm ein königliches Begräbnis.

1. Nikodemus, ein hoher, angesehener, feingebildeter Beamter der Judenschaft, ein Mann von pharisäisch-ernster Frömmigkeit.

Joh 3, 1 Es war ein Mensch unter den Pharisäern, mit Namen Nikodemus, ein Oberster unter den Juden.
3, 10 ein Meister in Israel.
7, 50 spricht zu den Hohenpriestern und Pharisäern (ist Mitglied des Hohen Rates).

2. Infolge der Zeichen Jesu gewinnt er die Überzeugung, daß Jesus von Gott gesandt ist, und kommt zu ihm, um ihn kennenzulernen, aber bei Nacht, weil er sich scheut, sich öffentlich zu Jesus zu bekennen.

Joh 3, 2 Er sprach zu ihm: Meister, wir wissen, daß du bist ein Lehrer, von Gott gekommen. Denn niemand kann die Zeichen tun, die du tust, es sei denn Gott mit ihm.
3, 2 Er kam zu Jesu bei der Nacht (der vorsichtige hohe Beamte).

3. Jesus geht nicht auf die naheliegende Frage ein, in was für einer Vollmacht er sein Werk tue, noch entwickelt er ihm sein Programm, sondern er greift

ihn an. Er sagt dem gelehrten, gerechten und frommen Mann, daß er von neuem geboren werden muß durch den Glauben an Christus. Auf ihn gilt es zu blicken, wie die Israeliten in der Wüste auf die erhöhte Schlange schauten, um bei ihm die Heilung zu finden, damit die Werke nicht in der Finsternis, sondern in Gott getan werden.

Joh   3, 3 Es sei denn, daß jemand von neuem geboren werde, so kann er das Reich Gottes nicht sehen.
3, 14 Wie Mose in der Wüste eine Schlange erhöht hat, also muß des Menschen Sohn auch erhöht werden, auf daß alle, die an ihn glauben, nicht verloren werden, sondern das ewige Leben haben.
3, 21 Wer die Wahrheit tut, kommt an das Licht, daß seine Werke offenbar werden, denn sie sind in Gott getan.

4. Der gelehrte, disputierfreudige Mann wehrt sich gegen den Gehorsam zur Buße und zum Glauben durch sein Fragen nach dem Wie.

Joh   3, 4 Nikodemus spricht zu ihm: Wie kann ein Mensch geboren werden, wenn er alt ist?
3, 9 Nikodemus antwortete und sprach zu ihm: Wie mag solches zugehen?

5. Jesu Antwort nimmt er still hin, um sie bei sich zu erwägen.

Joh   3, 5 Jesus antwortete: Wahrlich, wahrlich, ich sage dir: es sei denn, daß jemand geboren werde aus Wasser und Geist, so kann er nicht in das Reich Gottes kommen.
Joh   3, 11 Jesus antwortete und sprach zu ihm: Wahrlich, wahrlich, ich sage dir: Wir reden, was wir wissen, und zeugen, was wir gesehen haben, und ihr nehmt unser Zeugnis nicht an. (Der Geist kommt durch den Glauben an Christus in unser Herz.)

6. Nikodemus tritt im Hohen Rat gegen die Ungerechtigkeit auf, die man Jesu antun will, wagt sich aber nicht weiter vor.

Joh   7, 50 Spricht zu ihnen Nikodemus, welcher einer unter ihnen war: Richtet unser Gesetz auch einen Menschen, ehe man hört und erkennt, was er tut? Sie antworteten und sprachen zu ihm: Bist du auch ein Galiläer? Forsche und siehe, aus Galiläa steht kein Prophet auf. Und ein jeglicher ging also heim.

7. Nikodemus bereitet Jesus nach seinem Tode ein reiches Begräbnis.

Joh   19, 39 Es kam aber auch Nikodemus, der vormals bei Nacht zu Jesu gekommen war, und brachte Myrrhe und Aloe untereinander bei hundert Pfunden.

DIE SAMARITERIN ist das Weib aus Sichar, das beim Wasserholen am Jakobsbrunnen von Jesus angesprochen wird. Aus einer oberflächlichen, sittenlosen Frau, deren Frömmigkeit verdorrt ist, wird unter dem Gespräch mit Jesus eine im Innersten getroffene und erquickte Botin des Evangeliums von Christus.

1. Sie ist oberflächlich.

Joh   4, 11 Spricht zu ihm das Weib: Herr, hast du doch nichts, womit du schöpfest, und der Brunnen ist tief; woher hast du denn lebendiges Wasser?
4, 15 Herr, gib mir das Wasser, auf daß ich nicht dürste und daß ich nicht herkommen müsse, zu schöpfen (sie haftet am irdischen Wasser).

2. Sie lebt in ihrem Lebensdurst sittenlos.

Joh   4, 17 Ich habe keinen Mann.
4, 18 Fünf Männer hast du gehabt, und den du nun hast, der ist nicht dein Mann.

3. Ihre Religiosität bewegt sich um die samaritisch-jüdische Streitfrage des rechten Anbetungsplatzes.

Joh   4, 19 Herr, ich sehe, daß du ein Prophet bist. Unsere Väter haben auf diesem Berg angebetet, und ihr sagt, zu Jerusalem sei die Stätte, da man anbeten soll.

4. Ihr tiefstes religiöses Wissen ist das Wissen um den kommenden Messias, das unter den Worten Jesu aufwacht.

Joh   4, 25 Spricht das Weib zu ihm: Ich weiß, daß der Messias kommt, der da Christus heißt. Wenn derselbe kommen wird, so wird er's uns alles verkündigen.

5. Sie ist von dem Messiaszeugnis Jesu erschüttert.

Joh   4, 28 Da ließ das Weib ihren Krug stehen und ging hin in die Stadt.
4, 29 Er hat mir gesagt alles, was ich getan habe.
4, 9 Spricht das Weib zu ihm: Wie bittest du von mir zu trinken, so du ein Jude bist und ich ein samaritisch Weib? (Daß er mit ihr gesprochen hat, erscheint ihr nun über alles wunderbar und hebt sie aus dem Staube.)

6. Sie wird eine wirksame Missionarin, die durch ihre Botschaft ihre Landsleute zu Jesus führt, damit sie selbst prüfen können.

Joh   4, 29 Kommt, sehet einen Menschen, der mir gesagt hat . . ., ob er nicht Christus sei.
4, 39 Es glaubten aber an ihn viele der Samariter aus der Stadt um des Weibes Rede willen, welches da zeugte: Er hat mir gesagt alles, was ich getan habe.
4, 42 Sie sprachen zum Weibe: Wir glauben nun hinfort nicht um deiner Rede willen, wir haben selber gehört und erkannt, daß dieser ist wahrlich Christus, der Welt Heiland.

DER KRANKE AM TEICH BETHESDA sucht in achtunddreißigjähriger Krankheit seine letzte Hilfe am Wasser zu Bethesda. Da er keinen Menschen hat, der ihm rasch in das Wasser hilft, wenn es heilkräftig aufsprudelt, kommt er immer zu spät. Seine Verzweiflung darüber ist groß. Ihn sieht Jesus vor allen anderen, weil er am meisten Hilfe bedarf und heilt ihn.

1. Seine Not und Hilflosigkeit.

Joh   5, 5 Es war ein Mensch daselbst achtunddreißig Jahre lang krank gelegen.
5, 7 Ich habe keinen Menschen, wenn das Wasser sich bewegt, der mich in den Teich lasse.

2. Jesus sieht seine Not, erweckt in dem Hoffnungs-

losen neuen Willen zum Gesundwerden und heilt ihn.

Joh 5, 6 Da Jesus ihn sah liegen und vernahm, daß er so lange gelegen hatte, spricht er zu ihm: Willst du gesund werden? 5, 8 Jesus spricht zu ihm: Stehe auf, nimm dein Bett und gehe hin!

.3. In der Anfechtung durch die Juden, die die Sabbatschändung durch die Heilung tadeln, hält er sich an das Wort Jesu.

Joh 5, 11 Er antwortete ihnen: Der mich gesund machte, der sprach zu mir: Nimm dein Bett und gehe hin!

4. Jesus gibt ihm die Weisung für sein ferneres Leben, indem er in ihm die Furcht vor der Sünde erweckt.

Joh 5, 14 Danach fand ihn Jesus im Tempel und sprach zu ihm: Siehe zu, du bist gesund geworden, sündige hinfort nicht mehr, daß dir nicht etwas Ärgeres widerfahre.

DER BLINDGEBORENE ist schuldlos an seiner Not. Das Werk Gottes soll an ihm offenbar werden. Jesus hilft mit einem einfachen Hausmittel, mit einem Lehmumschlag, und sendet ihn nach dem Teich Siloah. Der Blindgeborene ist gehorsam und wird geheilt. Er bekennt sich im Verhör zu Jesus und bezeugt den ungläubigen Juden, daß solche Wundertat von Gott sein muß. Jesus begegnet ihm und führt ihn zum Glauben an den Sohn Gottes. Der Geheilte betet ihn an.

1. Der Blindgeborene wird von Jesus gesehen.

Joh 9, 1 Jesus ging vorüber und sah einen, der blind geboren war. 9, 3 Es hat weder dieser gesündigt noch seine Eltern, sondern daß die Werke Gottes offenbar würden an ihm.

2. Der Blindgeborene gehorcht schlicht der Anweisung Jesu.

Joh   9, 6 Jesus spützte auf die Erde und machte einen Kot aus dem Speichel und schmierte den Kot auf des Blinden Augen und sprach zu ihm: Gehe hin zu dem Teich Siloah und wasche dich! Da ging er hin und wusch sich und kam sehend.

3. Er bekennt sich zu Jesus und bezeugt, daß er von Gott ist.

Joh   9, 17 Er sprach: Er ist ein Prophet.
9, 30 Das ist ein wunderlich Ding, daß ihr nicht wisset, von wannen er sei, und er hat meine Augen aufgetan . . . wäre dieser nicht von Gott, er könnte nichts tun . . . und stießen ihn hinaus.

4. Jesus begegnet ihm und führt ihn zum Glauben an den Sohn Gottes.

Joh   9, 35 Es kam vor Jesum, daß sie ihn ausgestoßen hatten (in den Bann getan hatten), und da er ihn fand, sprach er zu ihm: Glaubst du an den Sohn Gottes? Er antwortete und sprach: Herr, welcher ist's, auf daß ich an ihn glaube? Jesus sprach zu ihm: Der mit dir redet, der ist's. Er aber sprach: Herr, ich glaube, und betete ihn an.

PONTIUS PILATUS, von 26—36 n. Chr. Landpfleger von Judäa, ist ein Mann von rücksichtslosem Charakter, der sich den Juden gegenüber allerlei Gewalttaten zuschulden kommen läßt. Er hat keine religiöse Überzeugung und daher auch keine sittliche Kraft, als er Jesu Unschuld erkennt, ihn entgegen dem Willen des Volkes freizulassen. Er sucht, klug wie er ist, sich um die Entscheidung, vor der ihm graut, zu drücken. Als ihm das mißlingt, übergibt er Jesum zur Hinrichtung, um sich selbst vor den Anklagen der Juden beim Kaiser zu retten.

1. Pilatus, der rücksichtslose Gewaltmensch.

Lk   13, 1 Etliche verkündigten ihm von den Galiläern, deren Blut Pontius Pilatus mit ihrem Opfer vermischt hatte.

2. Pilatus, der Mann ohne religiöse Überzeugung.

Joh   18, 38 Spricht Pontius Pilatus zu ihm: Was ist Wahrheit?

3. Er ist von der Hoheit Jesu betroffen, von seiner Unschuld überzeugt und wird von seiner Frau gewarnt.

Joh   18, 38 Ich finde keine Schuld an ihm.
19, 4 Ich führe ihn hinaus zu euch, daß ihr erkennet, daß ich keine Schuld an ihm finde. Sehet, welch ein Mensch!
19, 7 Die Juden antworteten ihm: Er hat sich selbst zu Gottes Sohn gemacht. Da Pontius Pilatus das Wort hörte, fürchtete er sich noch mehr.
19, 12 Von dem an trachtete Pontius Pilatus, wie er ihn losließe.

Mt   27, 19 Sein Weib schickte zu ihm und ließ ihm sagen: Habe du nichts zu schaffen mit diesem Gerechten. Ich habe heute viel erlitten im Traum um seinetwegen.

4. Pilatus, der kluge Taktiker, der sich um die Entscheidung über Jesus drücken will.

Lk   23, 7 Er übersandte ihn dem Herodes, welcher in den Tagen auch zu Jerusalem war.

Joh   18, 39 Er stellt Jesus neben Barabbas und läßt dem Volk die Wahl zwischen beiden.
19, 1 Er geißelt Jesus und führt den Zerschundenen dem Volk vor, um das Mitleid zu erregen.

5. Durch den Gang der Dinge wird er selbst zur Entscheidung gezwungen.

Joh   19, 12 Die Juden aber schrien und sprachen: Läßt du diesen los, so bist du des Kaisers Freund nicht. (Er sucht sein Leben zu erhalten und gibt Jesum preis.) Da überantwortete er ihn, daß er gekreuzigt würde.

STEPHANUS (Krone) ist ein griechisch redender Jude, einer der sieben Diakone, die von der Gemeinde zur Armenversorgung gewählt werden. Er bezeugt in den Betsälen der griechisch redenden Juden das Evangelium von Christus. Da Stephanus in diesen Gesprächen seine Freiheit von Tempel und Gesetz zum Ausdruck bringt, verklagt man ihn wegen Lästerung des Tempels und des Gesetzes bei dem Hohen Rat. Als er in seiner Verteidigungsrede auf den Unglauben der Juden gegenüber den Propheten hinweist und ihnen ihre Schuld am Tode Jesu vorhält, rasen sie vor Zorn über ihn. Als er bekennt, im Gesicht die himmlische Herrlichkeit Jesu zu sehen, steinigen sie ihn. Sein Sterben ist durch die vergebende Liebe und das Gebet zu Jesus ein Zeugnis, das große Frucht trägt. Durch dieses Zeugnis empfängt Saulus den Stachel ins Herz, gegen den er sich nicht wehren kann. So hat sich die Fürbitte des Stephanus für seine Feinde an Paulus erfüllt.

1. Der Diakon.

Ap 6, 3 Sehet unter euch nach sieben Männern, die ein gut Gerücht haben und voll Heiligen Geistes und Weisheit sind, welche wir bestellen mögen zu dieser Notdurft.
6, 5 Sie erwählten Stephanus, einen Mann voll Glaubens und Heiligen Geistes.

2. Stephanus, der Zeuge Jesu Christi:

a) mit der Tat, mit Wundern und Zeichen;

Ap 6, 8 Stephanus, voll Glaubens und Kräfte, tat Wunder und große Zeichen unter dem Volk.

b) der Zeuge mit dem Wort;

Ap   6, 10 Sie vermochten nicht zu widerstehen der Weisheit und dem Geiste, aus welchem er redete.

7, 51 Ihr Halsstarrigen, ihr widerstrebt allezeit dem Heiligen Geist, wie eure Väter, also auch ihr. Welchen Propheten haben eure Väter nicht verfolgt? Und sie haben getötet, die da zuvor verkündigten die Zukunft dieses Gerechten, dessen Verräter und Mörder ihr nun geworden seid. Da sie solches hörten, ging's ihnen durchs Herz.

7, 55 Er sprach: Ich sehe den Himmel offen und des Menschen Sohn zur Rechten Gottes stehen.

c) der Blutzeuge.

Ap   7, 56 Sie schrien laut, hielten ihre Ohren zu, stürmten einmütig auf ihn ein, stießen ihn zur Stadt hinaus und steinigten ihn . . . der anrief und sprach: Herr Jesu, nimm meinen Geist auf! Er kniete aber nieder und schrie laut: Herr, behalte ihnen diese Sünde nicht! Und als er das gesagt hatte, entschlief er.

ANANIAS UND SAPHIRA werden durch das Vorgehen anderer (Barnabas) und durch Rücksicht auf Menschenurteil veranlaßt, sich ihres Gutes zu entäußern, haben aber doch nicht den Glauben, sich nun ganz ohne Sicherung auf Gott zu verlassen, sondern wollen sich einen Notpfennig zurückbehalten, ohne es den Aposteln und der Gemeinde zu sagen. So lügen sie aus Ehrgeiz im feierlichen Opfergottesdienst den Petrus an. Sie trifft ein sofortiges Strafgericht. Denn Gott läßt sich nicht spotten. Je mehr Geisteskräfte er gibt, um so mehr Gehorsam fordert er.

1. Das Vorbild anderer spornt ihren Ehrgeiz an.

Ap   4, 36 Barnabas verkaufte einen Acker und brachte das Geld und legte es zu der Apostel Füßen.

2. Ihr Glaube ist nicht völlig.

Ap   5, 2 Ananias entwandte etwas vom Geld mit Wissen seines Weibes.

5, 3 Petrus sprach: Ananias, warum hat der Satan dein Herz erfüllt?

3. Aus Ehrgeiz und Unglauben lügen sie auf Grund vorhergehenden Einverständnisses vor dem geisterfüllten Petrus.

Ap   5, 3 Daß du dem Heiligen Geist lögest?
5, 4 Du hast nicht Menschen, sondern Gott belogen.
5, 8 Petrus zu Saphira: Habt ihr den Acker so teuer verkauft? Sie sprach: Ja, so teuer. Petrus: Warum seid ihr denn eins geworden, zu versuchen den Geist des Herrn?

4. Sie werden gerichtet.

Ap   5, 5 Da Ananias diese Worte hörte, fiel er nieder und gab den Geist auf. Und es kam eine große Furcht über alle . . . Und alsbald fiel sie . . . und gab den Geist auf (V. 10).

PHILIPPUS gehört seinem griechischen Namen nach zu den griechischen Juden Jerusalems. Er ist ein Mann voll Geistes und Glaubens und wird von der Jerusalemer Gemeinde zum Almosenpfleger gewählt. Dem Herrnbefehl: »Gehet hin in alle Welt!« gehorchend, geht er in der Verfolgungszeit, als die Christen von Jerusalem vertrieben werden, nach Samarien und verkündigt dort das Evangelium. Aus dem Diakon wird ein Evangelist (Ap 21, 8). Er legt auch den Grund zur Kirche in Äthiopien. Dabei hält er die Gemeinschaft mit den Aposteln aufrecht.

1. Er ist ein Christ, der ein gut Gerücht hat.

Ap   6, 3 Sehet unter euch nach sieben Männern, die ein gut Gerücht haben.
21, 9 Der hatte vier Töchter, die waren Jungfrauen und weissagten. (Seine Kinder sind gläubig.)

2. Er ist ein Mann voll Heiligen Geistes und Weisheit.

a) Er läßt sich durch den Heiligen Geist führen.

Ap 8, 4 Die nun zerstreut waren, gingen um und predigten das Wort. Philippus aber kam hinab in eine Stadt in Samarien.

8, 26 Der Engel des Herrn redete zu Philippus und sprach: Stehe auf und gehe gen Mittag auf die Straße, die von Jerusalem geht hinab gen Gaza . . . und er stand auf und ging hin.

8, 29 Der Geist sprach zu Philippus: Gehe hinzu und halte dich zu diesem Wagen!

8, 39 Da sie aber heraufstiegen aus dem Wasser, rückte der Geist des Herrn Philippus hinweg, und der Kämmerer sah ihn nicht mehr.

b) Gott bekräftigt sein Wort durch Zeichen.

Ap 8, 6 Das Volk hörte einmütig und fleißig zu, was Philippus sagte, und sah die Zeichen, die er tat. Denn die unsauberen Geister fuhren aus vielen Besessenen mit großem Geschrei. Auch viele Gichtbrüchige und Lahme wurden gesund gemacht.

c) Er ist weise in der Gründung der Samariterkirche, in der Seelsorge am einzelnen und in der Verbundenheit mit der Gesamtkirche.

Ap 8, 40 Philippus wandelte umher und predigte in allen Städten das Evangelium, bis daß er kam gen Cäsarea.

8, 29 Der Geist sprach zu Philippus: Gehe hinzu und halte dich zu diesem Wagen. Da lief Philippus hinzu und hörte, daß er den Propheten Jesaja las, und sprach: Verstehst du auch, was du liesest?

8, 14 Da die Apostel hörten zu Jerusalem, daß Samarien das Wort Gottes angenommen hatte, sandten sie zu ihnen Petrus und Johannes.

21, 8 Des anderen Tages zogen wir aus, die wir um Paulus waren, und kamen gen Cäsarea und gingen in das Haus Philippus, des Evangelisten.

SIMON DER ZAUBERER aus einer Stadt Samariens läßt sich taufen, als er die Vollmacht des Philippus entdeckt. Doch löst er sich nicht von seiner bösen Art, die über Gott wie über ein Zaubermittel verfügen will, um damit Geld zu verdienen. So will er die Gabe des Heiligen

Geistes von den Aposteln mit Geld erkaufen. Petrus sagt ihm das Bußwort, worauf er um Fürbitte bittet, damit kein Schade über ihn komme.

1. Er ist von der Vollmacht des Philippus tief beeindruckt.

Ap   8, 9 Es war ein Mann mit Namen Simon, der bezauberte das samaritische Volk, und gab vor, er wäre etwas Großes. Und sie sahen alle auf ihn und sprachen: Der ist die Kraft Gottes, die da groß ist.

8, 13 Auch Simon ward gläubig und ließ sich taufen und hielt sich zu Philippus, und als er sah die Zeichen und Taten, die da geschahen, verwunderte er sich.

2. Sein Glaube ist nicht aufrichtig und nicht bußfertig.

Ap   8, 18 Da es Simon sah, daß der Heilige Geist gegeben ward, wenn die Apostel die Hände auflegten, bot er ihnen Geld an und sprach: Gebt mir auch die Macht, daß, so ich jemand die Hände auflege, derselbe den Heiligen Geist empfange.

8, 20 Petrus sprach zu ihm: Daß du verdammt werdest mit deinem Gelde, darum, daß du meinst, Gottes Gabe werde durch Geld erlangt. Dein Herz ist nicht rechtschaffen vor Gott. Tue Buße für deine Bosheit, ob dir vergeben werden möchte die Tücke deines Herzens. Du bist voll bitterer Galle und verknüpft mit Ungerechtigkeit. Da antwortete Simon und sprach: Bittet ihr den Herrn für mich, daß der keines über mich komme, davon ihr gesagt habt.

DER KÄMMERER AUS MOHRENLAND, ein Sklave und Finanzgewaltiger der Königin Kandaze, gehört zu den Heiden, die in tiefer Sehnsucht nach Gott von dem Gott Israels angezogen sind. Er fährt nach Jerusalem, um dort anzubeten. Er erwirbt sich als Reiselektüre das Buch voller messianischer Hoffnungen, den zweiten Jesaja. Um seinetwillen wird Philippus auf die Straße nach Gaza gesandt. Der Kämmerer ist so aufrichtig, sein Nichtverstehen der Jesajastelle einzugestehen, so freundlich und demütig, Philippus zum Einsteigen und Erklären aufzufordern, so gläubig, daß er sofort bereit ist, sich taufen zu lassen, so in Christus selbständig und getröstet, daß er auch ohne Philippus fröhlich seine Straße zieht.

1. Der Kämmerer, ein Verschnittener, ein Gottsucher (Jes 56, 4).

Ap 8, 27 Ein Mann aus Mohrenland, ein Kämmerer und Gewaltiger der Königin Kandaze, welcher war über ihre ganze Schatzkammer, der war gekommen gen Jerusalem, anzubeten. Und zog wieder heim und saß auf seinem Wagen und las den Propheten Jesaja. (Er sucht im Tempel, er sucht in der Schrift.)

2. Er ist aufrichtig, demütig, gläubig und in Christus selbständig und getrost.

Ap 8, 30 Verstehst du auch, was du liesest? Er aber sprach: Wie kann ich, so mich nicht jemand anleitet?
8, 31 Er ermahnte Philippus, daß er aufträte und setzte sich zu ihm. Ich bitte dich, von wem redet der Prophet solches?
8, 35 Philippus fing von dieser Schrift an und predigte ihm das Evangelium von Jesu . . . Ich glaube, daß Jesus Christus Gottes Sohn ist . . . und er taufte ihn.
8, 39 Der Geist des Herrn rückte Philippus hinweg, und der Kämmerer sah ihn nicht mehr. Er zog aber seine Straße fröhlich.

ÄNEAS, acht Jahre gichtbrüchig in Lydda, wird von Petrus entdeckt und geheilt, weil er sofort seinem Wort Glauben schenkt.

Ap 9, 33 Er fand zu Lydda Äneas, acht Jahre lang auf dem Bett gelegen, der war gichtbrüchig, und sprach zu ihm: Äneas, Jesus Christus macht dich gesund, stehe auf und bette dir selber. Und alsobald stand er auf, und es sahen ihn alle, die zu Lydda . . . wohnten, die bekehrten sich zu dem Herrn.

TABEA (Rehe), eine Wohltäterin der Armen zu Joppe, wird von Petrus vom Tode erweckt.

1. Tabea, ein Menschenkind der Liebe.

Ap   9, 36 Sie war voll guter Werke und Almosen, die sie tat.
9, 39 Alle Witwen weinten und zeigten ihm die Röcke und
Kleider, welche die Rehe machte, als sie noch bei ihnen war.

2. Diese Liebe erweckt Gegenliebe und treibt zur Fürbitte.

Ap   9, 38 Sie sandten zwei Männer zu Petrus und ermahnten ihn,
daß er sich's nicht ließe verdrießen, zu ihnen zu kommen.
9, 40 Petrus kniete nieder, betete und wandte sich zu dem
Leichnam und sprach: Tabea, stehe auf.

3. Die Bitte wird erhört, und die Erhörung bewegt viele zum Glauben.

Ap   9, 41 Er rief die Heiligen und die Witwen und stellte sie lebendig dar, und es ward kund durch ganz Joppe, und viele
wurden gläubig an den Herrn.

KORNELIUS, Hauptmann der italienischen Kohorte in
Cäsarea, ist gläubig geworden an den Gott Israels. Er ist
gelöst vom Besitz und kann geben; er ist frei von der
Selbstherrlichkeit und kann darum beten. Dieser zwei-
fache Erweis der Echtheit seines Glaubens macht tiefen
Eindruck auf seine Hausgenossen, seine Kriegsknechte
und das Volk und findet Beachtung bei Gott. Ein Engel
erscheint ihm und fordert ihn auf, zu Petrus nach Joppe
zu senden. Petrus wird durch ein Gesicht willig gemacht,
entgegen aller jüdischen Sitte in das heidnische Haus
einzugehen und da das Evangelium zu verkündigen.
Während er den Gekreuzigten und Auferstandenen bezeugt und von der Vergebung der Sünden spricht,
kommt der Heilige Geist auf alle, die dem Wort zuhö-
ren, daß sie mit Zungen reden und Gott preisen. So
werden sie auf den Namen Jesu getauft, ohne Juden zu
werden, ein bedeutsamer Vorgang für die erste Kirche.

1. Der Hauptmann Kornelius ist mit Ernst an Gott gläubig.

a) Er betet mit Ernst.

Ap   10, 2   Er betete immer zu Gott.

10, 30 Ich habe vier Tage gefastet bis an diese Stunde, und um die neunte Stunde betete ich in meinem Hause.

b) Er macht Ernst mit der Lösung vom Besitz.

Ap   10, 2 Er gab dem Volk viel Almosen.

c) Er macht Ernst mit dem Bekenntnis zu Gott.

Ap   10, 2 Gottselig und gottesfürchtig samt seinem ganzen Hause.

10, 7 Er rief einen gottesfürchtigen Kriegsknecht von denen, die ihm aufwarteten.

2. Weil er mit Ernst anruft, ist ihm Gott nahe; weil er bekennt, ist er bei Gott bekannt.

Ap   10, 4   Der Engel spricht zu ihm: Deine Gebete und deine Almosen sind hinaufgekommen ins Gedächtnis vor Gott.

10, 5   Er bekommt den Auftrag, Petrus holen zu lassen.

10, 15 Was Gott gereinigt hat, das mache du nicht unrein. (Petrus wird vorbereitet, das Evangelium zu den Heiden zu bringen.)

3. Er hört das Evangelium in ehrfürchtiger Erwartung gläubig an, so empfängt er mit den Seinen den Heiligen Geist. Er wird der Erstling unter den Heiden.

Ap   10, 24 Kornelius wartete auf sie und hatte zusammengerufen seine Verwandten und Freunde.

10, 33 Nun sind wir alle hier gegenwärtig vor Gott, zu hören alles, was dir von Gott befohlen ist.

10, 44 Da Petrus noch diese Worte (alle, die an ihn glauben, bekommen Vergebung der Sünden) redetete, fiel der Heilige Geist auf alle, die dem Wort zuhörten.

10, 48 Und befahl, sie zu taufen in dem Namen des Herrn.

11, 18 Als sie, die Gemeinde zu Jerusalem, das hörten, schwiegen sie still, lobten Gott und sprachen: So hat Gott auch den Heiden Buße gegeben zum Leben.

AGABUS, ein urchristlicher Prophet aus Jerusalem, weissagt zu Antiochien eine Teuerung und zu Cäsarea die Gefangennahme des Paulus durch die Juden und Überantwortung in der Heiden Hände. Ap 11, 28; 21, 10.

HERODES AGRIPPA I., Enkel des Herodes des Großen und der Mariamne, kommt als gerissener, sich auf dem römischen Pflaster auskennender, seinen Nebenbuhler intrigant verleumdender Günstling Kaligulas und des Klaudius zur Macht über den Osten, Norden und zuletzt den Süden des alten herodianischen Reiches. Er sucht als König von Jerusalem die Pharisäer auf Kosten der Christen für sich zu gewinnen und tötet Jakobus im Jahre 44. Petrus entging demselben Schicksal nur durch ein Wunder. Im selben Jahr überhebt er sich und läßt sich vom Volk als Gott verehren. Seine bald darauf ausbrechende tödliche Krankheit wird von Juden und Christen als Gottesgericht angesehen.

1. Grausam und listig.

Ap   12, 1 Um diese Zeit legte der König Herodes die Hände an etliche der Gemeinde, sie zu peinigen. Er tötete aber Jakobus, den Bruder des Johannes, mit dem Schwert. Und da er sah, daß es den Juden gefiel, fuhr er fort und fing Petrus auch.
12, 19 (Nach dem wunderbaren Entrinnen des Petrus) ließ er die Hüter verhören und ließ sie abtun. (Der aufgeklärte Despot will ein Eingreifen Gottes nicht anerkennen und beschuldigt die Hüter.)

2. Er überhebt sich selbst und wird von Gott geschlagen.

Ap   12, 21 Herodes zog das königliche Kleid an (das mit Silber durchwirkt in der Sonne leuchtete), setzte sich auf den Richterstuhl und tat seine Rede zu ihnen. Das Volk aber rief zu: Das ist Gottes Stimme und nicht eines Menschen.

Ap 12, 32 Alsbald schlug ihn der Engel des Herrn, darum, daß
er die Ehre nicht Gott gab; und ward gefressen von den
Würmern und gab den Geist auf.

JOSES MIT DEM ZUNAMEN BARNABAS, ein Levit aus
Zypern, wird in den Pfingsttagen gläubig und verzichtet aus Liebe zu den Armen freiwillig auf sein Gut, um
ohne irdische Sicherungen allein seinem Herrn zu leben
und restlos ihm zu vertrauen. Er ernährt sich fortan von
seiner Hände Arbeit. Er hat den Mut zu neuen Aufgaben. So führt er Paulus bei den Aposteln ein. Er wird
zum Leiter der aufblühenden heidenchristlichen Gemeinde in Antiochien durch die Apostel abgeordnet und holt
Paulus zu seinem Gehilfen. Mit Paulus zusammen tritt
er für die Freiheit der heidenchristlichen Gemeinden zu
Jerusalem ein, wenn er auch einmal in der Frage der
Gesetzesfreiheit unter dem Einfluß von Petrus ins
Schwanken gerät. Er hält die Verbindung mit Jerusalem aufrecht und bringt eine Kollekte dorthin (Ap 11,
30). Auf das Wort der Propheten hin wird er von der
Gemeinde Antiochien mit Paulus in die Heidenmission
gesandt und durchreist mit ihm Zypern und Kleinasien.
Bei dieser gemeinsamen Arbeit übernimmt Paulus mehr
und mehr die Führung. Als Paulus den Markus, den
Verwandten des Barnabas, nicht mehr auf die zweite
Missionsreise mitnehmen will, trennt sich Barnabas von
Paulus, um fortan mit Markus zusammen sein Mis-
sionswerk selbständig durchzuführen. Doch entsteht aus
dieser Trennung keine Feindschaft. Barnabas wird von
Paulus immer mit Dankbarkeit genannt (1. Kor 9, 6)
und von dem Paulusschüler Lukas in der Apostelge-
schichte besonders hervorgehoben.
Der Brief an die Hebräer wird ihm zugeschrieben und

spiegelt die Theologie und kraftvolle Art des Barnabas wider.

1. Barnabas gewinnt Christum und seinen Trost.

Ap 4, 36 Joses mit dem Zunamen von den Aposteln genannt Barnabas (d. h. ein Sohn des Trostes), von Geschlecht ein Levit aus Zypern.

11, 24 Er war ein frommer Mann, voll Heiligen Geistes und Glaubens.

15, 25 Es hat uns gut gedeucht, zu euch zu senden unseren liebsten Barnabas und Paulus, welche Menschen ihre Seelen dargegeben haben für den Namen unseres Herrn Jesu Christi (im Schreiben des Apostelkonzils).

2. Darum ist er bereit zum entschlossenen Verzicht auf seine irdische Habe.

Ap 4, 37 Der hatte einen Acker und verkaufte ihn und brachte das Geld und legte es zu der Apostel Füßen.

1 Kr 9, 6 Haben allein ich und Barnabas keine Macht, nicht zu arbeiten?

Heb 10, 34 Ihr habt den Raub eurer Güter mit Freuden erduldet, als die ihr wisset, daß ihr bei euch selbst eine bessere und bleibende Habe im Himmel habt.

3. Er ist bereit zum Verzicht auf den Trost des Gesetzes und der eigenen Werke:

a) er nimmt sich des bekehrten Christenverfolgers Saulus an und schließt mit ihm eine enge Arbeitsgemeinschaft;

Ap 9, 27 Barnabas nahm ihn zu sich und führte ihn zu den Aposteln.

11, 25 Barnabas zog aus gen Tarsus, Saulus wieder zu suchen.

b) er ist willig zur Arbeit an den Heiden und tritt für die Freiheit der Heidenchristen vom Gesetze ein.

Ap 11, 22 Die Gemeinde zu Jerusalem sandte Barnabas, daß er hinginge bis gen Antiochien. Dieser, da er hingekommen war und sah die Gnade Gottes, ward er froh.

13, 2 Sondert mir aus Barnabas und Saulus zu dem Werk,

dazu ich sie berufen habe (zur Missionsarbeit von Antiochien abgeordnet).

14, 12 Paulus führte das Wort.

15, 2 Sie ordneten, daß Paulus und Barnabas hinaufzögen gen Jerusalem zu den Aposteln und Ältesten um dieser Frage willen. (Die Frage der Verbindlichkeit des Gesetzes für die Heidenchristen.)

Ga   2, 9 Sie gaben mir und Barnabas die rechte Hand und wurden mit uns eins, daß wir unter die Heiden, sie aber unter die Juden gingen.

4. Aus Rücksicht auf liebe Menschen schwankt Barnabas.

Ga   2, 13 Mit Petrus heuchelten die anderen Juden, also daß auch Barnabas verführt ward, mit ihnen zu heucheln. (Unter dem Einfluß des Petrus trennt sich Barnabas von der Tischgemeinschaft mit den Heidenchristen.)

Ap   15, 37 Barnabas gab Rat, daß sie mit sich nähmen Johannes mit dem Zunamen Markus. Paulus aber achtete es billig, daß sie nicht mit sich nähmen einen solchen, der von ihnen gewichen war . . . und sie kamen scharf aneinander, also daß sie voneinander zogen und Barnabas zu sich nahm Markus. (Er schwankt aus Rücksicht auf Markus in seiner Arbeitsgemeinschaft mit Paulus.)

PAULUS (mit seinem jüdischen Namen Saulus, vielleicht bekommt er den Namen Paulus von Sergius Paulus, dem Landvogt von Zypern, Ap 13, 9), wächst auf in der jüdischen Diaspora zu Tarsus, der üppigen Hafenstadt am Cydnus in Zilizien. Er empfängt dort Eindrücke wilden heidnischen Naturdienstes und schließt sich um so fester an an das ernst-fromme Wesen der tarsischen Synagoge. Er ist Großstädter und entnimmt seine Bilder mit Vorliebe dem großstädtischen Leben. Er rühmt sich seiner rein jüdischen Abstammung aus dem nicht abgefallenen Stamm Benjamin und ist von Jugend auf daheim in der Heiligen Schrift. Er benützt das Bilderbuch des Alten Testaments mit virtuoser Kenntnis, so daß er die Zitate immer am Griff hat. Er ist in der rabbinischen Tradition wohlbewandert, so ist sein Beweisen immer der Schriftbeweis. Er gehört der strengen Richtung der Pharisäer an. Daher sein ernstes Bemühen, das Gesetz zu halten. Er hat als Pharisäer auch ein Handwerk gelernt und webt als Teppichmacher aus Ziegenhaar derbe Zelte. Er ist körperlich unscheinbar und oft krank. Sein Temperament ist außerordentlich erregbar und leidenschaftlich, doch ist er überaus zart und geduldig im Lieben. Die Kraft seines Denkens und seine praktische Energie, Menschen zu behandeln, ist bewunderungswürdig. So wird er, den auch verwandtschaftliche Beziehungen nach Jerusalem führen, dem Hohen Rat bekannt. Wegen seines Eifers um die jüdische Religion, seiner Umsicht und Tatkraft wird er durch den Hohen Rat zum Kommissar für die Bekämpfung der Christen berufen. Nachdem er als Vertreter der jüdischen Obrigkeit bei der Steinigung des Stephanus mitgewirkt hat, erscheint ihm auf dem Zug nach Damaskus der Gekreuzigte. Aus dem Verfolger wird nun der Apostel und erfolgreichste Missionar des Herrn. Er trägt auf drei Missionsreisen das Evangelium in die griechisch-römische Welt, erkämpft dem Judenchristentum gegenüber den Raum für die Heidenmission und gründet und leitet blühende Gemeinden. Durch seine dreizehn Briefe an diese Gemeinden sind wir über seine Botschaft und die inneren Schwierigkeiten, die er als Missionar zu überwinden hatte, aufs genaueste unterrichtet. Bei dem Versuch, seinem heißgeliebten, verblendeten Volk in Jerusalem Christus zu bezeugen, gerät er in römische Gefangenschaft. Um der Justiz des Hohen Rates zu entgehen, beruft er sich auf den Kaiser und wird gefangen nach Rom gebracht. Ob er noch einmal frei geworden ist und den Plan einer Missionsreise nach

Spanien durchführen konnte, ist nicht ganz sicher. Jedenfalls verliert sich seine Spur in der Neronischen Verfolgung, in der er durchs Schwert hingerichtet worden sein soll.

I. Sein Werden.

1. Heimat, Eltern und Erziehung.

Ap 22, 3 Ich bin ein jüdischer Mann, geboren zu Tarsus in Zilizien und erzogen in dieser Stadt zu den Füßen Gamaliels, gelehrt mit allem Fleiß im väterlichen Gesetz.

Phi 3, 5 Ich bin des Geschlechts Benjamin, ein Hebräer von Hebräern, nach dem Gesetz ein Pharisäer.

Ga 4, 1 Seine rabbinisch-juristische Schulung.

Ap 23, 6 Paulus rief im Rat: Ich bin ein Pharisäer und eines Pharisäers Sohn.

Ga 1, 14 Ich nahm zu im Judentum über viele meinesgleichen in meinem Geschlecht und eiferte über die Maßen um das väterliche Gesetz.

1 Th 2, 9 Tag und Nacht arbeiteten wir, daß wir niemand unter euch beschwerlich wären.

1 Kr 4, 12 Wir arbeiten und wirken mit unseren Händen.
9, 24 Bild vom Wettkampf.

2 Kr 2, 15 Todesgeruch — Lebensgeruch (Bilder aus dem städtischen Leben).

2. Seine äußere Erscheinung.

2 Kr 10, 10 Die Gegenwart des Leibes ist schwach und die Rede verächtlich.

Ap 14, 12 Sie nannten Barnabas Jupiter und Paulus Merkur, dieweil er das Wort führte. (Er ist klein und beweglich.)

1 Kr 2, 3 Ich war bei euch mit Schwachheit.

2 Kr 12, 7 Es ist mir gegeben ein Pfahl ins Fleisch, nämlich des Satanas Engel, der mich mit Fäusten schlage, auf daß ich mich nicht überhebe.

Ga 4, 15 Wenn es möglich gewesen wäre, ihr hättet eure Augen ausgerissen und mir gegeben. (Er ist oft krank, vielleicht augenleidend.)

Ga 4, 14 Meine Anfechtungen, die ich leide nach dem Fleisch, habt ihr nicht verachtet.

3. Sein Temperament.

Ap 22, 3 Ich war ein Eiferer um Gott und habe diesen Weg
verfolgt bis an den Tod.

23, 3 Gott wird dich schlagen, du getünchte Wand!

Ga 5, 12 Wollte Gott, daß sie ausgerottet würden, die euch zerstören!

1, 9 So jemand euch Evangelium predigt anders, denn das
ihr empfangen habt, der sei verflucht! (Außerordentlich erregbar und leidenschaftlich.)

2 Kr 2, 4 Ich schrieb euch in großer Trübsal, in Angst des Herzens, mit viel Tränen.

Ga 4, 19 Meine lieben Kinder, die ich abermal mit Ängsten gebäre, bis daß Christus in euch eine Gestalt gewinne. Ich wollte, daß ich jetzt bei euch wäre und meine Stimme wandeln
könnte, denn ich bin irre an euch.

Phi 4, 1 Meine lieben und ersehnten Brüder, meine Freude und
meine Krone.

Phil 12 Du wollest ihn, das ist mein eigen Herz, annehmen,
mehr denn einen Knecht, als einen lieben Bruder, sonderlich
mir, wieviel mehr aber dir. (Er ist überaus zart und geduldig
im Lieben.)

Rö 10, 14 Wie sollen sie den anrufen, an den sie nicht glauben?
Wie sollen sie aber an den glauben, von dem sie nichts gehört haben? Wie sollen sie aber hören ohne Prediger? Wie
sollen sie aber predigen, so sie nicht gesandt werden? (Sein
scharfes Denken türmt einen Schluß auf den anderen.)

4. Seine Bekehrung.

Ap 9, 1 Saulus schnaubte noch mit Drohen und Morden wider
die Jünger des Herrn und ging zum Hohenpriester und bat
ihn um Briefe gen Damaskus an die Schulen.

Phil 3, 6 Nach dem Eifer ein Verfolger der Gemeinde. (Was Paulus ist, ist er radikal.)

Ga 1, 15 Da es aber Gott wohlgefiel, daß er seinen Sohn offenbarte in mir, daß ich ihn durchs Evangelium verkündigen
sollte unter den Heiden: alsobald fuhr ich zu und besprach
mich nicht darüber mit Fleisch und Blut, kam auch nicht zu
Jerusalem zu denen, die vor mir Apostel waren, sondern zog
hin gen Arabien und kam wiederum gen Damaskus. Danach
über drei Jahre kam ich gen Jerusalem, Petrus zu schauen,
und blieb fünfzehn Tage bei ihm.

Phi 3, 7 Was mir Gewinn war, habe ich um Christi willen für
Schaden erachtet.

Ap 9, 3 Es umleuchtete ihn plötzlich ein Licht vom Himmel, und
er hörte eine Stimme, die sprach zu ihm: Saul, Saul, was
verfolgst du mich? Er aber sprach: Herr, wer bist du? Er
sprach: Ich bin Jesus, den du verfolgst.
Es wird dir schwer werden, wider den Stachel zu löcken. Und
er sprach mit Zittern und Zagen: Herr, was willst du, daß
ich tun soll? Der Herr sprach zu ihm: Stehe auf, gehe in die
Stadt, da wird man dir sagen, was du tun sollst . . . Er war
drei Tage nicht sehend und aß nicht und trank nicht.
9, 15 Der Herr zu Ananias: Dieser ist mir ein auserwähltes
Rüstzeug, daß er meinen Namen trage vor den Heiden und
vor den Kindern von Israel. Ich will ihm zeigen, wieviel er
leiden muß um meines Namens willen.

II. Seine Lehre.

1. Er ist Botschafter der frohen Botschaft Gottes von seinem Sohn. Seine Lehre gründet sich auf die einmalige Geschichtstatsache Jesu Christi.

Rö 1, 1 Paulus, ein Knecht Jesu Christi, berufen zum Apostel,
ausgesondert zu predigen das Evangelium Gottes, welches
er zuvor verheißen hat durch seine Propheten in der Heiligen Schrift, von seinem Sohn, der geboren ist von dem
Geschlecht Davids nach dem Fleisch und kräftig erwiesen ein
Sohn Gottes nach dem Geist, der da heiligt, seit der Zeit,
da er auferstanden ist von den Toten. Jesus Christus, unser
Herr, durch welchen wir haben empfangen Gnade und Apo-
stelamt, unter allen Heiden den Gehorsam des Glaubens
aufzurichten unter seinem Namen.

Rö 9, 5 welcher auch sind die Väter, und aus welchen Christus
herkommt nach dem Fleisch, der da ist Gott über alles, gelobet in Ewigkeit. Amen.

1 Kr 15, 3 Ich habe euch zuvörderst gegeben, was ich auch empfangen habe: daß Christus gestorben sei für unsere Sünden
nach der Schrift, und daß er begraben sei und daß er auferstanden sei am dritten Tage nach der Schrift und daß er
gesehen worden ist von Kephas, danach von den Zwölfen . . .

Phi 2, 7 Er nahm Knechtsgestalt an, ward gleich wie ein anderer
Mensch und an Gebärden als ein Mensch erfunden.

2 Kr 8, 9 Er ward arm um euretwillen.

5, 14 Die Liebe Christi dringet uns also, sintemalen wir halten, daß, so einer gestorben ist, so sind sie alle gestorben.

1 Kr 11, 23 Ich habe es von dem Herrn empfangen, das ich euch

gegeben habe. Denn der Herr Jesus; in der Nacht, da er verraten ward, nahm das Brot . . .

Rö 15, 3 Christus hatte nicht an sich selbst Gefallen, sondern
wie geschrieben steht . . . die Schmähungen sind auf mich
gefallen.

Ga 3, 1 Welchen Christus Jesus unter die Augen gemalt war,
als wäre er unter euch gekreuzigt.

1 Kr 7, 25 Von den Jungfrauen habe ich kein Gebot des Herrn.
Ich sage aber meine Meinung. (Paulus besitzt eine genaue
Kenntnis der Geschichtstatsachen und Worte Jesu.)

2. Nicht die Lehre Jesu, sondern seine Mittlertat ist der Inhalt seiner Botschaft.

Rö 3, 24 Wir werden gerecht aus seiner Gnade durch die Erlösung, so durch Christum Jesum geschehen ist.

2 Kr 5, 21 Gott hat den, der von keiner Sünde wußte, für uns zur
Sünde gemacht, auf daß wir würden in ihm die Gerechtigkeit,
die vor Gott gilt.

1 Ti 2, 5 Es ist ein Gott und ein Mittler zwischen Gott und den
Menschen, nämlich der Mensch Christus Jesus, der sich selbst
gegeben hat für alle zur Erlösung, daß solches gepredigt
würde.

Rö 5, 19 Wie durch eines Menschen Ungehorsam viele Sünder
geworden sind, also auch durch eines Menschen Gehorsam
werden viele Gerechte. (Christus der zweite Adam.)

2 Kr 4, 4 Christus, welcher ist das Ebenbild Gottes.

Kol 1, 15 Welcher ist das Ebenbild des unsichtbaren Gottes, der
Erstgeborene vor allen Kreaturen; es ist alles durch ihn und zu
ihm geschaffen. Er ist vor allem, und es besteht alles in ihm.
Er ist das Haupt des Leibes, nämlich der Gemeinde; er, welcher ist der Anfang und der Erstgeborene von den Toten,
daß alles durch ihn versöhnt werde zu ihm selbst, es sei auf
Erden oder im Himmel, damit, daß er Frieden machte durch
das Blut an seinem Kreuz durch sich selbst.

3. Die Verurteilung des Menschen.

1 Kr 2, 14 Der natürliche Mensch vernimmt nichts vom Geiste
Gottes.

Rö 3, 23 Es ist hier kein Unterschied, sie sind allzumal Sünder.

Rö 7, 14 Das Gesetz ist geistlich, aber ich bin fleischlich, unter
die Sünde verkauft.

7, 18 Ich weiß, daß in mir, das ist in meinem Fleische, wohnt
nichts Gutes.

8, 6 Fleischlich gesinnt sein ist der Tod.

Ga	5, 17 Das Fleisch gelüstet wider den Geist, und den Geist wider das Fleisch.
Rö	7, 7 Die Sünde erkannte ich nicht außer durchs Gesetz.
Ga	3, 19 Das Gesetz ist hinzugekommen um der Sünde willen.
	3, 24 Also ist das Gesetz unser Zuchtmeister gewesen auf Christum, daß wir durch den Glauben gerecht würden.

4. Der neue Mensch.

1 Kr	15, 45 Der erste Mensch, Adam, ward zu einer lebendigen Seele, und der letzte Adam zum Geist, der da lebendig macht.
Rö	5, 18 Wie nun durch eines Sünde die Verdammnis über alle Menschen gekommen ist, also ist auch durch eines Gerechtigkeit die Rechtfertigung des Lebens über alle Menschen gekommen.
2 Kr	5, 17 Darum, ist jemand in Christo, so ist er eine neue Kreatur.
Rö	3, 24 Wir werden geschenkweise gerecht aus seiner Gnade durch die Erlösung, so durch Jesum Christum geschehen ist.
	6, 13 Begebet euch selbst Gott, als die da aus den Toten lebendig sind.
Eph	2, 5 Da wir tot waren in den Sünden, hat er uns samt Christo lebendig gemacht, hat uns samt ihm auferweckt und samt ihm in das himmlische Wesen gesetzt in Christo Jesu.
	1, 22 Gott hat alle Dinge unter seine Füße getan, hat ihn gesetzt zum Haupt der Gemeinde über alles, welche da ist sein Leib. (Die neue Menschheit.)
1 Kr	15, 25 Er muß aber herrschen, bis das er alle seine Feinde unter seine Füße lege . . . daß Gott sei alles in allem. (Die neue Welt.)
Rö	3, 28 So halten wir nun dafür, daß der Mensch gerecht werde ohne des Gesetzes Werke, allein durch den Glauben.
	10, 17 So kommt der Glaube aus der Predigt, die Predigt aber durch das Wort Gottes. (Der Weg zur Erneuerung.)

III. Der Apostel und Heidenmissionar.

1. Seine Berufungsgewißheit.

Ga	1, 15 Da es Gott wohlgefiel, der mich von meiner Mutter Leibe an hat ausgesondert und berufen durch seine Gnade, daß er seinen Sohn offenbarte in mir, daß ich ihn durchs Evangelium verkündigen sollte unter den Heiden . . .
1 Kr	9, 16 Daß ich das Evangelium predige, darf ich mich nicht rühmen, denn ich muß es tun. Und wehe mir, wenn ich das Evangelium nicht predigte!

1, 1 Paulus berufen zum Apostel Jesu Christi durch den Willen Gottes.

3, 10 Ich, nach Gottes Gnade, die mir gegeben ist, habe den Grund gelegt.

Rö 15, 18 Ich wollte nicht wagen, etwas zu reden, wo dasselbige Christus nicht durch mich wirkte, die Heiden zum Gehorsam zu bringen durch Wort und Werk, durch Kraft der Zeichen und Wunder und durch Kraft des Geistes Gottes, also daß ich von Jerusalem an und umher bis Illyrien alles mit dem Evangelium Christi erfüllt habe und mich sonderlich beflissen, das Evangelium zu predigen, wo Christi Name nicht bekannt war, auf daß ich nicht auf einem fremden Grund baute.

2. Seine Aussendung durch die Gemeinde in Antiochien.

Ap 13, 2 Da sie dem Herrn dienten und fasteten, sprach der Heilige Geist: Sondert mir aus Barnabas und Saulus zu dem Werk, dazu ich sie berufen habe. Da fasteten sie und beteten und legten die Hände auf sie und ließen sie gehen.

14, 26 Sie fuhren gen Antiochien, von dannen sie verordnet waren durch die Gnade Gottes zu dem Werk, das sie hatten ausgerichtet. Da sie aber hinkamen, versammelten sie die Gemeinde und verkündigten, wieviel Gott mit ihnen getan hatte, und wie er den Heiden hätte die Tür des Glaubens aufgetan.

18, 22 Er grüßte die Gemeinde (in Jerusalem) und zog hinab gen Antiochien und verzog etliche Zeit.

3. Die Reisen des Apostels.

Erste Missionsreise:

Ap 13, 4 Sie fuhren gen Zypern. (Sie beginnen ihre Arbeit in der Heimat des Barnabas.)

13, 13 Sie kamen gen Perge im Lande Pamphylien.

13, 14 Sie zogen weiter von Perge und kamen gen Antiochien. (Sie bereisen Lykaonien, die schwer zugängliche Landschaft jenseits des Taurus, die Paulus von Tarsus her bekannt war.)

14, 21 Sie zogen wieder gen Lystra und Ikonion und Antiochien und stärkten die Seelen der Jünger.

14, 24 Und zogen durch Pisidien und kamen nach Pamphylien und redeten das Wort zu Perge und zogen hinab gen Attalien, und von dannen fuhren sie gen Antiochien.

Zweite Missionsreise:

Ap 15, 2 Die Gemeinde zu Antiochien ordnete an, daß Paulus und Barnabas hinaufzögen gen Jerusalem zu den Aposteln . . . und zogen durch Phönizien und Samarien.

15, 30 Sie kamen gen Antiochien.

15, 40 Paulus wählte Silas (Barnabas und Markus trennen sich von ihm und reisen nach Zypern). Er zog durch Syrien und Zilizien und stärkte die Gemeinden.

16, 1 Er kam gen Derbe und Lystra (von dort nimmt er Timotheus mit).

16, 6 Da sie durch Phrygien und das Land Galatien zogen, ward ihnen gewehrt von dem Heiligen Geist, zu reden das Wort in Asien. Sie kamen an Mysien, versuchten durch Bithynien zu reisen, aber der Geist ließ es ihnen nicht zu. Sie zogen an Mysien vorüber und kamen hinab gen Troas.

16, 11 Wir fuhren gen Troas und kamen gen Samothrazien und von dannen gen Philippi, die Hauptstadt des Landes Mazedonien.

17, 1 Sie kamen gen Thessalonich.

17, 10 Die Brüder fertigten Paulus und Silas ab gen Beröa. (Silas und Timotheus blieben da.)

17, 15 Sie führten ihn bis gen Athen.

18, 1 Danach schied Paulus von Athen und kam nach Korinth.

18, 18 Paulus blieb noch lange daselbst (anderthalb Jahre), danach machte er seinen Abschied und wollte gen Syrien segeln und kam gen Ephesus.

18, 21 Und fuhr weg von Ephesus und kam nach Cäsarea und ging hinauf gen Jerusalem und grüßte die Gemeinden und zog hinab gen Antiochien.

Dritte Missionsreise:

Ap 18, 23 Er reiste weiter und durchwandelte das galatische Land und Phrygien und stärkte alle Jünger.

19, 1 Und Paulus durchwandelte die oberen Länder und kam gen Ephesus. (Paulus ist drei Jahre in Ephesus, erlebt, wie das Wort des Herrn mächtig wächst, Ap 19, 20. Nach dem Aufruhr des Goldschmieds Demetrius reist er nach Mazedonien, Ap 20, 1.)

20, 2 Da er diese Länder durchzogen und sie ermahnt hatte, kam er nach Griechenland und verzog allda drei Monate. (Paulus kommt auch nach Korinth.)

20, 3 Da ihm die Juden nachstellten, da er nach Syrien

wollte fahren, ward er zu Rat, wieder umzuwenden durch Mazedonien.

20, 6 Wir fuhren nach den Ostertagen von Philippi gen Troas.

20, 15 Wir kamen gen Milet (Abschied von den Ältesten von Ephesus).

21, 3 Wir fuhren nach Syrien und kamen an zu Tyrus.

21, 8 Wir kamen gen Cäsarea und gingen in das Haus Philippus, des Evangelisten.

21, 17 Da wir nun gen Jerusalem kamen, nahmen uns die Brüder gerne auf.

21, 26 Paulus heiligt sich mit vier Männern und ging in den Tempel. Dort sehen ihn Juden aus Asien und erregen das ganze Volk wider ihn (sie meinten, er habe Trophimus, den Epheser, in den Tempel geführt). Die römische Wache rettet ihn und gibt ihm Gelegenheit, zum Volk zu reden.

23, 1 f. Paulus verkündigt vor dem Hohen Rat den Auferstandenen.

23, 23 Der römische Hauptmann läßt Paulus zu seiner Sicherheit nach Cäsarea bringen, wo er von den Landpflegern Felix und Festus zwei Jahre gefangengehalten wird.

27, 1 Paulus wird, da er sich als römischer Bürger (Ap 22, 25) auf den Kaiser beruft, um dem Judengericht zu entgehen, als Gefangener nach Rom geführt.

28, 30 Paulus blieb zwei Jahre in seinem eigenen Gedinge und nahm auf alle, die zu ihm kamen, und predigte das Reich Gottes und lehrte von dem Herrn Jesus mit aller Freudigkeit unverboten.

4. Seine mächtigen Waffen.

2 Kr 10, 4 Die Waffen unserer Ritterschaft sind nicht fleischlich, sondern mächtig vor Gott, zu zerstören die Befestigungen. Wir zerstören damit die Anschläge und alle Höhe, die sich erhebt wider die Erkenntnis Gottes, und nehmen gefangen alle Vernunft unter den Gehorsam Christi.

1 Kr 2, 13 Wir reden nicht mit Worten, welche menschliche Weisheit lehren kann, sondern mit Worten, die der Heilige Geist lehrt.

2, 2 ich hielt mich nicht dafür, daß ich etwas wüßte unter euch, ohne allein Jesum Christum, den Gekreuzigten. Ich war bei euch in Schwachheit, und mein Wort und meine Predigt war nicht in vernünftigen Reden menschlicher Weisheit, sondern in Beweisen des Geistes und der Kraft.

2 Kr   10, 10 Die Briefe, sprechen sie, sind schwer und stark, aber die Gegenwart des Leibes ist schwach und die Rede verächtlich.

Rö   15, 30 Helfet mir kämpfen mit Beten für mich zu Gott.

5. Seine missionarische Methode.

Ap   16, 13 Am Tage des Sabbats gingen wir hinaus vor die Stadt an das Wasser, da man pflegte zu beten, und setzten uns und redeten zu den Weibern, die da zusammenkamen.

13, 14 Sie gingen in die Schule am Sabbattage und setzten sich. Nach der Lektion des Gesetzes und der Propheten sandten die Obersten der Schule zu ihnen und ließen ihnen sagen: Liebe Brüder, wollt ihr etwas reden, so saget an. (Er beweist durch den Schriftbeweis, daß Jesus der Christus ist.)

13, 42 Da die Juden aus der Schule gingen, baten die Heiden, daß sie am nächsten Sabbat ihnen die Worte sagten. (Paulus knüpft an die Synagoge an und wendet sich dann an den Kreis der gottesfürchtigen Heiden, der in Beziehung zur Synagoge steht.)

1 Kr   9, 20 Den Juden bin ich geworden wie ein Jude, auf daß ich die Juden gewinne, denen, die ohne Gesetz sind, bin ich wie ohne Gesetz geworden, auf daß ich die, die ohne Gesetz sind, gewinne. Den Schwachen bin ich geworden wie ein Schwacher, auf daß ich die Schwachen gewinne, auf daß ich allenthalbe zu etliche selig mache. (Seine Anpassungsfähigkeit und ständige missionarische Bereitschaft.) Er ist immer im Dienst und versagt sich keinem Menschen und keiner Gelegenheit, seine Botschaft aufzurichten. Er hat den Mut, zu Dieben 1 Kr 6, 10, zu Sklaven 1 Kr 1, 11, zu Vornehmen Ap 24, zu Gelehrten Ap 17, zu Königen Ap 26, zu Volksversammlungen Ap 22, zur Schiffsbesatzung Ap 27 zu reden.

6. Seine Geduld zum Leiden um seiner Aufgabe willen.

Ap   13, 50 Die Juden bewegten die andächtigen und ehrbaren Weiber und der Stadt Oberste und erweckten eine Verfolgung über Paulus und Barnabas und stießen sie zu ihren Grenzen hinaus.

2 Kr   11, 23 Ich habe mehr gearbeitet, ich habe mehr Schläge erlitten, ich bin öfter gefangen, oft in Todesnöten gewesen, von den Juden habe ich fünfmal empfangen vierzig Streiche weniger eins; ich bin dreimal gestäupt, einmal gesteinigt, dreimal habe ich Schiffbruch erlitten, Tag und Nacht habe ich zugebracht in der Tiefe des Meers; ich bin oft gereist, ich

bin in Gefahr gewesen durch die Flüsse, in Gefahr durch die
Mörder, in Gefahr unter den Juden, in Gefahr unter den
Heiden, in Gefahr in den Städten, in Gefahr in der Wüste,
in Gefahr auf dem Meer, in Gefahr unter den falschen Brüdern, in Mühe und Arbeit, in viel Wachen, in Hunger und
Durst, in viel Fasten, in Frost und Blöße.
12, 17 Habe ich etwa jemand übervorteilt?

1 Kr   4, 12 Man schilt uns, so segnen wir. Wir sind stets wie ein
Fluch der Welt und ein Fegopfer aller Leute. (Abschaum
und Auswurf aller. Er muß Verdächtigungen über sich erge-
hen lassen.)

Ga   6, 17 Hinfort mache mir niemand weiter Mühe, denn ich
trage die Malzeichen den Herrn Jesu an meinem Leibe.

2 Kr   12, 7 Auf daß ich mich nicht der hohen Offenbarungen überhebe, ist mir gegeben ein Pfahl ins Fleisch, nämlich des
Satanas Engel, der mich mit Fäusten schlage, dafür ich dreimal zum Herrn gefleht habe, daß er von mir wiche. Und er
hat zu mir gesagt: Laß dir an meiner Gnade genügen, denn
meine Kraft ist in den Schwachen mächtig Darum bin ich
gutes Muts in Schwachheiten um Christi willen, denn wenn
ich schwach bin, dann bin ich stark.

7. Sein Drang nach vorwärts.

2 Th   3, 1 Betet für uns, daß das Wort des Herrn laufe und gepriesen werde wie bei euch.

Rö   15, 24 So will ich zu euch kommen, wenn ich reisen werde
nach Spanien.

Ap   27, 24 Du mußt vor den Kaiser gestellt werden.

Phi   3, 13 Ich vergesse, was dahinten ist, und strecke mich zu
dem, was vorne ist, und jage nach dem vorgesteckten Ziel.

8. Seine Stellung zum Staat. (Er ist kein Revolu-tionär, gebraucht dankbar den Schutz des römi-schen Staates, aber er verquickt nicht Gottes Reich und Weltreich.)

Rö   13, 1 Jedermann sei untertan der Obrigkeit, die Gewalt über
ihn hat, und ist keine Obrigkeit ohne von Gott . . . sie trägt
das Schwert nicht umsonst, sie ist Gottes Dienerin, eine
Rächerin zur Strafe über den, der Böses tut.

Ap   16, 37 Sie haben uns ohne Recht öffentlich gestäupt, die wir
doch Römer sind.

22, 25 Ist's auch recht, einen römischen Menschen ohne Urteil und Recht zu geißeln? (Paulus pocht auf sein Recht.)

Rö 14, 17 Das Reich Gottes ist nicht Essen und Trinken, sondern Gerechtigkeit, Friede und Freude in dem Heiligen Geist.

9. Paulus, der Leiter der Gemeinden.

1. u. 2. Thessalonicherbrief: Paulus läutert die Zukunftserwartung der Gemeinde.

Galaterbrief: Er schreibt diesen Brief, um die Gesetzlichkeit, die von Judenschriften der Gemeinde aufgedrängt wird, zu überwinden.

Ga 3, 24 Das Gesetz ist unser Zuchtmeister gewesen auf Christum.

2, 16 Durch des Gesetzes Werke wird kein Fleisch gerecht.

2, 21 So durch das Gesetz die Gerechtigkeit kommt, ist Christus vergeblich gestorben.

3, 13 Christus hat uns erlöst von dem Fluch des Gesetzes, da er ward ein Fluch für uns.

1. Korintherbrief: Paulus bekämpft durch diesen Brief die Parteiungen der Gemeinde. Er beantwortet die Frage der Zucht, der Ehe, des Götzenopfers, des Abendmahls, des Zungenredens und wendet sich gegen die spiritualistische Verkehrung der Auferstehungshoffnung.

2. Korintherbrief: Paulus schreibt diesen Brief, um zur Sammlung einer Kollekte für die arme Gemeinde in Jerusalem zu ermuntern.

Römerbrief: Paulus schickt diesen gewaltigen Brief der Gemeinde in Rom, um seinen apostolischen Auftrag, den er auch zu Rom auszurichten gedenkt, zu begründen.

(So sind seine Briefe wahre Hirtenbriefe, die von einer großen Weisheit zur Leitung der Gemeinden Zeugnis ablegen.)

10. Seine seelsorgerliche Art.

1 Th 2, 11 Wie ihr wisset, daß wir, wie ein Vater seine Kinder, einen jeglichen unter euch ermahnt und getröstet . . .

Ap 20, 31 Denket daran, daß ich nicht abgelassen habe drei Jahre, Tag und Nacht, einen jeglichen mit Tränen zu vermahnen.

2 Kr 12, 14 Ich habe euch nicht beschwert; sondern dieweil ich tückisch bin, habe ich euch mit Hinterlist gefangen. (Seine werbende, liebevolle Art wird von falschen Brüdern verdächtigt.)

Ga 1, 10 Gedenke ich Menschen gefällig zu sein? Wenn ich den Menschen noch gefällig wäre, so wäre ich Christi Knecht nicht.

1 Th 2, 7 Wir hätten euch mögen schwer sein als Christi Apostel, aber wir sind mütterlich gewesen bei euch, gleichwie eine Amme ihre Kinder pflegt.

1 Kr   4, 21 Soll ich mit der Rute zu euch kommen, oder mit Liebe und mit sanftmütigem Geist?

11. Seine Treue:

a) im Festhalten seiner Gemeinden;

1 Ti   1, 12 Ich danke unserm Herrn Christo, der mich treu geachtet hat und gesetzt in das Amt. (Seine Briefe mit ihrem Ringen um die Seele seiner Gemeinden beweisen die Treue.)

b) in der Liebe zu seinem Volk.

Rö   9, 3 Ich habe gewünscht, verbannt zu sein von Christo für meine Brüder, die meine Gefreundeten sind, nach dem Fleisch.

2 Kr   Kap. 8 u. 9 Kollekte für Jerusalem. (Mit großer Hingabe hält er die Verbundenheit mit der judenchristlichen Gemeinde in Jerusalem fest.)

Ap   20, 22 Paulus reist nach Jerusalem, obwohl ihm Schlimmes geweissagt ist, weil er noch einmal seinem Volk Christus bezeugen will.

2 Ti   4, 7 Ich habe einen guten Kampf gekämpft, ich habe den Lauf vollendet, ich habe Glauben gehalten. (Paulus am Ende seines Lebens.)

12. Seine Demut.

1 Kr   15, 9 Ich bin der geringste unter den Aposteln.

Eph   3, 8 Ich bin der geringste unter allen Heiligen.

Ti   1, 15 unter welchen (Sündern) ich der schlimmste bin.

MARKUS (mit seinem jüdischen Namen Johannes, er trägt wie viele Männer aus dem zweisprachigen Gebiet einen Doppelnamen), Sohn der Maria. Seine Mutter ist eine Jüngerin Jesu. Ihr Haus ist ein Zufluchts- und Versammlungsort der ersten Gemeinde. Als Jüngling wird er mächtig von Jesus angezogen und erlebt Gethsemane mit. Sein Verwandter, es ist strittig, ob Onkel oder Vetter, Barnabas, der Levit aus Zypern, macht tiefen Eindruck auf ihn. In jugendlicher Begeisterung schließt er sich auf der ersten Missionsreise Barnabas und Paulus an, verliert aber, als sich die Reiseschwierigkeiten im Gebirge Kleinasiens häufen, den Mut und verläßt die Missionare, um heimzukehren. Seinetwegen entsteht zwischen Paulus und Barnabas Meinungsverschiedenheit. Paulus lehnt ihn als Begleiter für die zweite Missionsreise ab. Barnabas beurteilt ihn milder und will ihn wieder mitnehmen. So trennen sich Paulus und Barnabas. Barnabas hat mit seinem Urteil recht behalten. Wir treffen Markus später als geschätzten Mitarbeiter des Petrus. Er schreibt als Gehilfe des Petrus das Evangelium für die Heidenchristen, indem er die vorhandenen Traditionen des Matthäus benützt, das nur für Juden Verständliche wegläßt und hauptsächlich die Taten Jesu berichtet. So hat er auch keine Geburtsgeschichte Jesu. Die Petrusgeschichten sind besonders ausführlich, die aramäischen Ausdrücke kennzeichnen den den Ereignissen nahestehenden Gewährsmann. Markus hat Freude an breiter Ausführlichkeit und Lokalfarbe. Später hat Paulus sein Urteil über Markus geändert und empfiehlt ihn den Kolossern, daß sie ihn freundlich aufnehmen. In seinem letzten Brief an Timotheus bittet er, Markus mitzubringen, weil er ihm nützlich sei zum Dienst.

Markus gehört zu den Apostelschülern, die nicht den stahlharten Willen der ersten Jünger, auch nicht die hervorragende Geistesbegabung haben. Er ist aber zu einem wertvollen Gehilfen der beiden großen Apostel Petrus und Paulus herangereift. Seine Sprachkenntnisse (Notiz bei Papias: Markus, der Dolmetscher des Petrus) befähigen ihn, das zweite Evangelium zu schreiben.

1. Herkunft, Mutter und Haus des Markus.

Ap   4, 36   Joses, mit dem Zunamen Barnabas, von Geschlecht ein
       Levit aus Zypern . . .
       12, 12 Das Haus der Maria, der Mutter des Johannes, der
       mit dem Zunamen Markus hieß, da viele beieinander waren
       und beteten.

2. Er erlebt Gethsemane mit, mächtig von Jesus angezogen.

Mk   14, 51 Es war ein Jüngling, der folgte ihm nach, der war mit
       Leinwand bekleidet auf der bloßen Haut, und die Jünglinge
       griffen ihn. Er aber ließ die Leinwand fahren und floh bloß
       von ihnen.

3. Er ist begeistert, aber er verzagt, wenn sich Schwierigkeiten erheben.

Ap   12, 25 Barnabas und Saulus nahmen mit sich Johannes, mit
       dem Zunamen Markus.
       13, 4 Sie fuhren gen Zypern. Sie hatten Johannes zum Die-
       ner.
       13, 13 Da aber Paulus und die um ihn von Paphos fuhren,
       kamen sie gen Perge im Lande Pamphylien. Johannes aber
       wich von ihnen und zog wieder gen Jerusalem. (Seine Flucht
       in Gethsemane.)
       15, 38 Paulus achtete es billig, daß sie nicht mitnähmen einen
       solchen, der von ihnen gewichen war in Pamphylien und
       war nicht mit ihnen gezogen zu dem Werk. Und sie kamen
       scharf aneinander, also daß sie voneinander zogen und Bar-
       nabas zu sich nahm Markus und fuhr nach Zypern.

4. Trotzdem wird Markus ein brauchbarer Gehilfe der Apostel:

a) des Petrus;

1 Pe   5, 13 Es grüßen euch, die samt euch auserwählt sind zu Ba-
       bylon, und mein Sohn Markus.

Als sein Gehilfe schreibt er das Markus-Evange-
lium für die Heiden, vielleicht die Römer, die Freude haben an einem knappen Tatsachenbericht. Seine
Nähe zu den Ereignissen geht hervor aus den aramäischen Wiedergaben einiger Worte Jesu.

Mk　7, 34　Hephata!
　　　5, 41　Talitha kumi!
　　　15, 34　Eli, Eli, lama asabthani!
　　　11, 21　Petrus gedachte daran.

Mt　21, 20　Da das die Jünger sahen.
　　　(Geschichte vom unfruchtbaren Feigenbaum.)

b) des Paulus.

Kol　4, 10　Es grüßt euch Markus, der Neffe des Barnabas, über
　　　welchen ihr etliche Befehle empfangen habt, so er zu euch
　　　kommt, nehmet ihn auf. (Paulus ist in Rom.)

2 Ti　4, 11　Lukas ist allein bei mir. Markus nimm zu dir und
　　　bringe ihn mit dir, denn er ist mir nützlich zum Dienst.

Phil　24　Es grüßt dich Markus.

LUKAS, der Arzt, ein Heidenchrist, vielleicht aus Antiochien, ist der Begleiter des Apostels Paulus auf der
zweiten Missionsreise von Troas bis Philippi, auf der
Rückreise von der dritten Missionsreise von Philippi
bis Jerusalem und auf der Gefangenschaftsreise von
Cäsarea bis Rom, wo er dem Apostel nahe ist. Er schreibt
als Schüler des Paulus das Evangelium und die Taten
der Apostel, nachdem er sorgfältig den Tatbestand er-
forscht hat. Er hat als gebildeter Arzt einen scharfen
Blick für den Geschichtsverlauf und die geschichtlichen
Zusammenhänge. Seine Geschichtsschreibung steht nicht
im Dienst irgendeiner Menschenverherrlichung, sondern geschieht zur Stärkung des Glaubens und zur Ehre
Gottes. So gilt für ihn die Wahrheitsregel unverbrüch-
lich. Bei seiner Wiedergabe des Evangeliums benützt er
eine alte judenchristliche Quelle von wundersamer Far-
bigkeit, deren Wiedergabe bis auf den hebraisierenden
Ausdruck wortgetreu ist. Besonders groß ist ihm bei
Jesus die völlige Bereitschaft zur Vergebung, das Ange-
bot der Gnade an die Armen, an die Zöllner und Sünder, an die von den Pharisäern verachteten Frauen, an

. die Samariter und Heiden. Bei der Darstellung der Taten Jesu durch die Apostel zeigt Lukas, wie der Dienstwille zur Ausrichtung der Botschaft die Apostel ganz regiert. Sie gründen Gemeinden, die nicht für sich leben, sondern für den, der für sie gestorben und auferstanden ist. Weder religiöse Selbstbeschauung noch Verstandesspekulation noch Menschenverherrlichung, sondern Ausrichtung der Botschaft von Christus und Gründung von Gemeinden der Glaubenden und Liebenden ist das Anliegen der Apostel. Neben den großen Judenchristen Petrus tritt der Missionar der Heiden Paulus, und es wird bezeugt, wie der Herr mit und durch beide wirkt. Lukas legt Wert darauf, aufzuweisen, wie Paulus die Gemeinschaft der Gesamtkirche festhält. Es kommt bei Paulus keine Bitterkeit auf gegen Israel, trotz größter Leiden von seiten der Juden, sondern er hält die Verbundenheit mit der judenchristlichen Kirche aufrecht. So sehen wir in Lukas den getreuen Apostelschüler, der in der einzigartigen Schule des Paulus gelernt hat, was wesentlich ist zur Begründung des christlichen Glaubens und zur Festigung der christlichen Kirche.

1. Lukas, der Schüler und Begleiter des Apostels Paulus.

Ap	16, 10—17 Zweite Missionsreise von Troas bis Philippi.
	20, 5—15 Rückreise von der dritten Missionsreise von Philippi bis Milet.
	21, 1—18 Weiterreise von Milet bis Jerusalem.
Ap	27, 1—28, 16 Seereise von Cäsarea bis Rom. (Sogenannte Wirstücke.)
Phil	24 Demas, Lukas, meine Gehilfen. (Von Rom aus geschrieben.)
2 Ti	4, 11 Lukas ist allein bei mir.
Lk	7, 29; 10, 29; 16, 15; 18, 14 Der Paulinische Ausdruck »rechtfertigen«.

2. Lukas, der Arzt und Heidenchrist.

Kol 4, 14 Es grüßt euch Lukas, der Arzt, der Geliebte.

4, 10 Markus, Barnabas, Just, die aus den Juden sind. (Danach wird Epaphras, Lukas und Demas genannt, woraus zu schließen ist, daß sie Heidenchristen sind.)

3. Lukas, der Evangelist.

Völlige Bereitschaft Jesu zur Vergebung.

Lk 4, 18 zu verkündigen das Evangelium den Armen.

6, 20 Selig seid ihr Armen.

6, 24 Wehe euch Reichen!

15, 1 Es nahten zu ihm allerlei Zöllner und Sünder. Und die Pharisäer und Schriftgelehrten murrten. (Christus erzählt das Gleichnis vom verlorenen Sohn.)

18, 10 Pharisäer und Zöllner.

7, 37 Die große Sünderin.

8, 2 Es folgten ihm etliche Frauen, die er gesund gemacht hatte von den bösen Geistern und Krankheiten.

10, 38 Maria und Martha.

10, 33 Der barmherzige Samariter.

17, 15 Der dankbare Samariter.

7, 9 Solchen Glauben habe ich in Israel nicht gefunden. (Hauptmann von Kapernaum, Heide.)

4. Lukas, der Verfasser der Apostelgeschichte.

Ap 4, 10 Im Namen Jesu Christi von Nazareth steht dieser allhier vor euch gesund. (Keine Menschenverherrlichung, sondern Verherrlichung Jesu.) . . . und ist in keinem anderen Heil . . .

11, 21 In Antiochien ward eine große Zahl gläubig. Es kam aber diese Rede von ihnen vor die Gemeinde zu Jerusalem, und sie sandten Barnabas, daß er hinginge. Er zog aus gen Tarsus, Saulus wieder zu suchen, und führte ihn gen Antiochien. Und sie blieben bei der Gemeinde ein ganzes Jahr und lehrten viel Volks.

14, 23 Sie ordneten ihnen hin und her Älteste in den Gemeinden . . .

15, 41 Er zog durch Syrien und Zizilien und stärkte die Gemeinden. (Hauptanliegen der Apostel der Dienst an den Gemeinden.)

15, 2 Sie ordneten, daß Paulus und Barnabas hinaufzögen gen Jerusalem zu den Aposteln und Ältesten um dieser Frage willen. (Heidenchristliche Gemeinde und das Mosesgesetz.)

21, 18 Paulus ging mit ihm ein zu Jakobus, und es kamen

die Ältesten alle dahin. Und als er sie begrüßt hatte, erzählte er, was Gott getan hatte unter den Heiden durch sein Amt. Da sie das hörten, lobten sie den Herrn. (Begründung der Heidenmission in Gemeinschaft mit der judenchristlichen Kirche.)

SILAS (so bei Lukas, in den Briefen Silvanus), ist ein jüdischer Christ, der mit Hingabe in der Heidenmission arbeitet. Er wird als Prophet und Lehrer von den Aposteln nach Antiochien geschickt mit dem Beschluß des Apostelkonzils. Paulus nimmt ihn mit auf die zweite Missionsreise. So wird er ein Mitarbeiter bei den Gemeindegründungen in Asien und Griechenland, ein Genosse seiner Leiden, ein Zeuge seiner Gebete und der Mitverfasser vieler Briefe des Paulus. Bei der dritten Missionsreise ist er nicht mehr. Wir hören von ihm, daß er bei Petrus in Babylon ist und den ersten Petrusbrief schreibt.

1. Silas ist als Lehrer und Prophet wortgewaltig.

Ap   15, 32 Judas und Silas, die auch Propheten waren, ermahnten die Brüder mit vielen Reden und stärkten sie.

2. Silas, der Begleiter des Paulus.

Ap   15, 40 Paulus aber wählte Silas und zog hin. Er zog durch Syrien und Zilizien und stärkte die Gemeinden. (Silas ist bei der Gründung der galatischen, mazedonischen, korinthischen Gemeinden dabei.)
       16, 19 Sie nahmen Paulus und Silas . . . da sie sie wohl gestäupt hatten, warfen sie sie ins Gefängnis. (Mitgenosse der Leiden des Paulus.)
       16, 25 Um die Mitternacht beteten Paulus und Silas und lobten Gott. (Mitbeter des Paulus.)
1 Th   1, 1 Paulus und Silas der Gemeinde zu Thessalonich.
2 Th   1, 1 Paulus und Silas und Timotheus der Gemeinde zu Thessalonich. (Mitverfasser der Briefe.)

3. Der Begleiter des Petrus.

1 Pe   5, 12 Durch euren treuen Bruder Silas habe ich euch ein wenig geschrieben. (Der Brief geht an die kleinasiatischen Ge-

meinden, denen Silas bekannt war. Daß Silas der Begleiter des Paulus und des Petrus sein konnte, beweist, wie eng die Verbindung zwischen Juden- und Heidenchristen in der ersten Kirche war.)

DEMAS, der Gehilfe des Paulus, ist bei ihm in der römischen Gefangenschaft, verläßt ihn vor seiner Hinrichtung und geht nach Thessalonich, wohl aus Leidensscheu. Es kostet ihm zuviel, ein wahrhaft heldisches Leben zu leben.

Phil	24 Es grüßt dich Demas, Lukas, meine Gehilfen.
Kol	4, 14 Es grüßt dich Lukas, der Arzt, der Geliebte, und Demas.
2 Ti	4, 10 Demas hat mich verlassen und diese Welt liebgewonnen und ist gen Thessalonich gezogen.

LYDIA, die Purpurkrämerin aus Thyatira, ist gottesfürchtig, besucht daher regelmäßig den jüdischen Gottesdienst. Sie läßt sich, als sie Paulus hört, zum Glauben bewegen und erweist dem Apostel ihre Gastfreundschaft.

1. Gottesfürchtig hält sie fest an frommer Sitte.

Ap	16, 13 an das Wasser, da man pflegte zu beten. Und ein gottesfürchtiges Weib mit Namen Lydia hörte zu.

2. Sie wird gläubig.

Ap	16, 14 Dieser tat der Herr das Herz auf, daß sie darauf acht hatte, was von Paulus geredet ward.

3. Sie ist zum Dienst bereit.

Ap	16, 15 Als sie aber und ihr Haus getauft ward (sie hat das Evangelium auch ihren Hausgenossen gebracht), ermahnte sie uns und sprach: So ihr mich achtet, daß ich gläubig bin an den Herrn, so kommt in mein Haus und bleibet allda. Und sie nötigte uns.
	16, 40 Sie gingen aus dem Gefängnis und gingen zu der Lydia.

PHÖBE, Diakonisse in Kenchreä, Überbringerin des Römerbriefs nach Rom. Paulus bittet für sie um Unterstützung der Gemeinde und gibt ihr das Lob, daß sie vielen Beistand getan hat, auch ihm selbst. Durch das Überbringen des Römerbriefs hat sie Hunderttausenden Beistand getan.

Rö   16, 1 Ich befehle euch aber unsere Schwester Phöbe, welche ist im Dienst der Gemeinde zu Kenchreä, daß ihr sie aufnehmet in dem Herrn und tut ihr Beistand ... denn sie hat auch vielen Beistand getan, auch mir selbst.

DEMETRIUS, der Goldschmiedemeister zu Ephesus, fühlt sich durch die Verbreitung der Lehre des Paulus geschäftlich geschädigt, ruft den Kreis der Interessenten zusammen und hetzt sie gegen Paulus auf, indem er ihren heidnischen Fanatismus aufstachelt. Er meint sein Geld und sagt Religion. Er ist einer von denen, die meinen, Gottseligkeit sei ein Gewerbe.

Ap   19, 24 einer mit Namen Demetrius, ein Goldschmied, machte silberne Tempel der Diana und wandte denen vom Handwerk nicht geringen Verdienst zu.
19, 27 es will nicht allein unserem Handel dahin geraten, daß er nichts gelte, sondern auch der Tempel der großen Göttin Diana wird für nichts geachtet werden ...

DIE SKEVASSÖHNE benutzen den Namen Jesu als Zauberformel zur Austreibung von Dämonen, ohne innerlich mit Jesus verbunden zu sein. Sie werden aus Mangel an Vollmacht dabei elend zuschanden. Ap 19, 14—17.

APOLLOS stammt aus Alexandria, ist griechisch gebildet, in der Theologie der griechischen Juden bewandert und beredt. Er wird von der Predigt des Täufers erfaßt, erhält die Johannestaufe und hört von Jesus Christus. In Ephesus kommt er mit Aquila und Priscilla zusammen, die ihn weiter im Evangelium von Christus unterrichten. In Korinth hat Apollos große Erfolge. Paulus schätzt seine Arbeit und arbeitet vertrauensvoll mit ihm zusammen.

Ap 18, 24 Es kam aber gen Ephesus ein Mann mit Namen Apollos, von Geburt aus Alexandrien, ein beredter Mann und mächtig in der Schrift. Dieser war unterwiesen im Weg des Herrn und redete mit brünstigem Geist und lehrte mit Fleiß von dem Herrn, wußte aber allein von der Taufe des Johannes. Dieser fing an frei zu predigen in der Schule. Da ihn aber Aquila und Priscilla hörten, nahmen sie ihn zu sich und legten ihm den Weg Gottes noch fleißiger aus. Da er wollte nach Achaja reisen, schrieben die Brüder und ermahnten die Jünger, daß sie ihn aufnähmen . . . er half viel denen, die gläubig waren geworden durch die Gnade. Denn er überwand die Juden beständig und erwies öffentlich durch die Schrift, daß Jesus der Christ sei.

Ap 19, 1 Apollos zu Korinth.

1 Kr 1, 12 Eine Gruppe der Gemeinden zu Korinth, die durch Apollos gewonnen worden war, nennt sich apollisch.

3, 6 Ich habe gepflanzt, Apollos hat begossen, aber Gott hat das Gedeihen gegeben.

4, 6 Solches aber habe ich auf mich und Apollos gedeutet um euretwillen, daß ihr an uns lernet, daß niemand höher von sich halte . . .

16, 12 Von Apollos, dem Bruder, aber wisset, daß ich ihn sehr viel ermahnt habe, daß er zu euch käme mit den Brüdern.

Tit 3, 13 Apollos fertige ab mit Fleiß, auf daß ihm nichts gebreche. (Paulus meldet in Kreta den Besuch des Apollos an.)

AQUILA UND PRISCILLA, die Arbeitgeber des Apostels Paulus, sind Juden aus Pontus, die aus Italien, wo sie ihre Teppichmacherwerkstätte haben, durch den judenfeindlichen Erlaß des Kaisers Claudius vertrieben werden. Paulus trifft sie in Korinth und tritt in ihre Werkstätte ein. Die Glaubensgemeinschaft verbindet sie so mit Paulus, daß sie ihm ständig die Arbeitsgelegenheit darreichen und es ihm so ermöglichen, bei seinem Missionsdienst sich selbst zu ernähren. Sie ziehen mit ihm nach Ephesus und von dort nach Rom. Zuletzt waren sie

wieder in Ephesus. Sie retten den verfolgten Apostel
unter eigener Lebensgefahr.

Ap   18, 1 Danach kam Paulus gen Korinth und fand einen Juden
mit Namen Aquila, von Geburt aus Pontus, welcher war neu-
lich aus Italien gekommen samt seinem Weib Priscilla (darum
auch der Kaiser Claudius geboten hatte allen Juden, zu wei-
chen aus Rom). Zu denen ging er ein, und dieweil er gleiches
Handwerks war, blieb er bei ihnen und arbeitete (sie waren
aber des Handwerks Teppichmacher).

18, 18 Paulus wollte nach Syrien fahren und mit ihm Priscilla
und Aquila.

18, 26 Aquila und Priscilla in Ephesus.

Rö   16, 3 Grüßet Priscilla und den Aquila, meine Gehilfen in
Christo Jesu, welche haben für mein Leben ihren Hals dargegeben, welchen nicht allein ich danke, sondern alle Gemeinden unter den Heiden.

2 Ti   4, 19 Grüßet Priscilla und Aquila (sie sind zuletzt wieder in
Ephesus).

EPAPHRODITUS ist ein Gehilfe des Paulus, der Abge-
sandte der Gemeinde zu Philippi, der ihr Geschenk dem
Paulus nach Rom überbringt. Er setzt sein Leben ein im
Dienst Christi und erkrankt dort lebensgefährlich. Nach
seiner Genesung nimmt er den Philipperbrief mit nach
Hause.

Phi   4, 18 Ich habe die Fülle, da ich empfing durch Epaphroditus,
was von euch kam.

2, 27 Er war todkrank, aber Gott hat sich über ihn erbarmt.

Phi   2, 30 Um des Werkes Christi willen ist er dem Tode so nahe
gekommen, da er sein Leben gering bedachte, auf daß er mir
diente an eurer Statt.

2, 29 Habt solche Leute in Ehren.

2, 25 Epaphroditus, der mein Gehilfe und Mitstreiter und
meiner Notdurft Diener ist (wie Paulus über ihn denkt).

EPAPHRAS ist ein hochgeschätzter Gehilfe des Paulus,
gründet die Gemeinde zu Kolossä, wirkt auch zu Laodizea und Hierapolis und teilt (vielleicht freiwillig) die
Gefangenschaft des Paulus.

Kol 1, 7 Wie ihr gelernt habt von Epaphras, unserem lieben Mit-
diener, welcher ist ein treuer Diener Christi für euch, der uns
auch eröffnet hat eure Liebe im Geist.
4, 12 Es grüßt euch Epaphras, der von den Euren ist, ein
Knecht Christi, und allezeit ringt für euch mit Gebeten, auf
daß ihr bestehet vollkommen . . . ich gebe ihm Zeugnis, daß
er großen Fleiß hat um euch und um die zu Laodizea und
Hierapolis.

Phil 23 Es grüßt dich Epaphras, mein Mitgefangener in Christo
Jesu.

PHILEMON ist ein angesehener Christ in Kolossä. Er hat
die Sklavenfrage an dem durchgebrannten, von Paulus
nach seiner Bekehrung zurückgeschickten Onesimus
durch Liebe zu lösen. Paulus schreibt ihm dazu den
Philemonbrief.

Kol 4, 9 Onesimus, der getreue und liebe Bruder, welcher von
den Euren ist.

Kol 4, 17 ⎱ wird Archippus genannt, woraus man den Rückschluß
Phil 2 ⎰ macht, daß Philemon von Kolossä ist.

Phil 2 die Gemeinde in deinem Hause.
10 so ermahne ich dich um meines Sohnes willen, Onesimus,
den ich gezeugt habe in meinen Banden, welcher weiland hier
unnütz (Wortspiel: Onesimus heißt nützlich), nun aber dir
und mir wohl nütze ist, den habe ich wieder gesandt. Du
aber wollest ihn, das ist mein eigen Herz, annehmen.
16 Nun nicht mehr als einen Sklaven, sondern mehr denn
einen Sklaven, als einen lieben Bruder.
21 Ich habe aus Zuversicht deines Gehorsams dir geschrieben. (Was Paulus ihm zumutet, das traut er ihm auch zu.)

TIMOTHEUS, der Sohn eines Heiden und einer jüdischen
Mutter aus Lystra, kommt bei der ersten Missionsreise
des Apostels Paulus zum Glauben und wird auf der
zweiten Missionsreise zum Missionsdienst als Begleiter
des Apostels abgeordnet. Er wird der treuste Gehilfe
des Paulus, der ihn als seinen Vertrauten mit wichtigen
Aufträgen zu den Gemeinden senden kann und ihm zu-

letzt die Leitung der Gemeinde zu Ephesus anvertraut. In den Pastoralbriefen gibt ihm Paulus seine letzten Weisungen für die Leitung der Gemeinden.

1. Seine Eltern und Vorfahren.

2 Ti 1, 5 Der ungefärbte Glaube in dir, welcher zuvor gewohnt hat in deiner Großmutter Lois und deiner Mutter Eunike.

Ap 16, 1 Er kam nach Lystra, und siehe, ein Jünger war daselbst mit Namen Timotheus, eines jüdischen Weibes Sohn, die war gläubig, aber eines griechischen Vaters.

2 Ti 3, 15 Weil du von Kind auf die Heilige Schrift weißt (fromme Erziehung).

2. Er wird auf der ersten Missionsreise gläubig an Christus.

1 Ti 1, 2 Timotheus, meinem rechtschaffenen Sohn im Glauben.

3. Er wird zum Missionsdienst erwählt und abgeordnet.

Ap 16, 2 Der hatte ein gut Gerücht bei den Brüdern unter den Lystranern und zu Ikonion.

16, 3 Diesen wollte Paulus mit sich ziehen lassen. Und nahm und beschnitt ihn um der Juden willen, die an den Orten waren.

1 Ti 1, 18 Nach den vorigen Weissagungen über dich.

4, 14 Laß nicht außer acht die Gabe, die dir gegeben ist durch die Weissagung mit Handauflegen der Ältesten.

2 Ti 1, 6 Ich erinnere dich, daß du erweckest die Gabe, die in dir ist durch die Auflegung meiner Hände. (Die Weissagungen der Ältesten empfehlen ihn zum Missionsdienst.)

4. In treuer Nachfolge, in Verfolgungen und in der Ausrichtung wichtiger Aufträge bewährt sich seine Treue und Rechtschaffenheit im Dienst am Evangelium.

2 Ti 3, 10 Du bist nachgefolgt meiner Lehre, meiner Weisung, meiner Meinung, meinem Glauben, meiner Langmut, meiner Liebe, meiner Geduld, meinen Verfolgungen, meinen Leiden, welche mir widerfahren sind zu Antiochien, zu Ikonion, zu Lystra, welche Verfolgungen ich da ertrug!

Phi 2, 20 Ich habe keinen, der so gar meines Sinnes sei, der so
herzlich für euch sorgt . . . Ihr wisset, daß er rechtschaffen
ist, denn wie ein Kind dem Vater hat er mit mir gedient
am Evangelium.

1 Th 3, 1 Wir haben es uns lassen wohlgefallen, daß wir zu Athen
allein gelassen würden, und haben Timotheus gesandt, unseren Bruder und Diener Gottes und unseren Gehilfen im
Evangelium Christi, euch zu stärken und zu ermahnen in
eurem Glauben.

Ap 18, 5 Da aber Silas und Timotheus aus Mazedonien kamen,
drang Paulus der Geist (in Korinth).

1 Kr 4, 17 Ich habe Timotheus zu euch gesandt, welcher ist mein
lieber und getreuer Sohn in dem Herrn, daß er euch erinnere
meiner Wege, die in Christo sind.
16, 10 So Timotheus kommt, so sehet zu, daß er ohne Furcht
bei euch sei, denn er treibt auch das Werk des Herrn, wie
ich, daß ihn nun nicht jemand verachte. Geleitet ihn aber
in Frieden, daß er zu mir komme, denn ich warte sein mit
den Brüdern.

Ap 19, 22 Er sandte zwei, die ihm dienten, Timotheus und Era-
stus, nach Mazedonien (von Ephesus aus).

Phi 2, 19 Ich hoffe aber in dem Herrn Jesus, daß ich Timotheus
bald werde zu euch senden, daß ich auch erquickt werde,
wenn ich erfahre, wie es um euch steht.

1 Ti 1, 3 Wie ich dich ermahnt habe, daß du in Ephesus bliebest
(Paulus vertraut ihm die wichtige Gemeinde zu Ephesus an).

2 Ti 4, 9 Befleißige dich, daß du bald zu mir kommst. (Paulus läßt
ihn vor seinem Tod noch nach Rom kommen und gibt ihm
im ersten und zweiten Timotheusbrief Weisungen für die
Leitung der Gemeinden.)

Heb 13, 23 Wisset, daß der Bruder Timotheus wieder frei ist,
mit dem, sobald er kommt, will ich euch sehen. (Nachricht
von einer späteren Gefangenschaft des Timotheus.)

Titus, ein Grieche von hohem Ansehen in den Gemeinden, wird von Paulus als Heidenchrist auf das Apostelkonzil nach Jerusalem mitgebracht, später von ihm mit
schwierigen Aufgaben betraut, zuletzt mit der Leitung
der Christengemeinden in Kreta beauftragt. Er bekommt durch einen persönlichen Brief des Apostels
Weisungen für die Leitungsaufgaben.

1. Titus ist ein angesehener Heidenchrist.

Ga 2, 1 Ich zog hinauf gen Jerusalem mit Barnabas und nahm Titus auch mit mir. Es ward auch Titus nicht gezwungen, sich beschneiden zu lassen, der mit mir war, obwohl er ein Grieche war. (Titus ist der erste Heidenchrist, der in Jerusalem mit den Aposteln teil hat am Tisch des Herrn.)

2. Titus im Dienst des Paulus.

2 Kr 2, 4 Ich schrieb euch in großer Trübsal und Angst des Herzens mit vielen Tränen.

2, 13 Ich hatte keine Ruhe im Geist, da ich Titus, meinen Bruder, nicht fand.

7, 8 Denn daß ich euch durch meinen Brief habe traurig gemacht, reut mich nicht.

7, 13 Wir haben uns gefreut über die Freude des Titus, denn sein Geist ist erquickt an euch allen. Denn was ich vor ihm von euch gerühmt habe, darin bin ich nicht zuschanden geworden . . . er ist überaus herzlich wohl über euch gesinnt, wenn er gedenkt an euer aller Gehorsam, wie ihr ihn mit Furcht und Zittern habt aufgenommen. (Titus wird zuerst mit einem Strafschreiben, das uns verlorengegangen ist, dann mit einem zweiten Korintherbrief nach Korinth gesandt.) (Schwierige Aufträge.)

Tit 1, 4 Titus, meinem rechtschaffenen Sohn nach unser beider Glauben . . . derhalben ließ ich dich in Kreta, daß du solltest vollends ausrichten, was ich gelassen habe, und besetzen die Städte hin und her mit Ältesten, wie ich dir befohlen habe. (Leitung der Gemeinden in Kreta.)

3, 12 Paulus bestellt Titus nach Nikopolis.

2 Ti 4, 10 Titus ist nach Dalmatien gezogen.

FELIX, ein Freigelassener, in den fünfziger Jahren von Claudius zum Statthalter in Judäa ernannt, ist ungerecht, geldgierig und lüstern. Er steht unter dem Einfluß seiner jüdischen Gemahlin Drusilla und ist auf ihre Veranlassung nachgiebig, schlaff gegen die Juden. Er hat über Paulus zu richten und beweist dabei seine Charakterart.

1. Er ist nachgiebig, schlaff.

Ap 23, 21 Er unternimmt nichts gegen die verzig Verschworenen.

24, 22 Da Felix solches hörte, zog er sie hin.

24, 24 Felix kam mit seinem Weibe Drusilla, die eine Jüdin war, und forderte Paulus. (Die neugierige Drusilla will Paulus kennenlernen.)

24, 27 Felix wollte den Juden einen Dienst erzeigen und ließ Paulus hinter sich gefangen.

2. Er ist lüstern, geldgierig, ungerecht.

Ap 24, 25 Da Paulus redete von der Gerechtigkeit und von der Keuschheit und vom zukünftigen Gericht . . .

24, 26 Er hoffte aber daneben, daß ihm sollte von Paulus Geld gegeben werden, daß er ihn losgäbe, darum er ihn auch oft fordern ließ und besprach sich mit ihm.

3. Vom Bußwort getroffen und doch nicht willig, zu gehorchen, verschiebt er die Entscheidung.

Ap 24, 25 Es erschrak Felix und antwortete: Gehe hin auf diesmal; wenn ich gelegene Zeit habe, will ich dich herrufen lassen.

PORCIUS FESTUS, 58—61 Statthalter in Judäa, ist ein Mann, der den Schwierigkeiten aus dem Weg gehen will. Darum will er Paulus dem Gericht der Juden überlassen. Um den König Agrippa zu ehren, fragt er ihn in bezug auf Paulus um Rat. Als er Paulus reden hört, nimmt er ihn nicht ganz ernst und hält ihn für geistig nicht normal.

1. Er geht den Schwierigkeiten aus dem Weg und will sich mit allen gut stellen.

Ap 25, 9 Festus wollte den Juden eine Gunst erzeigen und antwortete Paulus und sprach: Willst du hinauf gen Jerusalem und daselbst über dieses dich von mir richten lassen?

25, 14 Festus legt dem König Agrippa den Handel von Paulus vor.

2. Festus hält Paulus für einen geistig nicht ganz

zurechnungsfähigen Gelehrten und drückt sich so um die Entscheidung.

Ap 26, 24 Da sprach Festus mit lauter Stimme: Paulus, du rasest, die große Kunst macht dich rasend.

HERODES AGRIPPA II., Sohn Agrippas I., von Claudius drunten gehalten, erhält er nur den nördlichen und östlichen Teil des Herodes-Reiches. Doch gewinnt er Einfluß auf Jerusalem und vermittelt zwischen Juden und Römern. Festus führt ihm den gefangenen Paulus vor.

1. Er glaubt den Propheten.

Ap 26, 27 Glaubst du, König Agrippa, den Propheten? Ich weiß, du glaubst.

2. Er hat Interesse für Christus.

Ap 25, 22 Agrippa sprach zu Festus: Ich möchte den Menschen auch gern hören.
26, 26 Paulus: Der König weiß solches wohl, zu welchem ich freudig rede. Denn ich achte, ihm sei der keines verborgen; denn solches ist nicht im Winkel geschehen.

3. Er ist gepackt, aber doch nicht überwältigt von dem Zeugnis des Paulus, weil er widerstrebt.

Ap 26, 28 Agrippa aber sprach zu Paulus: Es fehlt nicht viel, du überredest mich, daß ich ein Christ würde.

JAKOBUS, der Bruder des Herrn, glaubt bei Lebzeiten Jesu nicht an ihn, sondern meint in seiner trocken-nüchternen Art, der alles Ungewöhnliche verdächtig ist, er sei von Sinnen. Durch die Erscheinung des Auferstandenen wird er gläubig und hält sich mit seiner Mutter und seinen Brüdern von nun an zur Jüngerschaft, wo er bald wegen seines entschlossenen Ernstes und seiner Geistesklarheit eine führende Stellung einnimmt. Er lebt im Wort Jesu und nennt sich seinen Knecht. Er schiebt alle theoretischen Fragen beiseite und wendet mit·entschlossenem Ernst den Willen auf das sittliche Ziel. Er ist ein gewaltiger Beter und betet in fester Zuversicht. (Hegesipp berichtet, daß er beständig für Israel gebetet habe und daher bald »Burg des Volkes«, bald »der Gerechte« genannt worden sei.) Er lebt in schlichter Erwartung des nahenden Richters, der nicht nach äußerer Zugehörigkeit zur Kirche, sondern nach innerer Beschaffenheit richtet und den Kranz des Lebens reicht. Jakobus scheidet die Gemeinde von falscher Frömmigkeit, die das Werk vergißt, ebenso wie von der Welt, die dem begehrlichen Ichwillen lebt. Er hält um des Liebesgebotes willen in großer Geduld die Verbindung mit Israel aufrecht und ringt um sein Volk bis zum Tode. So hält er auch die Verbindung zu der Heidenchristenheit und zu Paulus fest. Er wurde zuletzt (nach Josephus) 62 nach Christus auf Anstiften des Hohenpriesters Hannas als Gesetzesübertreter gesteinigt.

I. Sein Werden.

1. Zur Zeit der öffentlichen Wirksamkeit ist er ungläubig.

Joh   7, 5   Seine Brüder glauben nicht an ihn.

Mk   3, 31 Seine Mutter und seine Brüder schickten zu ihm und ließen ihn rufen.

          3, 21 Da es die Seinen hörten, gingen sie aus und wollten ihn halten, denn sie sprachen: Er ist von Sinnen.

Joh   19, 27 Jesus befiehlt seine Mutter seinem Lieblingsjünger, nicht seinem Bruder.

2. Jakobus wird durch die Erscheinung des Auferstandenen zum Glauben geführt.

1 Kr   15, 7 Danach ist er gesehen worden von Jakobus.

Ap   1, 14 Diese waren alle stets beieinander einmütig mit Beten und Flehen, samt Maria, der Mutter Jesu, und seinen Brüdern.

II. Die Persönlichkeit des Jakobus.

1. Er weiß sich als Knecht Christi, der auf den richtenden Herrn wartet.

Jak   1, 1 Jakobus, ein Knecht Gottes und des Herrn Jesu Christi.
5, 9 Siehe, der Richter ist vor der Tür.
4, 6 Gott gibt dem Demütigen Gnade. (Jakobus weiß sich in demütiger Abhängigkeit von Gott.)
1, 18 Er hat uns gezeugt nach seinem Willen durch das Wort der Wahrheit.

2. Jakobus ist ein gläubiger Beter.

Jak   5, 16 Des Gerechten Gebet vermag viel, wenn es ernstlich ist.
1, 6   er bitte aber im Glauben und zweifle nicht.

3. Jakobus steht zeitlebens in der Buße, im Kampf gegen den verkehrten Willen.

Jak   1, 22 Seid Täter des Worts und nicht Hörer allein!
2, 10 So jemand das ganze Gesetz hält und sündigt an einem, der ist das ganze Gesetz schuldig.
4, 4 Wisset ihr nicht, daß der Welt Freundschaft Gottes Feindschaft ist?

4. Seinen Verkehr mit den anderen beherrscht das Liebesgebot.

Jak   2, 8   Die Liebe ist das königliche Gesetz.
Ap   15, 20 Er legt den Heidenchristen die sogenannten noachitischen Gebote auf, um den gesetztreuen Juden den Verkehr mit ihnen zu ermöglichen.
21, 18 Er gibt Paulus den Rat, um der Gesetzeseiferer willen ein Gelübde im Tempel auf sich zu nehmen.
Ga   2, 9 Jakobus, Kephas und Johannes, die für Säulen angesehen waren, gaben mir die Hand und wurden mit uns eins, daß wir unter die Heiden und sie unter die Juden gingen. (Jakobus steht in der Gemeinschaft mit den übrigen Aposteln und der Heidenchristenheit.)

5. Aus dieser Liebe erwächst seine Geduld.

Jak   5, 11 Die Geduld Hiobs habt ihr gehört und das Ende des Herrn habt ihr gesehen.

5, 7 So seid nun geduldig, liebe Brüder, bis auf die Zukunft des Herrn. Siehe, ein Ackermann wartet auf die köstliche Frucht der Erde und ist geduldig darüber. (Jakobus harrt bei den Juden aus und bezeugt ihnen Christus, bis sie ihn von der Tempelzinne stürzen.)

1, 12 Selig ist der Mann, der die Anfechtung erduldet.

III. Jakobus ist einer der führenden Ältesten der Urgemeinde.

Ap   12, 17 Petrus verkündigt dieses Jakobus und den Brüdern.
15, 13 Jakobus macht den Vermittlungsvorschlag zur Aufrechterhaltung der Gemeinschaft zwischen Heiden- und Judenchristen, der sofort angenommen wird.

1. Er kämpft um den lebendigen Glauben, der zur Tat führt, und bekämpft scharf jegliche Entleerung des Glaubens.

Jak   2, 17 Der Glaube, der nicht Werke hat, ist tot.

2. Er kämpft um die rechte Liebe, die die Person nicht ansieht. Jak 2, 9.

Jak   1, 19 Die den Zorn ablegt.
1, 26 Die die Zunge zügelt.
1, 27 Die den Witwen und Waisen Gutes tut.

3. Er löst die Gemeinde von Welt und Weltförmigkeit durch Hinweis auf den kommenden Herrn.

Jak   4, 4 Wer der Welt Freund sein will, wird Gottes Feind sein.
4, 12 Es ist ein einiger Gesetzgeber, der kann selig machen und verdammen. Wer bist du, der du einen anderen richtest?
5, 8 Seid ihr auch geduldig und stärket eure Herzen; denn die Zukunft des Herrn ist nahe.

JUDAS, Bruder Jesu, schreibt den Judasbrief, der gegen die Gnostiker gerichtet ist und im zweiten Petrusbrief zitiert wird.

1. Der Bruder Jesu.

Judas 1 Judas, der Bruder des Jakobus.

Mt   13, 55 Heißen nicht seine Brüder Jakob und Joses und Simon und Judas?

2. Er ist demütig.

Judas 1 nennt er sich Knecht Jesu Christi (nicht seinen Bruder).

3. Er ist gegründet in der Überzeugung der Apostel.

Judas 20 erbauet euch auf dem allerheiligsten Glauben durch den Heiligen Geist und betet und erhaltet euch in der Liebe Gottes und wartet auf die Barmherzigkeit unseres Herrn Jesu Christi zum ewigen Leben.

4. Er kämpft gegen die Gnostiker.

Judas 4 Sie sind Gottlose, ziehen die Gnade unseres Gottes auf Mutwillen und verleugnen unseren Herrn Jesum Christ, den einigen Herrscher.

11 Sie gehen den Weg Kains und fallen in den Irrtum Bileams um Gewinnes willen. Sie prassen bei euren Liebesmahlen ohne Scheu, weiden sich selbst, sind Wolken ohne Wasser, kahle, unfruchtbare Bäume (sie verachten die Menschheit Jesu, zertreten die sittlichen Normen und ergeben sich im Namen der Freiheit fleischlichen Lüsten).

Mir ist gegeben alle Gewalt im Himmel und auf Erden. Darum gehet hin und lehret alle Völker und taufet sie im Namen des Vaters und des Sohnes und des Heiligen Geistes, und lehret sie halten alles, was ich euch befohlen habe. Und siehe, ich bin bei euch alle Tage bis an der Welt Ende.   *Mt 28, 18—20*

ALPHABETISCHES NAMENVERZEICHNIS

Lieferbare TELOS-Taschenbücher